中南民族大学中央高校基本科研业务费专项资金资助（CSP17012）

民族地区文化创意产业的税收支持及绩效评价研究

苏亚民　著

中国社会科学出版社

图书在版编目（CIP）数据

民族地区文化创意产业的税收支持及绩效评价研究/苏亚民著．
—北京：中国社会科学出版社，2017.4
ISBN 978 - 7 - 5161 - 9632 - 8

Ⅰ.①民…　Ⅱ.①苏…　Ⅲ.①民族地区—文化产业—税收
管理—研究—中国　Ⅳ.①G124

中国版本图书馆 CIP 数据核字（2016）第 325822 号

出 版 人	赵剑英	
责任编辑	卢小生	
责任校对	周晓东	
责任印制	王　超	
出　　版	中国社会科学出版社	
社　　址	北京鼓楼西大街甲 158 号	
邮　　编	100720	
网　　址	http：//www.csspw.cn	
发 行 部	010 - 84083685	
门 市 部	010 - 84029450	
经　　销	新华书店及其他书店	
印　　刷	北京明恒达印务有限公司	
装　　订	廊坊市广阳区广增装订厂	
版　　次	2017 年 4 月第 1 版	
印　　次	2017 年 4 月第 1 次印刷	
开　　本	710 × 1000　1/16	
印　　张	16	
插　　页	2	
字　　数	238 千字	
定　　价	68.00 元	

凡购买中国社会科学出版社图书，如有质量问题请与本社营销中心联系调换
电话：010 - 84083683

目　录

第一章　文化创意产业文献综述

第一节　引言

文化创意产业凭借文化创意元素高端聚合对产业优化升级的独特作用以及强大的经济文化功能，缔造了现代产业高速发展的新奇迹，已成为当今时代的新宠儿。文化创意产业是将科技、经济、文化交融在一起的新兴产业，是人类在面临环境恶化、能源危机等一系列生存压力情况下，探索出的一条可持续发展的道路。陶斯（Towse，2010）认为，知识和人力资本成为后工业时代经济增长动力，随着知识产权法律的完善，使文化产业与艺术产业一并被称为创意产业。文化创意产业自 20 世纪 90 年代起步发展至今，作为知识经济社会中新的财富创造形式，引起了国际社会的普遍关注，并成为发达国家国民经济的支柱产业和扩大对外贸易的主导产业，其在 GDP 中所占比重甚至超过了传统制造业。文化产业以创新创意为核心，具有资源消耗低、环境污染少、经济回报高、吸纳就业多以及易与新技术对接、易与相关产业融合等特点，因此被称为朝阳产业。中央高度重视文化产业发展，2009 年 9 月，国务院颁布《文化产业振兴规划》，标志着文化产业已经上升为国家战略性产业。当前，我国文化产业处在快速增长期。在现在经济下行压力大、普遍不景气的情况下，文化产业仍有两位数的增速，这就是文化产业的优势所在。2010 年，我国文化产业增加值为 1.1 万亿元、占 GDP 的 2.75%，2014 年全国文化产业增加值实现翻番，达到 2.39 万亿元，比 2013 年增长了 12.1%，比同期 GDP

增速高 3.9 个百分点。四年时间即翻一番,而且电影、数字出版、网络游戏等许多文化行业是以 30% 以上速度增长,可见文化产业发展之强劲。文化创意产业被认为是 21 世纪全球最有前途的产业之一,有着巨大经济效益和社会效益,世界各国政府都对这一产业的发展给予了特别关注和高度重视,我国文化创意产业的效益日渐明显。经国家统计局核算,2015 年全国文化及相关产业增加值 27235 亿元,比上年增长 11% (未扣除价格因素),比同期 GDP 名义增速高 4.6 个百分点;占 GDP 的 3.97%,比上年提高 0.16 个百分点。[①] 到 2020 年,我国文化产业有望占 GDP 的 5% 以上,那时文化产业的影响力和辐射力将大大释放。[②] 文化创意产业将成为我国经济的支柱产业。尤其是在一些基础较好的城市,如深圳、北京和上海,文化产业更是经济发展的支撑力量。在中央的高度重视、大力支持下,民族地区纷纷提出了文化产业发展战略,编制实施了文化产业发展规划,并制定了配套政策。云南、内蒙古、广西、宁夏、贵州等地区着力打造传媒、影视、演艺、出版发行等国有大型文化龙头企业,建设文化产业示范基地,促进文化与旅游业、演艺业、娱乐业及文博会展业等相关产业融合,大力布局民族文化产业,取得了良好的经济效益和社会效益。以云南省为例,截至 2010 年年底,云南省文化产业增加值达到 440 亿元,占 GDP 比重上升到 6.1%,成为全国第 6 个文化产业占 GDP 比重超过 5% 的省市。文化产业已经发展成为云南省国民经济支柱性产业。[③]

民族地区经济社会持续快速发展,各族群众生活水平显著提高、消费能力大幅增强,为文化产业发展奠定了坚实的物质基础;加快转变经济发展方式,扩大国内消费需求为文化产业发展提供了重要契机;科学技术迅猛发展、科技文化日益融合,为文化产业发展注入了

---

① 中华人民共和国国家统计局:《2015 年国民经济和社会发展统计公报》,《中国信息报》2016 年 3 月 1 日第 001 版。

② 金晶:《文化部:"十二五"期间我国公共文化服务体系建设取得显著成效》,《经济日报》2015 年 10 月 12 日第 005 版。

③ 管洪:《加速推动文化产业成为支柱性产业》,《光明日报》2013 年 4 月 14 日第 007 版。

强大动力；文化体制机制改革的深入，为文化产业发展创造了良好的政策环境。民族地区文化产业发展还相对滞后，突出表现在：文化产业规模小，结构不合理，缺少有实力的知名文化企业，对经济社会发展的贡献还比较有限。

民族文化创意产业，是文化创意产业向民族文化的延伸、向民族地区的拓展。民族地区发展文化创意产业，具有独特的资源优势和广阔的发展前景。与此同时，民族地区文化创意产业囿于自身禀赋和外部条件的影响，在资金、市场、人才、知识产权等方面又需要更多的支持和保护，尤其在税收支持方面，范围不够广，力度不够大，效果不够明显。民族地区文化产业处于随意发展状态，缺乏鲜明民族特色的发展重点引导，也没有形成突出民族特色文化创意产业发展途径，迫切需要从税收层面进行针对性扶持。

一　研究的应用价值

（一）为民族地区文化创意产业的发展提供税收支持

税收对促进民族地区文化创意产业发展中肩负着重要职责，发挥着重要作用。主要表现在：对促进现代民族地区文化创意产业体系发展起到重要作用；对推进文化科技创新起到重要作用；对完善民族地区新兴文化业态发展起到重要作用。本书将深入系统地研究民族地区文化创意产业形成的理论脉络、发展现状和特点规律，重点研究文化创意产业的税收支持政策及其绩效问题，为民族地区文化创意产业的发展提供理论指导和政策参考。

（二）拓展民族地区文化创意产业的经济学研究视角

从当代世界文化与经济的发展来看，未来文化创意产业对民族地区经济的全面协调发展和产业结构的进一步调整将具有越来越重要的作用。[1] 创意产业的知识密集型、高附加值、高整合性，对提升民族地区产业发展水平，优化产业结构具有不可低估的作用。创意产业的发展建立了一条在新的全球经济、技术与文化背景下，适应新的发展

---

① 金元浦：《文化创意产业：面向未来的重大战略转移》，《光明日报》2006 年 1 月 20 日第 006 版。

格局，把握新的核心要素，建构新的产业结构的通道。目前，理论界从经济学角度对民族地区文化创意产业的研究还比较欠缺。本书分析税收支持文化创意产业发展的理论框架和实现路径，开辟了从经济学视角研究文化创意产业的新路径，对拓展文化创意产业的研究视角具有一定的理论意义。

（三）深化对民族地区文化创意产业地位的认识，促进民族地区文化创意产业的繁荣和发展

从经济角度看，发展文化创意产业是优化民族地区产业结构的必然要求；从产业角度看，发展文化创意产业是繁荣民族地区文化的重要载体；从社会角度看，发展文化创意产业是满足民族地区居民精神文化需求的有效途径；从国际角度看，发展文化创意产业是保障国家民族文化安全的必由之路。① 在民族文化创意产业发展中，要紧紧结合民族地区的实际情况，力求实现自然的价值转换、文化的价值转换，最后落脚于人的价值的实现。民族文化创意产业理论的建构和民族文化创意产业的发展，应突出传承文化、提升价值、创新发展、促进和谐的宗旨，着力于切实推进少数民族和民族地区经济、文化、社会和生态环境又好又快的持续协调全面发展，引领民族地区经济社会跨越式科学发展和民族文化大发展、大繁荣。

二　研究的学术价值

（一）为民族地区文化创意产业税收支持政策的制定提供依据

探索税收政策促进民族地区文化创意创业繁荣发展的策略和路径，为税收支持民族地区文化产业发展提供政策依据。本书从发展阶段、成就等方面回顾我国民族地区文化创意产业发展的现状，立足产业自身、市场环境、政府扶持等角度深刻剖析产业存在的薄弱环节和问题，为管理部门加强制定政策的针对性提供服务。

（二）有助于推动完善民族地区促进文化创意产业发展的政策体系

据统计，文化创意占本国 GDP 的比重，美国在 25% 左右，我国

---

① 郑志：《关于促进文化产业发展的税收国际借鉴》，《中国贸易报》2013 年 12 月 17 日第 010 版。

仅有 3% 。因此，我国文化创意产业的发展水平同其他国家相比，还相差悬殊。为了加快发展文化创意产业并积极参与全球化竞争，需要在财政、税收、金融等方面提出有力的扶持措施，为文化创意产业的发展扫除体制性的障碍。自党的十六大以来，政府出台了一系列促进文化产业繁荣发展的政策和文件，如 2003 年文化部发布了《关于支持和促进文化产业发展的若干意见》、2009 年国务院通过了《文化产业振兴规划》、2012 年文化部发布了《"十二五"时期文化产业倍增计划》等，从宏观层面对文化产业的发展作出总体部署。同时，政府相继出台了在文化产业领域的财税、金融、准入、土地等方面优惠措施，积极扶持文化产业发展，有力地推动了文化产业进入快速发展期。针对现有支持政策存在的问题，从理论演变和实践发展两方面入手，进一步研究支持文化创意产业发展的税收政策，破解制约文化创意产业发展的各种障碍和"瓶颈"，释放其蕴含的巨大经济社会和文化效益，是当前亟须破解的重要课题。

三　研究的主要内容

第一章阐述研究的应用价值和学术价值，开展国内外文献研究的梳理。

第二章首先阐述文化创意产业支持理论，包括政府介入文化创意成果转化以及产业化的理论依据和政府财政对文化创意产业支持的运行机制。其次分析税收支持文化创意产业发展的理论基础，具体有生命周期理论、需求消费理论、经济增长理论、文化例外理论。最后论述税收对文化创意产业的支持的作用机理。

第三章阐述国内扶持政策的演变、具体税种的体现和新时期政策的发展。

第四章阐述各国关于文化创意产业税收支持政策概述，并对各国关于文化创意产业税收支持政策展开了分析。

第五章首先阐述主要税种及相关规定，进而列举民族地区文化创意产业税收政策存在的问题。比如，税收政策缺乏系统性、税收政策不够完善、文化创意企业税负较重、重文化单位性质轻文化产品属性、税收优惠存在"短板"、税收负担非均衡的问题突出。

　　第六章阐述基本原则和税收绩效评价体系的主要内容，设计了绩效评价的指标体系。

　　第七章阐述文化创意产业税收绩效评价实证研究，分析文化创意产业投资价值。展开了文化创业产业上市公司投资价值实证分析。

　　第八章阐述具体税收支持政策。具体有：强化战略发展意识，完善文化创意产业税收制度体系；降低税率，减轻文化创意产业税收负担、优化税制结构，"营改增"范围实现文化创意产业的全覆盖；完善文化创意产业税收政策，促进产业融合、结合文化创意产品的市场性与公益性，实行差别税收政策；营造公平的税收环境，强化税收优惠效果；加快构建与民族文化创意产业税收支持协同的体制机制；制定并出台有利于民族地区发展文化服务贸易的税收政策；制定专门针对民族地区个人文化创意者的税收优惠政策。

第二节　国外文献

一　国外文化创意产业发展概述

　　"文化产业"这一概念起源于德国的阿多诺和霍克海默在 1947 年出版的《启蒙的辩证法》中的"文化工业"（Cultural Industry）。但在当时，他们对"文化工业"持批评态度，他们未曾估计到文化产业对后来的社会发展产生了巨大的推动作用。随着大众文化的兴起，"文化产业"逐渐代替"文化工业"，并得到后来的英国伯明翰学派和美国文化学派学者的支持。1982 年 UNESCO（联合国教科文组织）发表的《文化产业：文化未来的挑战》，使文化产业逐步被国际关注。20 世纪 80 年代，日本学者日下公人从经济学理论出发，对文化产业阐释为："文化产业的目的就是创造一种文化符号，然后销售这种文化和文化符号。"这个定义既体现了文化与经济的结合，也体现了哲学、心理学与经济学的结合。联合国教科文组织认为，文化产业是"按照工业标准生产、再生产、存储以及分配文化产品和服务的一系列获得，采取的经济战略，其目标是追求经济利益而不是单纯为了促

进文化发展"。① 英国学者尼古拉斯·加纳姆（Nicholas Gamham，
1983）指出，文化产业是指那些使用工业化大企业的组织和生产模
式，生产和传播文化产品和文化服务的社会化机构。② 英国曼彻斯特
大学大众文化研究所主任贾斯汀·奥康纳（2004）指出："文化产业
是指以经营符号性商品为主的那些活动，这些商品的基本经济价值源
自他们的文化价值"。③ 提摩·坎泰尔则认为："文化产业指那些使用
同类生产和组织模式如工业化和大企业的社会结构，这些机构生产和
传播文化产品和文化服务。如报纸、期刊和书籍的出版部门、影像公
司、音乐出版部门、商业性体育机构等。"到了 20 世纪八九十年代以
后，针对新的社会消费特征，西方社会又催生出新的"创意产业"。
最先提出创意产业的是在英国政府支持下成立的英国创意产业特别工
作组。布莱尔政府 1997 年上台以前，新工党的文件中一直使用"文
化产业"概念，但这之后变成了"创意产业"。显然，这是一个具有
布莱尔特色的表述，同时也颇符合英国国情。与文化产业不同的是，
自创意产业提出后，许多学者都对创意产业的内涵有着不同的看法，
其内涵及外延的界定存在很大的争议。

　　有关创意产业的争论主要有两种观点：一种观点是创意产业与文
化产业的内容是重合的，特别指出创意产业是文化产业的一部分，是
文化产业发展的高级阶段；另一种观点是创意产业是对文化产业的超
越，创意产业已经不仅仅局限于文化领域，它已经突破传统产业的界
限，是所有产业的高端部分。凯维斯（R. Caves，2005）从文化经济
学的角度将创意产业定义为：提供具有广义文化、艺术或仅仅是娱乐
价值的产品和服务的产业，包括书籍与杂志的出版发行、视觉艺术
（绘画与雕塑），表演艺术（戏剧与戏曲、音乐与舞蹈），音响艺术产

---

　　① 苑洁：《当代西方文化产业理论研究概述》，《马克思主义与现实》2004 年第 1 期。
　　② Nicholas Gamham，"Toward a Theory of Cultural Materialism"，*Journal of Communication*，Vol. 33，No. 3，1983，pp. 314 – 329.
　　③ 贾斯汀·奥康纳：《欧洲的文化产业和文化政策》，转引自林拓等《世界文化产业
发展前沿报告》，社会科学文献出版社 2004 年版，第 11—12 页。

品，电影与电视艺术，服装、玩具和游戏等。① 这一定义基本上将创意产业局限在文化产业以内。斯科特（Scott，2000）提出了类似的定义，认为创意产业是在现代资本体系下，为了迎合消费者的娱乐、修饰、自我等需要而产生的蕴含着审美和符号意义的产品的经济部门，这些产品是和功利主义相关的，具有高度的象征价值。② 英国创意产业特别工作组（CITF，1998，2001）把创意产业定义为：源于个体创造力技能和才华的活动，而通过知识产权的生成和取用，可以发挥创造财富和就业的潜力的行业，广告、建筑、艺术、古董市场、手工艺、设计、时尚设计、电影、互动休闲软件、音乐、电视和广播、表演艺术、出版和软件等行业都划入创意产业部门。英国定义的所谓创意产业（创造性艺术），与文化产业有许多共同之处，只是"创意产业"一词强调创意的文化性及对其他产业的价值增值作用，角度不同而已。而西蒙·罗德豪斯（Simon Roodhouse，2001）对此提出了异议，他认为，英国 CITF 对创意产业的定义是对艺术文化和创意产业的曲解和歪曲，创意产业已经从上述产业部门中分离出来，成为独立的产业部门。它生产的产品，如广告、建筑、服装、手工艺生产中的设计创意，电影、电视生产中的题材构思，出版和软件制作中的选题策划，艺术表演的导演形式，各种产品的生产工艺、标准以及销售模式等，已经不是大众消费的最终文化产品，而是文化生产，甚至包括所有其他产业生产过程中的中间产品。③

文化创意产业，是在全球化消费社会的背景中发展起来的，推崇创新、个人创造力，强调文化艺术对经济的支持与推动的新兴的理念、思潮和经济实践。范长虹（2012）在《我国文化创意产业发展对策研究》中提出，在美国，文化创意产业称为"版权产业"，并将其分为四大类，即核心版权、交叉版权、部分版权和边缘支撑。其

① Richard E. Caves, Creative Industries: Contract between Art & Commerce, Cambridge: Harvard Unversity Press, 2000, p. 454.
② Scott, A. J., The Cultural Economy of Cities, London: Sage Publications, 2000, pp. 20 - 87.
③ Roodhouse, Simon, Have the Cultural Industries a Role to Play in Regional Regeneration and a Nation's Wealth?, Brisbane, Queensland University of Technology, July, 2001.

中，核心版权产业多是文化艺术类服务业；交叉版权产业主要包括影录机、电子游戏设备等；部分版权产业则与设计类业相关，而边缘支撑产业是指那些服务于受版权保护的物品宣传、传播、销售的产业。美国还有一种更具实践意义的文化创意产业的定义，它是将创意产业与雇用人员数量的平均值和标准差联系起来。加拿大则将应包括实质的文化产品、虚拟的文化服务，也包括知识产权的基本概念的艺术与文化活动定义为文化创意产业。日本称其为"内容产业"，主要以游戏、动漫、广播影视等内容及数字内容产业为主导。还包括电视、报纸、图书出版、电脑网络、手机信息等信息传播，个人电脑、数码相机、DVD、绘画用品等与休闲和个人爱好相关的产品。新加坡将"创意产业"分为三大类 13 个行业。第一类艺术与文化：摄影、表演及视觉艺术、艺术品与古玩买卖、手工艺品；第二类设计：软件设计、广告设计、建筑设计、室内设计、平面产品及服装设计；第三类媒体：电影、广播、出版、数字媒体。而韩国的文化创意产业是指用产业手段制作、公演、展示、销售文化艺术作品及用品，并以此作为经营手段的产业。澳大利亚学者斯图亚特·坎宁安（Stuart Cunningham，2004）在《从文化产业到创意产业：理论、产业和政策的含义》中阐述了区分文化产业和文化创意产业概念的理论依据及其对理论、产业和政策分析的意义，通过文化创意产业的发展带动区域经济的增长和多样化，提出集群理论（Cluster Theory），正在成为理解文化创意产业的主要参照。"集群"这一概念常常是通过像都柏林、谢菲尔德、纽卡斯尔、奥斯汀、赫尔辛基和安特卫普等城市对原有工业的改造来实现的。城市原有的特征，如制造业的基础设施和作为业余消遣的音乐收藏，就成了通过文化重新发展工业的新投入。①

　　作为一种国家产业政策和战略发展理念，创意产业的思想萌芽源于澳大利亚。1994 年，澳大利亚公布了第一份文化政策报告，提出了"创意国家"（Creative Nation）的目标。但是，作为一个专有名词正

---

① ［澳］斯图亚特·坎宁安：《从文化产业到创意产业：理论、产业和政策的涵义》，社会科学文献出版社 2004 年版，第 171—184 页。

式出现源自英国。1998 年，英国文化媒体体育部（DCMS）发布了
《创意产业图录报告》（*Creative Industries Mapping Documents*，*CIMD*），
第一次正式提出创意产业概念及其产业类别，认为"创意产业是源自
个人创意、技巧及才华，通过知识产权的开发和运用，具有创造财富
和就业潜力的行业，它包括出版、音乐、电视和广播、广告、建筑、
工艺、设计、艺术和古玩、电影、互动休闲、软件和计算机服务、博
览馆、表演艺术共 13 个种类"；2005 年，文体部发布的《创意经济
计划》（*The Creative Economy Program*），为创意产业发展奠定了良好
的政策基础；2006 年公布的《英国创意产业竞争力报告》（*Comparative
Analysis of the UK's Creative Industries*），将创意产业分为三类产业
集群：生产性行业；服务性行业；艺术品及相关技术行业。[①] 英国学
者坎宁安研究了英国政府对文化产业的表述从 Cultural Industries 到
Creative Industry 的转变，并探讨了这种转变的理论和政策含义。他指
出，文化产业政策应当包含更多的干预政策，以适应知识经济背景下
产品无形化、无重量化的趋势。他还同时强调，文化产业政策应当充
分重视小企业在产业发展中所能发挥出来的作用，还要考虑世界贸易
组织规则对本国政府文化产业政策所产生的影响。[②] 美国目前关于创
意产业的比较权威的定义产生于 2004 年联合国贸发会议（UNCAT-
AD），认为创意产业是"以创意与智力资本为初始投入，形成产品与
服务创作、制造和销售的循环过程；它以一系列知识为基础，侧重艺
术，从商品贸易与知识产权中创造潜在收入；包括有形产品和无形
的、拥有创意内容、经济价值和市场目标的智力与艺术服务；处于手
工艺、服务和产业部门之间的交界处"；联合国教科文组织（2006）
认为"文化创意产业是运用创意和无形的文化内涵，创造出受著作权
保护的内容密集型的产业活动，它们表现为物质的商品或非物质的服
务"。美国密苏里州经济研究与信息中心（2006）发布的《创意与经

---

① 驻英国使馆经商参处：《英国创意产业调研》，中华人民共和国商务部网站：ht-
tp：//www. mofcom. gov. cn/aarticle/i/ck/201201/20120107932523. html，2012 年 1 月 18 日。

② Cunningham, S., From Cultural to Creative Industries: Theory Industry and Policy Impac-
tions, *Quarterly Journal of Media Research and Resources*, Vol. 102, 2004, pp. 54 – 65.

济：密苏里州创意产业的经济影响的评估报告》指出："创意产业是指以艺术、传媒、体育从业人员为主的产业，当与艺术相关的职业比行业艺术人员平均值高一个标准差，就可被视为创意产业；在一个产业中从事创意工作的人员超过10%就可以被定义为创意产业。"联合国教科文组织（2008）提出，创意经济是一种新的发展模式，是经济、文化、技术和社会在宏观和微观层面的有机结合，将创意分为经济创意和文化创意，其中经济创意是能引导在技术、商业实践以及市场营销等方面创新的动态过程；文化创意包括想象力———一种产生原创观念的能力，以及能用新的方式阐释世界，并用文字、声音与图像加以表达；联合国教科文组织（2010）提出，创意经济是艺术、商业、关联性、创新驱动和新商业模式的交叉融合，数字时代大大增加了音乐、动漫、电影、新闻、广告业等经济收益。

据统计，目前全世界创意产业每天创造的产值高达220亿美元，并正以5%左右的速度递增。在创意经济先发国家，增长速度更快，如美国达到14%。以创意产业为核心推动力的新经济已占据美国GDP的70%，占加拿大GDP的60%。音乐产业作为英国创意产业的支柱之一，近年来对国民经济的年均贡献高达30多亿英镑。日本称文化产业为内容产业，涵盖范围与其他国家相比更为广泛。日本是世界上最大的动画制作与输出国，日本的动漫产业占世界市场的62%，日本内容产业已经成为仅次于制造业的第二大产业，对GDP贡献率为18%。日本的内容产业的龙头产品：动漫书籍和电影电视，不仅国内畅销，在欧洲、美国及亚洲国家也有很高的市场占有率，全球播放的动画片有65%源自日本，在欧洲达到80%，游戏领域则占世界市场的1/3，全球电子游戏90%以上的硬件、50%以上的软件均来自日本。

迈克尔·基尼、马克·戴维·赖安和斯图亚特·坎宁安（Michael Keane, Mark David Ryan and Stuart Cunningham, 2005）比较了中国和南美洲在文化创意产业中的金融与投资的差异性，探究了中国和南美洲国家电影、电视以及音乐产业中的金融与投资结构。这两个地区的政府渴求于培育以出口为导向的高附加值创意行业。同样，创作者、生产者和经销商们都日益瞄准利润丰厚的国际市场，特别是在文化和语言上的邻近区域。然而，虽然政府的政策可以帮助国内经济增长和促进出口，投入到生产、配送和销售中的金融和创新的协同发展却是起到了决定成败的作用。

Marco Bontje、Sako Musterd（2009）对 7 个欧洲城市区域发展的看法，首先对政策有利于创意和知识密集型产业的发展，其次是关于影响创意和知识密集型的产业的发展可能存在于社会和其他方面，公司和区域机构与一系列因素有关，地理和历史的观念在城市的经济发展上提升了许多多样化的观点。

Lluís Bonet、Franois Colbert 和 André Courchesne（2011）首先基于 Bonet 和 Négrier（2010）开发的理论框架，分析了文化政策和中心—外围动态之间的辩证关系：一方面在于合法性和效率之间的张力，另一方面是分化和标准化的结合。考虑在文化政策中的合法性原则和效率原则之间的紧张关系，它们显现在中心—外围的动态活动中。作者将影响因素扩大到制度体系、市场、非营利部门和影响"创意城市"概念扩展政治策略，它揭示了文化政策向亚国家的区域和地方的政策的转变。Domingo Ribeiro Soriano 和 Kun – Huang Huarng（2013）总结，"文化创意产业中的创新与创业"系列论文包含不同国家关于创新和创业的不同角度。创新被看作创业的一种特殊手段。

Michael Indergaard（2013）发现，虽然从长远来看文化和创意产业在纽约的经济中扮演着不断增加的角色，但是它比在金融危机中没有立即受到影响的其余部分更容易受到攻击。它同样展现了环境在有利和不利时期的重要性。那些与文化和创意产业有比较直接联系的是特别易发作的投机金融，投机金融在繁荣时期有爆发式的增长，在繁荣结束时有最戏剧式的崩溃。此外，特殊的工业产业条件能够束缚文化和创意产业在繁荣时增长；但也能带来一个繁荣，甚至是在繁荣结束时。考虑到应对政策，文章发现联邦的干预缓冲了纽约临时的经济，然而这个城市已经试用了一些文化创意产业中许多积极性的支持，也就是媒体和时尚。这也暗示纽约文化创意产业破产的命运仍然还没有稳定。

Ahmet Incelara、Sefer Sener 和 Elif Haykir Hobikpglu（2013）指出，文化经济和文化产业为维持国家经济的发展提供了重要的贡献。首先，为了获得文化经济或产业的发展并将其转变为经济增加值。笔者用战略管理框架分析了创意产业中的电影产业。电影和电视剧（影院电影和系列电影）产业的重要性正在逐步增长，并且它们的经济功能和媒体及技术基础设施发展三者之间的界限也越清晰。电影产业是一个国家的驱动战略产业之一，它拥有转变为经济价值的能力。对创意产业中的电影产业的经济学分析将会为产业的发展提供指导和布局作用。

Jane Zheng 和 Roger Chan（2013）提出，"创意产业集聚群"是一种具有高浓度的文化活动，以及文化产业伴随创造附加价值的现场网络共同发展。它通常被当作一种发展战略，通过有益的文化环境和凝聚规定的影响来促进文化产业和个人创造。探讨了中国创意产业集聚群的移植版本，以及"创意产业集聚群"在中国的文化环境中对文化和创意产业发展的影响。问卷调查结果显示，尽管"创意产业集聚群"确实包含一些功能聚类效果，但它们并不能有效地支持小型创意产业公司或者个人的发展，继续开展的文化政策会抑制文化和创意产业的发展。实际上"创意产业集聚群"的特征与理论中的创意产业集聚群功能是不同的。

Kalanit Efrat（2014）论述了文化创新的直接和间接的影响。在全球化的年代，创新的向心性和重要性在全球运营部门已经成为一个持久争论的主题。国家间的知识溢出和不同民族之间的比赛是为了使增强的创新精神仅仅处于创新的重要性以下。这种讨论关心的是是否有能力使民族文化革新的效果。谢恩研究了文化创新在国家范围内一定时期内的动机，当前的研究目标在于检验其影响，包括直接影响和间接影响。检验结果得到这样的结论，尽管在它的影响下发生了许多改变，但是，许多文化层面的东西仍然显示着强势并且持久影响的趋势在国家层次的创新中体现得很充分。

林颖（2014）在《西方文化创意产业研究前沿述评》中提出，近几年来，西方学界对于文化产业的相关研究主要从三个维度展开：

一是关注政治、经济资本对文化的过度介入，并由此探讨文化产业政策的合法性建构；二是凸显了"创意阶层"在文化创意产业发展中的重要性；三是将空间视为人与产业互动关系和意义生产的媒介，以此阐释文化创意产业的区位空间的"城区—城郊"的转移及内部结构互动。

Lily Kong（2014）深入研究了文化创意产业的发展过程，指出政府在制定文化政策时存在的五个问题。包括：（1）难以界定和定义文化创意产业；（2）难以衡量文化创意产业带来的经济效应；（3）文化创意产业存在容易被忽视其真正的文化价值的风险；（4）"创意劳动力"乌托邦化；（5）"创意城市"可以被设计是一种谬误。并提出建议：政府在制定政策时，应该回到文化创意的初衷，注重文化价值的传扬而非视文化创意产业为实现经济增长的工具。①

Kai Wang（2014）通过全面系统地研究欧洲及亚洲的文化创意及发展特点，从一个国际性角度描述了英国、意大利、法国、中国等国家的文化创意产业的发展。提出了以下观点：（1）文化已经成为一个城市不可或缺的价值体现；（2）经济发展水平决定着文化创意产业的发展水平；（3）文化创意产业将成为中国经济发展的一个新趋势。② Rómulo Pinheiro（2014）认为，文化创意产业是一个跨越国界和政界的霸权"计划"或者说"神话"，他从国家、区域及地方层面说明了文化创业产业在过去的十年左右是如何渗透到政策框架和战略行动中的，并清楚地展示了整个北欧国家背景下的持续动态。③

Ieva Moore（2014）通过相关文献的历史推理，诠释有助于对文化创意产业含义以及创意经济概念更好的理解。结果表明，"创意产

① Lily Kong, "From Cultural Industries to Creative Industries and Back Towards Clarifying Theory and Rethinking Policy", *Inter – Asia Cultural Studies*, Vol. 15, No. 4, 2014, pp. 593 – 607.

② Kai Wang, "Reflections on Economic and Cultural Driving Factors for the Development of Creative Industry: A Book Review on Creative Cities in Practice: European and Asian Perspectives", *China City Planning Review*, Vol. 112, No. 4, 2014, pp. 74 – 78.

③ Rómulo Pinheiro, "The Case of Cultural and Creative Industries (CCIs) in Norway", *City Culture and Society*, Vol. 5, No. 2, 2014, pp. 87 – 95.

业"一词的正式使用并不久，它标志着文化创意产业的数码时代。但也有历史可以追溯到工业革命和城市化时期，从 20 世纪 30 年代出现的文化产业到流行文化，再到大众媒体和对抗文化，反抗大众文化的资本主义驱动而催生的意识形态。①

Ugnè Daubaraitè（2015）通过对科学文献进行系统的、合理的对比分析，结合经验数据，指出创意产业是影响国民经济最重要的因素之一，并对创意产业进行了分类以及评估。这项研究结果为以促进和发展创意产业对国民经济影响为目的的计划投资提供了理论基础。②

Joseph Lampel（2015）描述了文化创意产业非常突出的四个主题。第一个主题是加强作为行业推广与将组织和商业形式合法化的文化创意产业的关注。第二个主题是探讨了在价值链转型的过程中，对其他行业来说具有较低水平的价值链整合的经验。第三个主题是关注创意产业和体验经济的兴起。第四个主题认为创意产业中的就业和自主创业的历史模式预示着整体经济正经历着的许多问题。③

Emiko Kakiuchi（2015）指出日本近日推出了创意城市作为城市规划的工具概念，并认为有可能缓解城市的社会和经济问题。与以往日本的城市创意规划的方法不同的是，它侧重于文化，特别是创造性的艺术，而不是科学和技术。它对解决城市中由于全球化进程、经济停滞、人口减少带来的困难具有相当大的吸引力。因此，创意城市政策可以提升文化资产，有助于从以往很大程度上依赖制造业的增长模式转变为服务导向为主的可持续发展模式。这会导致游客和消费的增加，即使日本城市人口逐渐减少，必需的城市职能也会最终得以维持。④

---

① Ieva Moore，"Cultural and Creative Industries Concept – A Historical Perspective"，*Procedia – Social and Behavioral Sciences*，Vol. 110，2014，pp. 738 – 746.

② Ugnè Daubaraitè，"Creative Industries Impact on National Economy in Regard to Sub – sectors"，*Procedia – Social and Behavioral Sciences*，Vol. 213，2015，pp. 129 – 134.

③ Joseph Lampel，"Olivier Germain Creative Industries As Hubs of New Organizational and Business Practices"，*Journal of Business Research*，Vol. 67，No. 7，2015，pp. 2327 – 2333.

④ Emiko Kakiuchi，"Culturally Creative Cities in Japan：Reality and Prospects"，*City Culture and Society*，Vol. 7，No. 2，2015，pp. 101 – 108.

二 国外文化创意产业的税收优惠政策

英国、美国、法国、澳大利亚、韩国、日本、新加坡等都是文化创意产业较发达的国家，不仅在理论研究上有一定的深度，在实践中也取得了显著的成效，各国都有自己的发展特色，产业的繁荣发展带来了引人注目的经济效益。

英国是世界上第一个提出"创意产业"概念的国家，文化创意产业已成为英国仅次于金融服务业的第二大产业，帮助英国实现了由以制造业为主的"世界工厂"向以文化产业为主的"世界创意中心"的成功转型。在政府管理体制上，坚持"一臂之距"的管理原则，政府每年将大量拨款投入文化艺术领域，对按市场运作的营利性文化产业如影像业、出版业等主要通过税收优惠来促进其发展。比如，英国政府对图书、报纸免增值税，并通过制定差别税率支持文化产业发展。为促进电影产业发展，英国政府规定成本 2000 万英镑以上的电影都能享受减税优惠。电影亏损最高可享受的减税额度也由 225 万英镑增加到 400 万英镑。对于没有利润的电影，可以得到总预算 20% 的税收抵扣用于其他电影，低成本的电影可以有 16% 的税收抵扣用于其他电影。英国政府对图书、期刊、报纸、音乐出版物免收增值税，极大地促进了相关市场的繁荣发展。

澳大利亚作为一种国家产业政策和战略发展理念，创意产业的思想萌芽于澳大利亚，投资电影业的纳税人可享受其投资额 100% 的税收抵扣，这一税收抵扣鼓励投资者发展和购买工业资产，包括专利权、版权或设计权。澳大利亚的电影版权可以在两年内扣除，每年可扣除 50% （李本贵，2010）。

美国对文化创意产业的税收优惠也是空前的。企业和公民向免税的非营利组织捐赠可以在纳税时扣除。个人向非营利机构捐赠 1 美元可获得 28%—40% 的减免，以现金捐赠公共慈善机构可获 50% 的减免，向私人基金会捐赠减免 30%，用资本利得向公共慈善机构捐赠可获 30% 的减免，捐赠私人基金会可获 20% 的减免，向企业捐赠最多可获 10% 的减免。根据美国法律，遗产不超过 70 万美元不需要缴税，如超过则要征收 37% 的遗产税，如超过 300 万美元，税率将高达

55%。由于对慈善事业的财产遗赠完全免税，促进了遗产向非营利性文化机构捐赠。其在对个人所得税的优惠上，美国一些州，将艺术家销售艺术作品的收入作为个人所得税的免税收入，而转让艺术作品使用权取得特许权使用费无须缴纳个人所得税。在地区税收优惠上，路易斯安纳州在政府设立的艺术区中，艺术家销售艺术作品可以免税，画廊和剧院的收入可以免税，艺术家居住或重建历史古迹，可以享受个人所得税和财产税减免。该州还专门设有历史古迹税收优惠条款，历史古迹开发商和财产所有人可以享受税收优惠待遇。

法国一般商品增值税高达19.6%，但对作者本人直接出售艺术品，除综艺性演出之外的演出、博物馆、展览以及历史建筑的参观、电影和图书等文化行业的税率则只有5.5%，对在境内举办的会展活动全部免税。政府通过制定减税等规章鼓励企业为文化发展提供各类帮助，有关企业可享受3%左右的税收优惠。2003年8月1日，法国颁布了"资助文化税制优惠"，对资助文化的企业给予税收优惠，这些企业最多可获60%的税收优惠，有效刺激了企业对资助文化发展的积极性（刘利成，2012）。

韩国对进驻文化产业园区的企业和单位减少甚至免除税务负担。在文化产业园区建设中，免除农田、山林、操场转让费和再造费，以及交通设施补偿费等。凡投资影视等文化项目的企业，皆可享受3%的税收优惠。对文化产品在进入市场初期给予一定时期的税收减免：在文化企业创立的前四年按应纳所得税额的10%征收，第五年为40%，第六年为70%，从第七年起才全额征税。韩国对技术密集型文化产业中的中小企业在创立初期也给予一定的税收减免：首都圈以外的地区在创业后有收入年度起，6年内减免所得税或法人税的50%；首都圈以内的地区在创业后有收入年度起，4年内减免所得税或法人税的50%，之后2年内减免所得税或法人税的30%（申国军，2010）。

加拿大魁北省一直针对作家、艺术家、电影制片人、音乐家、表演家以及其他创作具有版权艺术作品的个人免税条款。这些个人获得2万美元以下版权收入可获得1.5万美元的免税额，超过2万美元的版权收入每增加 1 美元就减少 1.5 美元（类似于加计扣除），但最高免税收入不能超过 3 万美元。加拿大萨斯喀彻温省和安大略省也正在考虑采用类似的政策。安大略等省加大税收优惠力度，为促进本国影视业的发展，加拿大联邦和各省政府制定了名目繁多的税收优惠政策，其中最重要的是《加拿大电影电视制作税收返还条例》和《加拿大电影电视制作服务税收返还条例》。虽然这些政策已经很优惠，但为了突出本地优势，加拿大各省在 2005 年展开了更深层次的税收竞争。为了与安大略省竞争，不列颠哥伦比亚省首先提高了影视业的税收抵免额度。接着，魁北克省、新斯科舍省、曼尼托巴省等省也纷纷跟进。①

欧盟的爱尔兰为艺术家从原创性和创造性的文艺作品中获得的收入提供每年最高可达 25 万英镑的免税额。收入超过 25 万英镑的艺术家，免税额为收入的 50%。欧盟国家中，独立艺术家、作家、作曲家等都需要缴纳增值税，但可以享受低税率，包括奥地利、比利时、塞浦路斯、德国、希腊、冰岛、卢森堡、斯洛文尼亚和西班牙等。②

第三节　国内文献

一　国内文化创意产业研究概述

Yuehong Xu 和 Zhixiang Yao（2012）通过选择、处理和分析 CNKI 的文献，结合筛选后的 136 个有效样本文献结果显示，中国的文化创意产业的发展现状呈现了一个上升的趋势。从这些研究文献的数量上看，2012 年发表文献的数量相对于 2003 年增长了几十倍。从研究文献的质量上看，研究能力有极大的提高，超过一半的作者有高职称、高教育背景。而且在核心期刊上发表的文献数量也从 2003 年的零篇

---

① 刘洁、何振华：《加拿大打起影视制作税收优惠牌》，《中国税务报》2009 年 3 月 11 日第 007 版。

② 郑志：《关于促进文化产业发展的税收国际借鉴》，《中国贸易报》2013 年 12 月 17 日第 010 版。

增加到了 2012 年成百上千篇。从研究的内容上看，研究领域不断扩大。研究内容的结果显示所有的省份都在不同的发展模式和水平上，其中文化创意产业的发展状况城市明显优于农村。并指出通过调查文献法发现大多数文献都是研究文化创意产业与国家或区域经济之间的互促关系，却少有学者结合政治、经济、社会学、人才研究、管理、统计、哲学和历史等角度研究文化创意产业发展问题，而政府在制定文化政策及进行文化改革时，也缺少相应的跨学科学术研究指导。[①]

在概念研究方面，汪明强（2004）认为，创意产业的概念可以表述为：凝结一定程度的知识产权，并传递象征性意义的创造性的文化产品和服务的生产、扩散、聚合体系。厉无畏、王慧敏（2006）认为，创意产业是一个与个人创造力、与知识产权相关的概念，它已经超越一般文化产业的含义，不仅注重文化的经济化更注重产业的文化化，更多地强调文化产业与第一产业、第二产业、第三产业的融合和渗透。创意产业的根本观念是通过"越界"促成不同行业、不同领域的重组与合作，是一个全新的产业概念。荣跃明（2004）认为，创意产业脱胎于文化产业，并超越文化产业。陈溪（2006）指出，创意产业的提出抓住了现代文化产业的核心和实质，也调整了现代文化产业的发展方向，使其从单一的个人消费需求导向，转向于既服务个人消费需求，也服务生产领域的新思路。创意产业应指借助一定的科技手段，以创新和创意为其核心价值的文化产品的生产与服务活动。金元浦（2006）认为，"文化创意产业是在全球化背景下，以精神文化的需求为基础，以高科技手段为支撑，以网络等新媒体为主导，以文化、艺术与经济全面结合形成跨国、跨行业、跨部门、跨领域重组或创建的新型产业集群"。李世忠认为，"文化创意产业是指运用个人的智慧、灵感、技能、天赋，采用科技与艺术手段，对文化资源进行重新构建、嫁接、创造和提升，与其他产业相融合，提供具有文化、艺

---

① Yuehong Xu, Zhixiang Yao, *Review on Cultural Creative Industry Research of China—Analysis of Related Periodicals Based on CNKI*，第三届教学管理与课程建设学术会议论文，湖南湘西，2012 年 8 月，第 40—44 页。

术元素的高附加值产品与服务，以满足人类日益增长的物质需求和精神文化需求的产业"。胡晓鹏（2006）指出，在产业价值链上，创意产业处于价值链上游，属于高端产业，与第一产业、第二产业以及第三产业相互融合。孙启明（2008）指出，文化创意产业"将知识的原创性、变化性与内涵丰富的文化相融合，通过与经济相结合，充分发挥出产业功能"。王志成和宋泓明（2007）、秦瑶和陆昕（2008）、侯博（2009）、金元浦（2010）等强调创意产业的"融合性"，将文化、科技和资源进行创新的整合而形成的高科技含量、高文化附加值和高创新度的产业集群。上述观点均注重文化创意的"产业"属性，如创造性、增值性和融合性等。南旭光（2010）认为，创意产业的核心是要保证对创意的认可和接受，并大规模实现创意对其他产品价值的增值功能。

在财税政策研究方面，江蓝生、谢绳武的总课题组在《2003年：中国文化产业发展报告——文化蓝皮书》中提出，未来几年我国文化产业会有较大的发展，相应的资金需求量会超过国家财政支持能力，多元化资金来源是必然趋势。因此，建议积极财政政策向文化产业适度倾斜，同时，对一些经营状况良好又有市场前景的文化企事业单位，在国债投资计划中加以支持。王家新、宋文玉在《2004年：中国文化产业发展报告》的分章节"关于财政支持文化体制改革的思考"中提出，用财政政策推进文化体制改革的切入点：（1）加大财政投入力度，以保证重点核心领域和重点项目的发展。（2）转变财政支出结构。（3）完善税收优惠政策。利用税收优惠鼓励兴办文化创意企业，拓宽市场融资渠道。（4）建立财务风险管理体系，加强改革过程中的财务和资金管理。张晓明、胡惠林、张建刚总课题组在《2008年中国文化产业发展报告》中指出，我国文化体制改革还在初期，放开市场准入需要一个过程，因此符合当前实际情况的政策选择是，一方面加快市场开放的速度，鼓励民间资本兴办文化企业以及加快国有经营性文化机构的转企改制；另一方面加快公共文化服务体系建设，加大财政拨款以购买公共文化服务，弥补部分群众基本消费需求不足。王永庆（2011）指出，我国目前当务之急，是拓宽投融资渠道，形成多元文化产业投融资体系，解决文化产业跨越式发展的资金缺口，为文化产业发展提供资金保障。基层调研中反映的问题主要有：融资难问题突出、财政投入严重不足、税收政策需要进一步完善等。并提出四点建议：（1）深化文化体制改革。（2）拓宽融资渠道。（3）加大财政投入力度。（4）完善和落实税收优惠政策。

在地区产业发展实践方面，中国台湾地区（2001）提出"文化创意产业"概念，将其定义为"源自于创意或文化累积，通过运用智慧财产，具有创造财富与就业机会潜力，促进提升整体生活的行业"，其创意产业包括视觉艺术、音乐与表演艺术、电影、广播电视、文化展演设施、工艺、出版、建筑设计、广告、设计、数字休闲娱乐、产品设计品牌时尚、创意生活 13 个产业；香港大学课题组（2003）在英国创意产业的分类的基础上，提出"创意产业是一系列经济活动的集合，以开发、利用创意、技术、技能和智力资产，进行生产并分配具有社会及文化意义的产品和服务，更可望成为一个创造财富和就业的生产系统"，香港特区政府在其 2003 年正式发表的《香港创意产业基线研究报告》中使用的是创意产业。然而，到了 2005 年，为了更加清楚地表明努力的方向，香港特区将创意产业改称为"文化创意产业"（Cultural and Creative Industries），并将其列为新经济增长点，作为香港未来集中推动的发展政策之一。这种命名上的变更，与其说是策略上的变化，不如说是在运用"文化产业"与"创意产业"之后在实践中发现其内在局限性的反馈；我国最早是在 2004 年引入文化创意产业，其中最具代表性的是上海"创意产业"概念，即"以创新思想、技巧和先进技术等知识和智力密集型要素为核心，通过一系列创造活动，引起生产和消费环节的价值增值，为社会创造财富和提供广泛就业机会的产业"，认为"创意产业是'6CS'产业，其内核是由文化（Culture）、创意（Creative）和内容（Content）三个方面组成，外轴是融合（Convergence）、链（Chain，包括资源链、价值链、产业链）和集聚（Cluster）三个方面合成；北京则提出文化创意产业是指以依靠人的天赋、知识、智慧和技能，运用科技手段对文化资源进行创造、改变和整合，通过知识产权保护后生产出高附加值产品，能创造财富和就业潜力的产业。2011 年北京市政府工作报告提出："提升文化创意产业竞争力，重点是打造文化服务功能区，推动文化创意产业升级，优化发展环境，巩固文化创意产业的支柱地位。"为文化创意产业的发展壮大提供了坚实的政策支持。李红梅（2010）提出，西部民族地区在自然资源及环境的双重约束下理应采取产业结构调整的跨越式发展战略，把文化产业作为当地新的经济增长点，发挥文化资源的独特创新优势和强势的就业拉动效应，建立符合地区特色及实际的文化产业集群及园区示范基地，是西部文化产业发展的现实选择。上海市在"十一五"规划期间，出台了《上海创意产业发展重点指南》，在中国丰厚的文化底蕴的基础上大力发展文化创意产业。广州创意产业课题组也对文化创意产业进行了概念界定，充分肯定了创新、科技、商业模式等因素在文化创意产业创造巨大经济价值中的重要作用。

Qiuxia Dodg、Changchun Gao（2012）认为，创意产业园区的智力资本水平是衡量创意园区竞争优势的核心因素。基于对影响创意园区竞争优势因素发展的分析，并结合已经存在的理论和智力资本评估方法，笔者构建了一套中国创意园区智力资本评估指数体系。采用熵权法得到指标的权重，而多目标决策方法用于评估每个元素的智力资本能力和综合知识资本能力。根据评估分析结果，应采取一系列政策和措施来改善创意园区的智力资本发展、知识创新和知识工程建设，评估结果为知识的流动提供了决策依据。林火平（2013）提出，应通过充分发挥财政调控职能，推动机制创新，激活文化创意产业活力，将文化创意产业做大做强。建议分行业详细制定针对各个重点发展方向的扶持政策和措施，建立"一业一策"的产业税收优惠政策体系。

Lu Shen（2012）分析了文化创意产业园的表现类型、地理属性构成要素、产业特征等。通过分析发现，由于园区倾向于把文物与自己的特点相结合以突出影响力和特色，园区的位置也有一定的限制（如"古迹""古城"）。此外，文化和创意产业园覆盖的内容也很广泛（如"数字产业""生态景观"）。但是，目前在中国，园区的类型和内容的界限不是很清楚。而且存在缺乏总体规划、产业链不健全以及其他方面的问题。因此，在发展文化创意产业园的过程中，需要注意总体规划和完善产业链。Jane Zheng 和 Roger Chan（2013）通过进行问卷及走访调查发现，尽管 CCJQs（chuangyi chanye jijuqu）能在一定程度上产生"集群效应"，但这仅仅适用于规模较大的创意公司，对于那些个人文化创意者、规模较小的创意公司，集群效应的影响并不大。因此，对于如何加快发展个人文化创意产业、规模较小的创意公司是一个值得探讨和深入研究的话题。Yongzhong Yang（2013）根据创意产业的特点构建了一个创意产业发展效率的投入产出评价指标体系。通过使用 C2R 模型、BC2 模型和 DEA 模型，以创意产业在中国 26 个主要城市为例，定量实证评估中国创意产业的实际发展效率。评估结果表明中国创意产业发展的效率从沿海地区向内陆地区逐步递减，而且内部发展极不平衡。根据总体效率价值，他将中国 26 个城市从高到低划分为三个阶层，并指出有必要构建不同区域优化思想和具体的优化路径促进未来中国创意产业的发展。Jicheng Zhang（2013）针对全球化的背景下，分析了中国文化产业的产业结构、产业组织、产业布局和产业政策等方面存在的许多问题，并根据经济生态化理论，提出一些政策建议：政府和市场应该明确促进文化产业发展之间的界限，加强内外合作创新的文化体系，为文化产业创造一个良好的生态环境。Jinliao He（2013）探讨了上海的创意产业网络及其集群动力机制。并从反向的视角，以创意集群的出现为推动力，以城市的改建为结果，分析了空间和经济之间的关系。提出创意产业除对经济以及就业的贡献之外，还影响到城市布局（尤其是上海市中心）、社会结构以及城市文化和形象。

孙春祥（2013）提出，新经济增长理论和外部性理论是财税政策支持文化创意产业发展的理论基础。应重视财税政策对文化资源配置的引导作用；注重文化创意产业中人力资本、知识、技术的积累和创新。聂翠云、田猛、任毅臻（2013）提出，发达国家财税政策有两种模式——"政府主导型"（如英国、韩国和日本）和"自由发展型"（如美国）。政府制定动态的税收优惠机制。在文化企业的初创阶段，会发生巨额的研究成本、创意成本，政府应加大财税支持。在文化企业发展阶段，企业主要依靠银行贷款等间接融资手段获取资金，政府应实施贷款优惠政策。在文化企业成熟阶段，政府应注重营造有利于文化产业发展的外部环境，主要运用市场机制来规范促进文化企业的进一步壮大。

李慧（2013）提出了当前促进我国文化创意产业发展的税收政策建议，包括继续扩大"营改增"试点范围、加大文化创意产业的增值税优惠力度、利用税收优惠政策引导电子文化信息产品的生产与消费等。赵丽（2013）提出，当前我国动漫产业存在的问题有：动漫原创能力不强、创新意识缓慢、动漫产业链不完整、动漫人才缺失、动漫教育落后。杨聪杰（2013）提出，北京市现有的文化创意产业财政扶持政策还存在扶持周期短、手段单一滞后、缺乏考核评价体系等问题，应注重过程绩效评价，提高资金使用效益。王杰群（2014）在《提升文化创意产业人才的开发》中提出，我国要注重创意人才的培养，目前，我国创意人才存在诸多问题：（1）人才结构不合理；（2）原创人才短缺；（3）人才培养和开发机制不够完善。

Enkhbold Chuluunbaatar（2014）指出，人们在衡量文化创意产业发展的背后驱动力时，过于强调地理集群效用。事实上，文化创意产业的发展在很大程度上还依赖于创新人才为文化创意产业所做的贡献，因此建议学者应该注重研究创新人才效用，而非地理集群效用。Margarida Azevedo（2014）在探索文化创意产业对澳门经济发展的影响中指出：澳门经济过度依赖被利益化的文化创意产业，如旅游业、博彩业等，从而导致澳门经济增长模式过于单一、脆弱。并给出建议：政府在发展文化创意产业时，不应该将重点只放在经济增长上，还应该注重文化创意产业价值的可持续性发展。Justin O'Connor 和 Xin Gu（2014）探讨了文化创意产业集群在上海的发展，介绍了上海是如何让创意集群与一个强大的地产模式联结起来促进经济的发展。不过，在发展经济的同时也渐渐破坏了很多创意集群的正常运作，使它们几乎完全偏离了初衷，留下的大多仅仅是"创意阶层"的美学作用，成为经济增长的牺牲品。建议政府在制定文化政策时，多考虑文化本身价值的可持续性发展，而非追求文化背后附加的经济价值最大化。

　　李荣菊、池志勇（2014）在《传统产业和文化创意产业融合发展的实证研究》中提出，由于具有投入低、产出高的特性，所以，文化创意产业成为许多国家传统产业密集地区进行产业升级的替代产业。加强传统制造业与文化产业融合促进创意产业发展是加快传统制造业转型升级的现实选择，是产业升级和结构调整的重要路径。产业融合拓展了新产品和新服务，构建了新的发展模式，提供了新的生活方式，提高了企业的核心竞争力。为了更好地加强文化产业和传统制造业融合，促进产业升级，政府要创造宽松的制度条件，要通过合理的政策支持和规划不断引导产业融合。

　　王倩、李响（2014）在《北京市文化创意产业的品牌化发展研究》中提到，品牌战略是开启未来文化创意产业市场化、产业化道路的奠基石。政府应率先认识到文化创意品牌构建的重要性，并利用其相应职能，采取相关政策与手段使社会各界尤其是文化创意产业界人士认识到品牌战略的重要性，并采取相应的扶持政策。

　　王彦林、姚和霞（2014）在《河北区域特色文化产业打造探析》中提到，文化产业虽已有一定基础，但尚处于基本形成阶段，还存在非均衡发展、发展水平不高、合作潜力释放不足、产业链虚接、同质化和重复建设等问题。税收政策方面，河北各级政府可制定和落实所得税返还政策，对相关单位提供的文化产业方面的咨询、培训、技术服务等收入免征营业税及所得税。财政政策方面，要设立文化产业发展专项资金，用于支持优势、潜力性文化产业；科学界定文化单位的性质和类型，实施区别的财政扶持政策。金融政策方面，要创新信贷产品，完善授信模式，扩大直接融资规模，培育文化产业保险市场，营造包括贷款贴息、保费补贴、投资基金、风险补偿基金、文化产权评估交易等配套机制。

　　田新玲（2014）在《我国文化创意产业面临重大发展契机》中提到，中国（上海）自贸区的创立将带来宏观层面的制度环境及微观层面的投资融资、开放准入、文化国际贸易、文化企业的核心竞争力培育、国际产业链打造等方面的深远影响，是文化创意企业发展的重大契机。上海自贸区的旅游、休闲娱乐、游戏动漫等企业将以更多机会、更多优惠、更低成本建立国际产业链。

厉无畏（2014）在《发展并完善文化市场促进文化创意产业发展》中提出，文化创意产业属于消费驱动型产业，其健康发展取决于文化市场的健全和完善。目前，我国文化创意产业发展正处于升级转型的关键时刻，我们必须要实现三个转变：其一，从以政府主导向以市场主导的转变；其二，从以规模增长为目标向以提高质量与效益为目标的转变；其三，从文化产业自身发展的小循环向国民经济体系整体发展的大循环转变。因此，我们需要激发文化市场活力，夯实文化创意产业发展基础；增强文化市场动力，释放文化创意产业改革红利；彰显文化市场魅力，营造文化创意产业发展氛围；挖掘文化市场潜力，扩展文化创意产业发展空间；形成文化市场合力，协同推进文化创意产业发展。

肖怀德（2014）在《文化创意产业集聚：超越传统"产业集聚"的路径探索》中，从梳理产业集聚理论和中外文化创意产业集聚理论成果，总结文化创意产业自身特征出发，提出了文化创意产业集聚对传统产业集聚的超越性特征，并结合中国10年文化创意产业发展实践，分析了目前中国文化创意产业集聚区发展的主要问题，总结出规划文化创意产业集聚区的前提。最后，作者提出了一个新的研究方向，即文化资源富集中小城市（镇）文化创意产业集聚发展研究。

吴正彪、杨曾辉（2014）在《武陵山片区城镇化进程中的文化创意产业研究》中提出，20世纪中后期以来，"城镇化"和"文化创意产业"这两大主题已经成为世界各国经济文化发展中的一个热潮。同样，位于中西部地区结合部的武陵山片区的城镇化进程与文化创意产业也纳入了国家发展规划的总体议事日程，在实施过程中均取得了一定的成效。然而，在将两者仔细对比分析后不难发现，绝大多数情况下都是将两者分别开来，独自去实施，而极少将两者协同考虑进来，或者说是将文化创意产业的研究，置于城镇化的大背景中去加以系统论证和推进。文章试图去探寻武陵山区城镇化过程中，如何将文化创意产业研究置于其中，并提出相应的该地区文化创意产业研究的基本原则和实现两者相互兼容的可行性，以期求得武陵山片区各族居民获得符合时代特征的发展模式。

Guanglin Feng（2015）基于产业组织理论的 SCP 范式综合分析文化产业在中国存在的常见问题，并提出解决这些问题的方案是：调节企业文化产业组织间的竞争行为，增强文化产业组织的市场表现。Chang Bin Lee（2015）研究了政府实施的文化政策与治理措施对中国台湾文化创意产业在 2002—2012 年的影响时指出，文化政策对新型产业及其对经济发展的重要性起着至关重要的作用。文化政策可以有效地促进地区和地方的文化创意产业发展，从而伴随着当地经济的进一步增长。[①]

Jianping Wang（2015）指出，外国投资的步伐加快了中国的文化产业的发展，但也存在一些问题。如投资规模较小，投资领域较窄，中国文化产业占各类行业比例较低。限制外国直接投资中国的文化产业的因素包括：法律环境不健全，商业信用环境需要改善和文化人才的缺乏等。Jianping Wang（2015）用 VAR 模型估计 FDI 对 2002—2012 年外国投资促进文化产业增值的影响，结果表明：外国投资在一定程度上促进文化产业的发展，但经营效果滞后，且外国投资对文化产业形成一个积极的影响需要很长一段时间。为此，他提出在维护国家文化安全的前提下，中国应该进一步采取更加自由的政策，完善法律体系，优化外商投资渠道，鼓励外资参与中国文化产业的建设当中。

王杰群（2015）指出，文化创意产业是以创新、创造、创作为根本手段，以文化内容和创意成果为核心价值，以知识产权实现或消费为交易特征，为公众提供独特文化体验的具有内在联系的行业集群。[②]

二　文化创意产业的税收支持理论

贾康、马衍伟（2012）认为，税收促进文化的发展，税收是公共

---

① Chang Bin Lee, "Cultural Policy and Governance: Reviewing Policies Related to Cultural and Creative Industries Implemented by the Central Government of Taiwan between 2002 and 2012", *Review of Policy Research*, Vol. 32, No. 4, 2015, pp. 465–484.

② 王杰群：《新常态下文化创意产业提升路径》，《光明日报》2015 年 3 月 28 日第 07 版。

文化产品与服务的物质基础，具有显著的外部性、受益的排他性、消费的非竞争性，服务于全体人民的精神。税收是公民文化的基本制度的保证，运用税收可以保证公民文化权利的充分实现。税收是促进文化产业发展的政策工具，税负的轻重直接关系到投资人的利益和企业扩大再生产的能力，影响着产业的供求关系，引导着资源在不同产业和行业间的配置。对于文化中的产业部分，税收是促进文化产业经济增长的加速器。①

路春城、綦子琼（2008）认为，税收介入文化产品的理论依据有以下两点：文化产品的外部性、非竞争性、效用难以衡量性、需求多样性这些特殊属性决定税收介入的必要性；从经济学需求与供应的平衡点理论来分析，政府可以通过税收政策，降低文化产品的生产边际成本，从而使文化产业的投资供给量增加，而文化产品的投资的需求成本也相对下降，资本的需求量增加。②

石丽媛（2014）认为，税收促进文化产品的发展有三个理论。公共产品的理论，文化产品作为公共产品的一种，在市场失灵和需要有效供给时，需要政府运用财政税收发挥调节，配置资源的作用，同时坚持税收的公平与效率原则，创造相对公平税收环境；税收效应理论，发挥收入与替代效应和激励与阻碍效应，降低文化商品价格，增加消费者对文化产品的需求，同时大量人员在政策的激励下进入并从事文化产业，促使文化产业的繁荣；最优税收理论，政府利用税收来调节控制市场运作，降低经济浮动，提高经济发展，减少失业率，优化产业结构，为文化产业发展提供良好的宏观环境。③

杨志安、张鹏（2015）认为，税收对文化产业发展有两个效应，税收对消费和生产的替代效应。税收的消费替代效应指政府对某些商

① 贾康、马衍伟：《税收促进文化产业发展的理论分析与政策建议》，《财政研究》2012 年第 4 期。

② 路春城、綦子琼：《促进我国文化产业发展的税收政策研究》，《山东经济》2008 年第 5 期。

③ 石丽媛：《营改增对国有文化产业的影响及对策研究》，硕士学位论文，重庆理工大学，2014 年，第 9—11 页。

品征税后，改变了商品的相对价格，从而改变消费者的选择。偏好理论提出，征税后的商品相对价格上涨会引起消费者在保持原有效用不变的基础上，减少该类商品的消费，相应增加非税商品的消费，从而改变消费者的偏好在不同产业之间产生影响。当文化产业的税率相对过低时，替代作用就会使文化产业的消费所提高，促进文化产业繁荣。税收的生产替代效应是指税收对企业的产品结构所产生的影响，它表现为政府的课税会改变企业产品及产量结构。税收的这种生产替代效应，主要是由于政府课征选择性的商品税而引起的。当企业的某种个别产品被征税后，这种产品的成本和价格会相对提高，降低该种产品的市场竞争力，减少利润，导致企业相应地减少该种产品的生产数量或取消生产，更多地将资源转向非税产品的生产。而征收所得税往往不会导致企业产品生产结构的改变，对文化企业实行所得税优惠，可以促进文化产业繁荣和结构优化。[①]

三　我国现行关于文化创意产业税收的现状及问题

与其他一些国家相比，我国的文化产业发展较晚。近年来，我国文化产业的发展取得了巨大的进步。国内生产总值中，文化产业总产值所占比重逐渐提升，文化产业对经济发展的拉动作用越来越大。然而，在认可文化产业取得巨大成就的同时，文化产业发展中也存在很多问题。

从文化企业和行业本身来看，戚骥（2013）认为，文化企业的认定困难，会由于文化产业分类的复杂性和文化单位的专制不彻底导致纳税主体较难确定；文化企业经营活动难以核实，经营活动往往比较分散，财务上很难做到账实相合；文化产业上有税票不齐全，基层单位往往难以有相应的税务凭证且版权属性不清，容易造成重复征税。[②]不同文化企业间，对于高新技术文化企业和一般的文化企业差别对待，并且税收制度的行业针对性不强，税收优惠力度小保障机制不完

---

① 杨志安、张鹏：《支持我国文化产业发展的税收政策选择》，《税务研究》2015 年第 3 期。

② 戚骥：《支持文化产业发展的税收政策研究》，《财政研究》2013 年第 6 期。

善，对特色的文化产业不重视等（张世军、王燕燕，2015）。① 此外，张哲元（2014）也认为，不仅在企业方面，部分文化创意产业也未纳入"营改增"的试点，这些文化创意产业税负较高，增值税进项税额抵扣不充分，行业和企业税负较重。②

从税收体系来看，李季（2013）认为，主要以部门法规为主，比较分散；在法律效力方面③，朱秒秒认为（2014），税收体系没有形成一个完整的体系，且主要的税收制度的法律效力层次较低，没有和文化创意产业配套的税收规范体系。④ 在税收政策方面临时性的税收优惠政策居多、总体税收激励力度不大，增值税对文化产业存在重复征税科学性差、所得税激励作用不足、文化事业费是税非税，且税收政策单一，缺乏区域性优惠政策，而且税收政策力度不够，税收负担相对较重，增值税和所得税税率较高，税负不均衡，存在重复征税，对中小型文化企业的重视程度不够（申国军，2010）。⑤ 此外，基层税政部门存在协调问题，例如，会由于跨系统、跨区域的原因问题协调起来比较困难，企业获得相应的税收政策往往具有滞后性（李慧，2013）。⑥

从其他方面来看，李晶（2013）认为，我国对重点税收的文化产业支持不充分，对于重大文化项目带动战略的税收支持处于空白状态，与生产文化产品对应的消费也尤为重要，对刺激文化消费的税收支持也不丰富，其鼓励对外文化贸易的税收政策不全面，吸入社会资金进入文化产业的政策不足，缺少文化产业技术支撑的税收政策。⑦

---

① 张世君、王燕燕：《韩国文化创意产业的税收制度》，《税务研究》2015 年第 8 期。

② 张哲元：《税收促进文化产业发展的分析与建议》，《市场周刊》（理论研究）2014 年第 6 期。

③ 李季：《我国文化产业财税政策研究》，博士学位论文，东北财经大学，2013 年，第 71—73 页。

④ 朱秒秒：《我国文化产业的税收优惠法律制度研究》，硕士学位论文，安徽大学，2014 年，第 20—22 页。

⑤ 申国军：《发达国家促进文化产业发展税收政策及其借鉴》，《涉外税务》2010 年第 4 期。

⑥ 李慧：《论促进我国文化创意产业发展的税收政策》，《税务研究》2013 年第 12 期。

⑦ 李晶：《加快文化产业振兴的税收政策》，《财政研究》2013 年第 11 期。

李本贵（2010）认为，我国缺乏地区性税收优惠政策，文化产业税收优惠政策引导作用不突出，且缺乏鼓励个人和企业投资文化产业和文化基础设施的税收政策。① 经分析我国文化产业现状认为文化产业从业人员个人所得税税负较高，应该根据文化从业人工作性质的特点针对其收入制定合理的税收制度（兰相洁、戚骥等）。② 陈莹莹等认为，文化产业涉及范围非常广泛，规模比较庞大，税收优惠和国家政策的对接不是很到位，税收扶持的内延和外涵较为模糊。③ 学者杨京钟等（2010）认为，现行的税收捐赠制度存在问题，制约了文化产业的发展。④

从国家已经出台的税收政策上看，税收政策缺少新意，虽然这些政策是在东部地区经济发展过程中的经验总结，但是，对于我们的民族地区来说，所起到的作用就不明显了，没有对民族地区的特殊性进行考虑；再者，民族地区税收优惠政策缺乏整体性、系统性、规范性，使其在实践运用时变得复杂化；产业税收优惠通常容易被忽略，更不要说文化创意产业方面的，企业一般会选择回收快、利润高的产业，且民族地区各种矿藏多，企业多在一些非可持续发展产业投资，这样，破坏了环境，不利于长远发展，区域特色不明显⑤（李淑瑞，2016），较少与本民族地区的文化特色相结合，浪费文化资源，这样对民族文化的传承也是不利的。

税收优惠措施单一，以减免为主，优惠力度不够，优惠持续时间短，对民族地区倾斜不够；税率方面我国实行的是"一刀切"，没有考虑东西部差距，这些对民族地区的发展都是不利的（张凌、倪国

---

① 李本贵：《促进文化产业发展的税收政策研究》，《税务研究》2010 年第 7 期。
② 兰相洁等：《促进文化产业发展的税收政策选择》，《经济纵横》2012 年第 6 期。
③ 陈莹莹等：《我国文化产业税收政策研究综述》，《经济研究参考》2012 年第 36 期。
④ 杨京钟、吕庆华：《基于中国文化产业发展的税收政策取向研究》，《江南大学学报》（人文社会科学版）2010 年第 4 期。
⑤ 李淑瑞：《民族地区地方税收优惠政策问题及对策研究》，《贵州民族研究》2016 年第 7 期。

爱、徐晓东，2016）。① 企业所得税减免是《民族区域自治法》赋予少数民族地区的唯一税权，税收优惠政策主要是中央制定，相对来说民族地区税收优惠政策较少，而地方减免方面权限小、范围窄、力度小（丁芳，2016）。②

我们没有对文化产业的发展进行明细的税收管理手段，包括减免税、成本核算等，文化创意产业发展方面缺乏清晰的引导政策，尤其是在税收优惠政策方面的作用不强。文化创意产业的税收优惠政策缺乏透明度、公平性、全面性，当前我国税收制度鼓励纳税人以各种方式扶持文化创意产业，但又限制了个人或捐赠人，由此导致其中存在着很大的矛盾和不协调性（祖令，2016）。③

四 我国文化创意产业税收政策方面的建议

我国文化产业的税收支持有诸多问题，一些学者给出一些建议，包括税收体系的建立、税负的调整、对于捐赠的税收引导等。

从文化企业和行业方面，戚骥（2013）认为，统筹构建文化产业的税收体系，统一征管口径，实现全行业的税收优惠政策，然后统一税收管理，形成合理的协调机制。贾康和马衍伟（2012）根据文化再生产的规律和创作、生产、传播和消费的特点，结合文化产业的四个环节的设计制定实施文化产业发展的税收制度安排和税收政策措施，增加文化消费总量，提高文化消费水平；推进文化事业单位改革，同时要进一步完善从事公益服务事业单位的税收政策，对转制单位在五年过渡期内给予适当保留原有税收等优惠政策，进一步完善税收政策鼓励社会力量依法进入公益事业领域。肖建华（2010）认为，依据文化产品和服务的性质实施差别税收政策。文化事业单位从事公益性文化活动，则不应享受税收优惠，财政应该加大投入力度；如果其利用所掌控的资源进行市场性活动，则应视同文化企业对待；如果文化企

---

① 张凌、倪国爱、徐晓东：《我国少数民族地区税收现状及税收优惠政策研究》，《贵州民族研究》2016 年第 8 期。

② 丁芳：《内蒙古区域税收优惠政策的思考与建议》，《北方经济》2016 年第 4 期。

③ 祖令：《我国文化创意产业发展的政策反思》，《中小企业管理与科技》2016 年第 2 期。

业从事公益性文化活动与市场性文化活动，则需要根据国家的文化导向给予税收优惠。此外，服务对象上文化企业对老年人、妇女、青少年提供科普类的公益性文化活动给予低税率甚至免税，而文化事业单位从事上述活动则不能给予税收优惠。[①] 祁述裕、孙博等（2015），运用税收优惠拓宽文化投融资渠道，降低投资准入门槛，鼓励非公有资本进入文化产业；实施激励文化科技创新的税收政策，改进完善文化企业技术开发费加计扣除税收优惠；实施有利于扩大文化消费的税收政策。[②]

　　在税法体系方面，任高飞、陈瑶瑶（2015）认为，我国应该提升文化创意产业税收制度的立法层次，结合我国目前文化创意产业的发展的现状和我国税制的结构，建立一套目标明确、科学完备、针对性强的税收制度：完善文化创意产业所得税制度，优化文化创意产业的流转税制度，规范"营改增"的政策。[③] 魏鹏举、王玺（2013）认为，加强税基式优惠，引导企业的创新式扩张，促进文化产业发展的税收政策中应该减少直接优惠，增加间接优惠。[④] 张中华（2013）认为，要健全文化税收体系，就要深化我国税费改革，在改革中要清费立税，对"文化产业税"进行相应的设计，需要构建税收的长效机制，推出长时有效的税收政策。[⑤] 曹芳（2014）认为，降低所得税税率和增值税率，加大税收的优惠力度，营造公平的税收环境，加大增值税的抵扣范围，如厂房和其他有形资产应纳入增值税的抵扣范围。[⑥] 李慧（2013）随着我国信息时代的到来，把握"营改增"的机遇引导

[①]　肖建华：《发展我国文化产业的税收政策思考》，《税务研究》2010 年第 7 期。

[②]　祁述裕、孙博、曹伟、纪芬叶：《2000—2014 年我国文化产业政策体系研究》，《东岳论丛》2015 年第 5 期。

[③]　任高飞、陈瑶瑶：《我国文化创意产业发展的税收政策研究》，《财政监督》2015 年第 15 期。

[④]　魏鹏举、王玺：《中国文化产业税收政策的现状与建议》，《同济大学学报》（社会科学版）2013 年第 5 期。

[⑤]　张中华：《促进我国文化产业发展的财税政策思考》，硕士学位论文，东北财经大学，2013 年，第 29—35 页。

[⑥]　曹芳：《我国文化产业税收政策探析》，硕士学位论文，西南财经大学，2014 年，第 42—46 页。

电子文化与信息产业的生产与消费。大部分学者都认为应该实行差别税率，对不同的文化产业实行不同的税收政策，对不同的地区实行不同的税收优惠政策，某种程度上要授予地方一定权限发展其文化产业。

五　国内文化创意产业的税收优惠政策

目前，我国文化产业和文化创意产业方面的税收优惠政策，主要体现在财政部、海关总署、国家税务总局下发的《关于文化体制改革中经营性文化事业单位转制为企业的若干税收优惠政策的通知》《关于文化体制改革试点中支持文化产业发展若干税收政策问题的通知》《关于支持文化企业发展若干税收政策问题的通知》《关于扶持动漫产业发展有关税收政策的通知》等文件中。特别是前两个文件对文化体制改革试点地区的所有文化单位和不在试点地区的试点单位给予了一系列的税收优惠政策，惠及全国 2000 多家转制文化单位，减免税收达近百亿元。郭玉军、李华成（2012）在《欧美文化产业税收优惠法律制度及其对我国的启示》中，对国内税收优惠政策进行了梳理：

增值税，我国增值税税率有三种，分别为 17%、13% 和"零税率"，文化产业中纳税人因身份、对象的不同被开征 13% 或 17% 不同税率的增值税或被免征。一般情况下，销售文化设备和产品的单位和个人以及进口文化产品的单位和个人均应就其增值额向税务部门缴纳 17% 的增值税。此外，按照规定，邮政部门以外的单位和个人销售集邮商品及发行报刊均应缴纳 13% 的增值税，印刷企业接受出版社委托购买纸张印刷报刊等也需缴纳增值税。增值税免征则仅适用于具有特定政治和公益目的的文化单位和个人，如销售党报或教育书刊等。

营业税，按照《营业税税目税率表》，不同行业分别适用差别税率，低至 3%，最高达营业额的 20%。营业税税目表中的文化产业、娱乐行业中的歌厅、舞厅、卡拉 OK、厅音乐茶座服务业中的旅游业、转让无形资产营业税中转让著作权等均属于我国文化产业规划纲要中的文化业范畴，按照现行规定需缴纳 3%—20% 不等的营业税。

肖建华（2010）在《发展我国文化产业的税收》一文中提到，企业所得税，对于文化事业单位转制情况，文件鼓励转制并实行免征企业所得税（5 年）政策；对于新设立文化企业，自工商注册登记之日起，免征 3 年企业所得税。同时，文件还利用所得税鼓励社会力量支持文化产业的发展，如在计算应纳税所得额时，社会力量通过国家批准成立的非营利性公益组织或国家机关对宣传文化事业的公益性捐赠，经税务机关审核后，纳税人缴纳企业所得税时，在年度应纳税所得额 10% 以内的部分，可在计算应纳税所得额时予以扣除。在纳税管理方面，文件规定，对试点文化集团的核心企业对其成员企业 100% 投资控股的，经国家税务总局批准后可实行合并缴纳企业所得税。

个人所得税，对与文化创意有关所得实行较为特殊的制度，如稿酬所得适用 20% 的税率，再按应纳税额减征 30%；特许权使用费所得则采用定额扣除后再行征税；纳税人缴纳个人所得税时，通过国家批准成立的非营利性公益组织或国家机关对宣传文化事业的公益性捐赠，捐赠额未超过纳税人申报的应纳税所得额 30% 的部分，可从其应纳税所得额中扣除。

其他税种，主要涉及地方税种，也主要是为了推动与支持文化事业单位转制，如由财政部门拨付事业经费的文化单位转制为企业，对其自用房产、土地和车船免征房产税、城镇土地使用税和车船税；对因自然灾害等不可抗力或承担国家指定任务而造成亏损的文化单位，经批准，免征经营用土地和房产的城镇土地使用税和房产税。此外，文件还激励文化企业实施研发，如将从事数字广播影视、数据库、电子出版物等研发、生产、传播的文化企业视为高新技术企业，规定凡符合国家现行高新技术企业税收优惠政策规定的，可统一享受相应的税收优惠政策。

课题组在借鉴国内外学者研究成果的基础上，从税收政策这个角度入手研究能够促进民族地区文化创意产业发展的有效政策措施。目前，全国已有 20 多个省市区提出建设"文化大省""文化强省"的目标，将文化产业作为国民经济支柱产业来发展，北京、上海、广东、云南等省市文化产业占地区生产总值的比重都超过 5%。这说明文化创意产业发展势头良好，更加需要税收层面的支持，为其营造宽松的发展环境，使其成为民族地区的支柱性产业。

　　胡若痴、武靖州（2014）在《支持文化创意产业发展的财政政策研究》中提出，支持文化创意产业的财政政策尚存在一些不足之处，主要表现为政策扶持重点不突出、针对性不够、对财政补贴风险的认识不深入。在财政政策的优化调整中，应注重把握财政政策支持的范围，根据文化创意产业的特点，增强财政政策的针对性，并积极探索更加有效的财政支持方式。

　　在实证研究成果方面，郑美丽、张蕾、许玉玲（2014）在《北京文化创意产业支撑条件评价及发展对策》中参考欧美、上海等地文化创意产业指数及多位学者的实证研究，结合北京文化创意产业发展现状，构建符合北京文化创意产业发展支撑条件的评价指标体系。运用因子分析法对北京16个区县文化创意产业支撑条件进行定量评价，将其划分为好、较好、一般、较弱四个等级，并对每一级别区域支撑条件进行评价，指出未来工作方向：支撑条件好的区域，加强创意人才吸纳力度，增强对外沟通能力，建设国际化区域；支撑条件较好区域，依托政府支撑较强优势，重点提高科研行业就业，打造皇城文化品牌；支撑条件一般区域，发挥对外沟通较强特点，全面提升发展文化创意产业支撑条件；支撑条件较弱区域，凭借环境优美，把握轨道交通发展契机，错位发展文化创意产业。

　　康保苓、陈友军（2014）在《城市文化创意产业竞争力评价指标体系的构建及应用研究——以上海、杭州、南京为例》中，阐述了城市文化创意产业竞争力的概念、特征，构建了包括城市经济环境、城市文化环境、城市社会环境、文化创意产业发展水平、文化创意产业创新能力和文化创意产业影响力6个子系统在内的城市文化创意产业竞争力评价指标体系，精选34个评价指标，运用层次分析法（AHP）模型，测算了城市文化创意产业竞争力指标体系6个子系统及34个评价指标的权重，并以上海、杭州和南京为例进行实证研究。研究结果显示，在3个城市中，上海的文化创意产业竞争力最强，杭州第二，南京第三，这与目前业内对3个城市文化创意产业竞争力的总体评价基本一致。

　　方忠、张华荣（2014）在《基于 Malmquist 指数的福建文化创意产业效率区域差异分析》中，利用马尔奎斯特（Malmquist）生产力指数模型对 2010—2012 年福建省 9 个设区市的文化创意产业效率及其动态变化进行实证研究。实证结果显示，福建省各市的全要素生产率总体上呈上升趋势，但各地区文化创意产业纯技术效率、规模效率仍存在一定差距，这表明福建省各地区文化创意产业还处于不同的发展阶段，当前发展的侧重点有所区别。在此基础上，提出了提高福建省各地区文化创意产业效率的政策建议。

潘玉香、强殿英、魏亚平（2014）在《基于数据包络分析的文化创意产业融资模式及其效率研究》中，运用数据包络分析方法研究文化创意产业融资模式及融资效率。结果表明，我国文化创意产业融资效率偏低。在此分析研究基础上，结合我国文化创意产业的特点，提出了提高文化创意产业融资效率的建议。

孙艺珊（2014）在《上海文化创意产业效率评价研究》中，同样运用数据包络分析方法研究了创意产业的效率问题，通过建立创意指数指标体系，构建 DEA 效率评价模型，将上海文化创意产业置于与其他 17 个城市对比之中，发现上海文化创意产业发展是无效率的，存在较大的投入冗余和产出不足。这与潘玉香、强殿英、魏亚平（2014）的观点相吻合。

钟廷勇、安烨（2014）在《文化创意产业技术效率的空间差异及影响因素——基于异质性随机前沿模型（HSFM）的实证分析》中，构建技术时变的异质性随机前沿模型，基于中国 31 个省（市、区）1998—2009 年的面板数据，对文化创意产业的技术效率及其影响因素进行实证研究，结果表明：中国文化创意产业的技术效率整体水平不高，效率损失约为 37.1%，但随时间呈小幅上升趋势；技术效率区域差异明显，东部的技术效率最高，并且区域间技术效率出现收敛趋势；文化创意产业规模与技术效率正相关，经济发展水平、社会资本、信息化水平和科技水平对技术效率具有积极作用，而人力资本增加了技术无效率。

文娟、胡兵（2014）在《中国省域文化创意产业发展影响因素的空间计量研究》中，在考虑空间相互影响的前提下，分析中国省域文化创意产业发展的影响因素。首先，以 2009 年中国 31 个省（市、区）的年度数据为样本，采用全局莫兰（Moran）指数和局部莫兰散点图对中国省域文化创意产业发展进行空间分析。其次，在文献回顾和梳理的基础上，利用空间计量模型分析了人才、技术、宽容、政策、基础设施 5 个因素对省域文化创意产业发展的影响程度。研究发现：中国省域文化创意产业发展的空间作用主要是通过邻近省域间的溢出效应来体现，技术因素在推动当前中国省域文化创意产业发展中扮演重要的作用。再次，宽容和人才因素；而基础设施和政府政策这两个因素的影响力并不太显著。研究结论与国外已有研究有一定差异性。最后，就该研究结论展开了初步的讨论。

在其他方面也有一些措施。张中华、王燕燕（2015）认为，重视对捐赠等的税收引导，减少捐赠扣除不必要的限制，并适当提高针对文化创意产业捐赠的扣除比例。李慧（2013）认为，对银行等金融机构为文化创意产业项目提供贷款的，可对其利息收入给予适当税收减免，并利用减免税收优惠政策支持文化创意产业中的兼并购投资，鼓励文化企业做大做强，例如，对兼并过程中的房地产转让免征土地增值税等。卢天贶、罗燕（2013）认为，优化版权领域的税收政策，对版权的认定、计量、折旧方法予以调整，并同意按货物贸易管理。[①]对转置企业实行特殊的优惠政策，其时间、覆盖范围、征税标准相应要有所转变。王香茜（2013）举例实体书店的经营状况，认为国家和地方政府实行税收优惠政策的同时，实体书店本身要提高自身的修养内涵和文化底蕴，说明文化企业本身内在竞争力要有所提高。[②] 李本贵、李亚玲等认为，建立文化产业从业人员的税收优惠政策，充分考虑文化从业人员的收入特点，鼓励相关税收制度的建立。[③] 路春城、

[①] 卢天贶、罗燕等：《出版业税收政策比较与改进建议》，《湖南税务高等专科学校学报》2013 年第 2 期。

[②] 王香茜：《税收政策促进文化产业发展的对策研究》，《未来与发展》2013 年第 2 期。

[③] 李本贵、李亚玲等：《优化税收政策促进文化产业发展》，《新闻研究导刊》2015 年第 2 期。

綦子琼（2008）认为，应该建立税利返还政策，财政部门将相关的金额返还给文化部门，文化部门建立一个相应的文化发展基金用于支持文化产品的发展。刘元发（2014）认为，农村文化产业的发展应该延长其产业链，结合特色的文化资源，政府予以有针对性的税收政策倾斜，同时要培养各类文化产业的人才。① 邵凌云（2014）认为，赋予民族地区制定更多具有地区特色税收优惠政策的权利，加大对民族文化产业的税收扶持力度。贾康、马衍（2012）认为，鼓励文化产业走出去的措施有待加强。

　　针对我国民族地区文化创意产业的问题，政府应当加强对民族地区文化创意产业的税收优惠，完善文化创意产业相关法律法规，细化、规范各方面的规定，将各方面税收优惠政策系统化、条理化；做到税收优惠方式多样化，克服措施单一，比如税种或税率的多样化；积极引导外部资金投入，紧紧与本民族地区的优势资源，如民族文化、生态资源等结合起来发展，突出特色，挖掘自己特别的、难以复制的优势资源，积极实践，因地制宜，同时鼓励创新，通过资源整合来深度挖掘文化等资源；政府与企业之间要保持良好沟通，将地区优惠、鼓励政策有效利用起来；重视人才培养，激励更多人才进入这个行业，降低从业者的税负，调动积极性。

　　实行分阶段的税收政策，从初创期、成长期、成熟期和持续期来分阶段、有针对性地进行税收鼓励（林春树、段钢、缪晓斌，2016）。② 政策应有针对性，专门针对本民族地区文化创意产业的发展；落实本地区可以享受的优惠政策，争取最大的、新的优惠政策；适当降低税收优惠门槛，使更多的企业能够受益和发展。

　　民族地区文化创意产业是拉动民族地区经济文化发展的有利因素，国家加强税收政策建设，推动文化创意产业进一步发展。

　　从实践层面来看，我国民族地区文化创业产业发展存在一系列的

---

　　① 刘元发：《促进我国文化产业发展的财税政策研究》，博士学位论文，财政部财政科学研究所，2014年，第109—116页。

　　② 林春树、段钢、缪晓斌：《岚台文化创意产业深度合作的税收政策体系研究——打造平潭综合实验区成为文化创意产业的"桥头堡"》，《宁德师范学院学报》2016年第1期。

问题，如起步较晚，市场规模较小，科技含量不高，产业结构不合理，文化产业投入不足，配套金融服务不全等。

从上述国内外研究成果来看，我们发现，虽然国内外关于文化产业税收政策的研究成果越来越多，但许多研究还基本停留在表面，同时偏于理论研究，缺乏实证研究，导致政策建议的提出缺乏实践支持。总的来说，现行税收政策存在的主要问题：政策的运行环境对文化产业发展不利，优惠政策执行难度大，政策的支持力度不足。

针对现有支持政策存在的问题，从理论演变和实践发展两方面入手，进一步研究支持文化创意产业发展的税收政策，破解制约文化创意产业发展的税收短板，释放其蕴含的巨大动能，是当前亟须破解的重要课题。因此，本书对促进民族地区文化创意产业的健康发展，提高税收扶持政策的针对性，建立起规范的促进民族地区文化创意产业发展的扶持体系有重要的意义。

第二章　税收支持文化创意产业的理论基础

第一节　文化创意产业支持理论

一　政府介入文化创意成果转化以及产业化的理论依据

（一）文化创意成果转化和产业化过程中存在正外部性

文化创意成果转化和产业化的过程中不同程度地存在正外部性。文化创意产业集聚的文化外部性应着眼于新的文化符号与文化认同感的创造。经济外部性应改变以交易成本为核心竞争力的现状，以社会网络为核心构建文化创意企业集群；环境外部性则体现为文化创意资源的整合再利用。① 以其中具有较强外部性的基础研究成果转化为例，它们侧重于理论和超前性，研究成果不能及时应用于实际，但是，如果没有这些对基础性创意的研发，应用性技术就将失去持续发展的潜力。因此，基础创意研究成果的转化对整个社会具有重要的意义，其产生的社会效益远远超过成果转化的本身，外溢性很强。从全社会来讲，这种知识和成果溢出越多、越快就越好，而以自身效益最大化为目标的理性生产者，则希望创新引致的溢出越少、越慢越好，他们仅有兴趣投资发展能提高其自身利润的文化创意成果的转化，而不太关注对社会发展至关重要的创意研究，这样就会造成私人部门在创意成果转化和产业化上的投资低于社会期望水平的现象。

---

① 张洁瑶、高长春：《外部性理论视角下创意产业促进现代社会转型机理研究》，《经济体制改革》2013 年第 5 期。

（二）文化创意成果转化和产业化中存在信息不完全性

文化创意成果转化和产业化中的信息不完全是由两方面造成的。一方面，由于文化创意成果的不确定性，特别是一些高新技术，往往具有高投入、高竞争、高风险的特点，其是否能成为现实的生产力具有不确定性，且该文化创意产品的市场前景也具有很大不确定性。由于创意成果的不确定性，造成受让方的信息不完全。另一方面，创意成果的转让方和受让方之间存在着信息的不对称。由于创意成果具有复杂性和垄断性，使创意成果的转让方和受让方在文化认知方面并非处于同一认识层面，对于有些创意成果，受让方的识别能力特别有限，甚至无法识别其社会效用和经济效用。因此，以经营稳健为原则的银行不愿意贷款，普通投资者又不敢承担高风险，致使转让方创意成果转让难度加大和受让方风险加大。

（三）文化创意成果转化和产业化过程中蕴含的研究具有公共产品属性

文化创意成果转化和产业化过程离不开创新活动，创新研究具有竞争性和排他性，因此，承担或者资助文化创意产业就成为政府的天然职责。鉴于创意成果转化和产业化过程中存在的市场失灵，理论上，政府应通过财政政策对这一过程进行干预。在对创意成果转化和产业化的财政支持方式上，除从财政角度增加支出的直接支持方式外，更多的是间接地利用税收政策进行支持，其中最明显的是各种税收优惠措施的运用，其实质是政府对税收优惠的间接投入，即将应征收的税款让渡给企业用于创意成果转化和产业化。与其他政策工具相比，税收政策的作用影响更大、时间更长，也是世界各国政府在促进科技进步与创新方面普遍采用的政策措施，促进科技成果转化和产业化的税收支持方式主要有税收减免、税收抵免、税收优惠、加速折旧、退税、准备金制度等。①

---

① 马海涛、姜爱华:《促进科技成果转化与产业化的税收支持方式研究》,《税务研究》2010 年第 8 期。

二　政府财政对文化创意产业支持的运行机制

（一）政府引导和市场主导相结合

加强"政府政策引导"机制。政府不断加大金融业支持文化产业的力度，一是加大财政政策支持力度，政府通过价格补贴、出口补贴和消费者补贴等财政补贴方式可以进行无偿支出，也可以对做出优异成绩的文化创意企业进行后期奖励，通过设立文化创意产业发展专项基金，进行直接财政支持。二是加大税收政策支持力度。采用税率优惠、税收减免、税收退回等直接优惠方式和税收递延、税收扣除、税收抵免等间接优惠方式，通过调节纳税人收入进而影响纳税人行为，进而实现政府调控目标。三是提供财政投融资支持政策。通过自主运作也可以与社会投资机构合作，建立财政投资基金，如设立文化产业投资基金；采取财政贴息方式，向承贷企业提供贴息补贴；采取财政担保的方式，设立担保基金，确定合作担保公司，补贴担保费用和担保业务；广泛运用多种财政方式引导，支持文化创意产业上市融资以及多种融资方式；加大信贷支持力度，出台鼓励金融服务机构提供信贷支持政策，对纳入《文化产业投资指导目录》2010 年"鼓励类"、"限制类"文化创意产业项目进行信贷支持和严格审查；公益性文化项目，以政府投资为主，营利性文化项目，以政府投资带动社会资本投资为主。

建立"市场主导"的各种版权交易平台。通过集聚大量的版权作品，不仅调动全民创意的浪潮，激发创意工作者的创作热情，繁荣创意作品；同时不断完善版权价值评估标准体系，吸引足够的项目人、投资人，形成市场规模，创造版权交易氛围，以解决信息不对称问题。建立多部门信息沟通机制，搭建文化产业投融资服务平台。

（二）社会参与多元投融资机制

以民族文化资源丰富的四川省巴州为例，文化产业融资基础薄弱的主要表现在三个方面：一是巴州80% 以上民族文化企业属于微小企业，市场竞争能力不强，资产质量不高，信用能力缺乏保障。二是产业链条短。巴州民族文化产品生产以传统工艺技术为主，产业发展缺乏实体支撑，缺乏其他衍生产品，创新能力不强，附加值不高，难以满足市场日益多样化的文化消费需求。三是文化产业集群发展基础不牢。近年来，巴州投资近百万元创作了一些原生态剧目，成立了蒙语译制中心，形成了一定的民族文化品牌和项目，但带动效应没有充分发挥，尚未形成文化产业集群。[①]

要形成政府、企业、团体、个人和社会的多元投资格局，推动多元化、多层次的金融产品创新，积极探索文化创意产业项目的多种投融资模式和具体措施，如引入风险投资或私募股权投资、资产证券化、产业基金、资本市场融资、借壳上市等融资方式，不断增加文化创意产业发展资金。以中小企业为主吸纳、激活民间资本，培育和支持符合条件的文化创意企业上市融资，或通过债券市场融资，鼓励资金多元化，支持文化创意产业发展。

要形成文化创意产业发展投融资配套机制。建立政府配套资助模式，根据文化创意企业的投资额度进行一定比例的配套资助；建立现代金融服务模式，建立全方位、多层次的中小企业信用评价机制、贷款服务机制、风险分担和补偿机制；采取风险定价模式，不同风险差异定价；创新授信产品，采取企业互相担保、担保公司保证、存货和应收账款质押等多种方式提供融资担保，提高文化产业贸易投资便利程度。拓展文化产业投融资服务平台功能，建立起包括信息披露、投融资促进、登记托管、资金结算在内的投融资服务工作机制，有效聚拢包括文化创意企业、各类投资机构和相关中介服务机构在内的各方资源，加快文化产业和金融业结合发展，切实解决文化企业和资本市场之间信息与资源的不对称。

（三）信用担保体系融资机制

建立中小型企业第三方信用担保融资机制。通过建立第三方评估机构，对中小型企业进行市场评估，再通过保险公司担保获得贷款，电影《夜宴》通过中国出口信用保险公司担保，获得深圳发展银行

---

① 巴中市统计局：《对巴中文化产业发展状况的调研与思考》，四川省统计局网站：http：//www.sc.stats.gov.cn/tjxx/tjfx/sz/201603/t20160330_204382.html，2016年3月30日。

5000万元贷款。

建立中小企业投融资平台，可以由政府出资建立文化产业基金，作为母基金用于信用担保，至少可以获得放大5倍的资金额度，而且通过政府推荐、信用担保机构评估和银行风险控制体系的三重评审机制，降低了贷款风险，也可以建立中小企业投资公司，提供优惠贷款，解决企业资金难问题。

建立基于知识产权的融资担保机制，对拥有商标、专利等自主知识产权的中小型企业，可对作为融资担保的知识产权质押或未来收益质押。

建立全方位、多层次的中小企业信用评价机制，对中小企业进行信用评级，实行中小企业信用记录制度；建立多元、有效的中小企业信用担保和再担保体系，通过多种渠道筹集信用担保资金，以推进中小企业获得更多的发展资金。

（四）中小企业联保联贷融资机制

建立中小企业联盟融资机制。对能够形成集群效应的文化创意产业园区或集聚区，由于地缘的关系，中小企业可以通过"自愿组合、互利互助"的原则，通过自愿出资建立共同协作的信用互助组织，不从事信用担保以外的营利性业务。这种互助担保的融资机制，不仅可以降低单个企业的信贷风险，实现成员企业间信息共享、风险共担，其规模经济效应在某种程度上可以增加中小企业的信用程度，降低中小企业的融资成本和风险程度。

建立中小企业产业链融资机制。对能够形成上、中、下游产业链关系的中小企业群，由于业缘的关系，企业间形成了产业一体化的经济关系。金融机构可以根据产业链企业的真实贸易现状，特别是核心企业的经济实力和信用等级，判断其承担风险能力，最终以产业链整体价值作为融资担保，对产业链内多个中小企业提供"一揽子"金融产品和服务的一种融资模式。阿里巴巴的"网络联保"和东京的动漫产业都是采用的这种机制。一方面，增强了核心企业对产业链企业的控制程度，有助于建立长期战略伙伴关系；另一方面，降低了银行金融风险，提高工作效率和质量，进而形成多方互利共赢。①

要重点挖掘少数民族各种特色文化资源，进行统筹规划、资源整合、整体开发，形成各具特色的多元文化体系。依托企业对这些特色资源进行综合开发，将特色文化资源变成经济性资产，最终转化成经济效益和社会效益，使文化产业与相关产业协同发展、相互促进。

第二节 税收支持文化创意产业
发展的理论基础

一 生命周期理论

产业的生命周期理论是产品生命周期理论的延伸，属于现代产业组织学的重要分支，是指整个产业从诞生到衰退的演进过程中，产业内厂商数目、市场结构及产业创新动态变化的理论。② 该理论认为，每个产业的发展是有一定规律性的，都要经历一个从成长到衰退的过程，一般分为初创、成长、成熟和衰退四个阶段。识别产业生命周期处于哪个阶段主要从：市场增长性、需求增长率、产品品种、竞争者数量、进入壁垒和退出壁垒、技术变革、用户购买行为等方面来考虑。

文化创意产业的特殊性使得其生命周期与传统产业有所不同。首先，创新是文化创意产业的本质特征，从创意的涌现、产品的设计研发到制作销售，不断有新元素注入其中，产品更新快，创意又会随着人们的喜好随时调整，这样不但可以延缓产业的生命周期，甚至有可能保持上升趋势。其次，文化创意产品和服务本身具有提升人们生活品位，促进文化消费的能力，这就会使得市场需求不断扩大，产业更具生命力。最后，不同于传统产业依赖稀缺资源，文化创意产业依赖取之不尽，用之不竭的人类创造力和文化资源，人类创造力和文化资

---

① 王伟伟：《加快中国文化创意产业发展研究》，博士学位论文，辽宁大学，2012 年，第 109—110 页。

② 姚建华、陈莉銮：《产业生命周期理论的发展评述》，《广东农工商职业技术学院学报》2009 年第 2 期。

源不会随着开发和使用而出现衰减和消退的情况。基于上述三点内容，文化创意产业的生命周期曲线，初创期、成长期和成熟期与传统产业类似，但之后不会进入衰退期，尽管也会受到一定外部影响而产生波动，但总体会保持长期稳定的发展，即进入持续稳定期。具体过程还要根据各个产业不同特点和所在地区的不同而有所区别，有的甚至可能会呈现缓慢上升的趋势。

二　需求消费理论

美国著名的社会心理学家亚伯拉罕·马斯洛（Abraham Maslow）曾将人类的基本需要划分为生理需要、安全需要、交往需要、尊重需要、求知需要、审美需要和自我实现需要七个层次，其中生理、安全、交往需求属于低级需要，尊重、求知、审美、自我实现需要属于高级需要。低级需要基本上能够在现实的物质世界中得到满足，而高级需要只有达到精神上、心理上的真正认知才有可能得到满足，而且这种满足是变化的、不确定的、无法量化的，通常情况下这种需要也永远无法得到完全满足。

马斯洛需求层次理论从供给和消费两个角度为文化创意产业的发展提供了理论支撑。从供给角度来看，当人的低级需求被满足后，会转而追求更高层次的需求。自我实现需求作为人类的最高需求，期望在现有资源的基础上运用自己的智慧、才能、创意来改造世界，实现自我价值。而文化创意产业作为技术、文化、创新不断交织融合的新兴产业形态，为自我实现需求的满足提供了理想场所。从消费角度来看，文化创意产业生产出的文化产品主要是为了满足人们的精神文化需求，而精神文化需求又是人类高级需求的具体表现。例如咨询策划满足人们的求知需要，文化艺术满足人们的审美需要等。

随着消费需求理论的不断发展，消费者消费行为之间的相互影响逐渐被纳入到考虑范围之中。从产生的行为动机来看，消费需求可分为功能性需求与非功能性需求。功能性需求源于商品内在品质的影响，非功能性需求则源于商品内在品质以外的其他因素的影响。非功能性需求包括外部消费行为所诱发的需求、非理性需求以及预期需求等诸多方面。外部消费行为所诱发的需求，作为最重要的非功能性需求，又可分为"凡勃伦效应""跟潮效应"和"逆潮效应"三种类型。其中，"凡勃伦效应"是指商品价格越高消费者愿意购买的消费倾向越高，反映出人们进行挥霍性消费的心理愿望。"跟潮效应"是指对商品的购买意愿随他人消费的增加而增强，反映出人们跟随社会潮流的强烈期盼。而"逆潮效应"则刚好相反，是指对商品的需求程度随他人消费的增加而减弱，反映出人们追求与众不同、独树一帜的个性主张。所以，从非功能性需求的定义来看，文化创意产业的出现很好地满足了人类的这一需求，因为人们对文化创意产品的消费大多是为了满足审美需要及获得精神享受。同时"凡勃伦效应"和"逆潮效应"也很好地印证了马斯洛的需求层次理论。"逆潮效应"可以为人们购买具有独特创意的文化产品提供合理解释——人们对于具有独特创意文化产品的购买，一方面是为了满足审美需求；另一方面是为了追求个性差异，从而获得关注和欣赏，满足尊重需求。而"凡勃伦效应"所反映出的炫耀性、挥霍性消费心理可以为人们对于书画、古董、文物的收藏提供合理解释。虽然这种收藏可以满足人们对文化、艺术的审美需求，但笔者认为，其作为一种炫耀性消费存在的意义要大得多。这种炫耀性消费的实质是为自身的财富和权利提供合理性证明并试图保持一种较高的社会地位，而保持较高社会地位的心理状态也恰好印证了马斯洛对于人类高层次需求的描述。

生态经济消费理论是以可持续发展的视角研究消费行为问题的理论。该理论重视消费对资源、环境的影响，提出在国家层面制定可持续发展的政策措施，通过改变现有消费模式以及对消费行为的正确引导，建立一种符合生态环境的经济发展方式。生态消费理论重视产业的可再生性、可持续性，而文化创意产业的发展并不过度依赖资源要素的投入，而是更多地依靠个人或群体的智慧、创造性和创新能力，从这个意义来说，文化创意产业的这一特征正好符合生态消费理论的核心思想，提供区别于一般物质产品的文化创意产品，引导消费者建立正确的消费模式，进行可持续、无污染的消费行为。

三 经济增长理论

经济增长阶段理论是美国经济学家瓦尔特·罗斯托在 20 世纪 60

年代提出的。瓦尔特·罗斯托通过对工业化发展历程的观察与研究，从历史和动态的角度提出了国家经济发展的六个阶段：传统社会阶段、为起飞创造前提阶段、起飞阶段、成熟阶段、群众性消费阶段以及追求生活质量阶段。从经济体的发展趋势来看，这是一个从低级走向高级、从贫穷走向富足的过程。在追求生活质量的最高阶段，人们对耐用消费品和奢侈品的狂热逐渐退却，转而追求优美的环境、舒适的生活以及更高的精神享受。人们评判生活质量的标准不再是财富、权利，而是更看重与生活品质息息相关的一系列指标，例如，基础教育、住房需求、医疗保健、环境保护、饮食结构以及文艺旅游等。这些部门的共同特点就是提供无形的劳务，也就是说在追求生活质量阶段，人类社会将会以劳务形式来反映生活质量的高低。而当前文化创意产业的高速增长恰好说明，在经济体从成熟阶段步入更高阶段后，人们对于高品质生活的追求。虽然文化创意产业的内涵在地域间略有差异，但是从文化创意产业的受众对象来看，都是向公众提供精神文化需求的新兴产业，而这正好于瓦尔特·罗斯托对经济发展第六阶段的描述不谋而合。所以，从这个层面看，文化创意产业的兴起是一种必然趋势。

保罗·罗默所构造的新经济增长模型中包含资本、知识、非技术劳动与人力资本四种生产要素，但其认为知识的积累才是经济增长的主要源泉。同时由于知识具有递增的边际生产率，新知识的运用能够有效降低成本，使企业获得超额利润。正是出于对超额利润的追求，以及超额利润的暂时性，使企业创新不断继续。知识与创新对经济增长有着巨大的外部效应，而文化创意产业正是在传统文化产业基础上针对不同行业特点的再创造。这种再创造或创新，在知识的边际生产率递增属性下，能够带动产业附加值的最大提升，推动文化创意产业蓬勃发展。从这个意义上说，罗默的新经济增长模型论证了文化创意产业对经济增长的推动作用。此后，约瑟夫·熊彼特更是明确指出创新才是现代经济发展的动力。创新通过对旧的生产结构，旧的生产方式的破坏，在"旧"的基础上建立新组织、构造新结构。而这种对旧事物的破除和对新事物的创造大多不是通过传统意义上的价格竞争，而是依靠创新的竞争完成的。所以，每次大规模创新行为的发生，都伴随着旧的生产体系和生产技术的淘汰与新的生产体系的建立，从而推动经济不断发展。

创新是经济发展的根本动力，也是改造传统产业的最有效方式。文化创意产业是传统文化产业与创新相结合的产物，其以创意为核心，以文化为依托，以信息化和产业化为手段，是文化与科技、经济高度融合的新兴产业形态。文化创意产业重视生产领域和消费领域创新的结合，宣扬健康的生活理念，是一个全新的创新型产业。创新的本质注定文化创意产业会成为未来一个新的经济增长点。

四　文化例外理论

20 世纪 90 年代初，"文化例外"在法、美关于关贸总协定的谈判中首先被提及。正如原法国文化部长雅克·朗（Jack Lang）于 1993 年 10 月谈到"文化例外"概念时指出"（文化）这种精神的形成不是商品，文化服务不仅仅是商业"，法国人敏锐地意识到国家和民族文化独立的重要性，坚决而果断地提出反对把文化列入一般性服务贸易，认为在文化领域不能适用世界贸易组织贸易自由原则。随后，其他欧洲国家和加拿大等国纷纷响应。"文化例外"成为全球化条件下，保护本国文化，抵御外国文化入侵的理论武器。2003 年 7 月，在法国等其他国家的不懈努力下，"文化例外"写入了《欧盟宪章》，联合国教科文组织关于文化多元化公约得到了以加拿大和法国为首的约 60 个欧洲国家和发展中国家的支持。该公约规定电影、戏剧和音乐等文化产品不包括在贸易谈判范围内，使这些商品不受自由贸易规则的限制，允许各国政府保护和支持它们的文化产业。

"文化例外"的直接目的虽然是保护本国文化免受外国文化的冲击，但是其强调文化产品和服务特殊属性的思想，也可以作为国内产业政策制定的一个依据。对待文化创意产业，如果单靠市场机制的自发调节，而不考虑文化的社会属性，就有可能产生丧失文化的道德性，导致严重而深远的社会问题。一方面，可能是坏的文化充斥市场；另一方面，可能是好的文化产品供给不足。对于第一种情况，应该采用准入监管等行政手段对坏的文化产品的生产予以遏制，对于第二种情况，应运用适当的财税支持政策对好的文化产品的生产予以鼓励，占领精神阵地。

第三节　税收对文化创意产业的支持

一　税收优惠方式

（一）完善税收直接优惠政策

直接税收优惠是一种直接的利益让渡，强调事后优惠，作用效果快。直接优惠方式是一种事后的利益让渡，主要针对企业的经营结果减免税，包括优惠税率、税收减免、税收退回等方式。优惠税率是对全部行业或部分行业采用相对较低的税率，减轻企业负担。税收减免是依据税法规定某些纳税人进行扶持或照顾，减免纳税义务人部分或全部应纳税款，一般分为法定减免税、特定减免税和临时减免税三种方式。税收退回是出于某种政策目的对已征收的税款退回以支持企业发展，包括出口退税、先征后退、投资退税。出口退税系指对企业出口产品已征收的国内税收给予退回。先征后退即对按税法规定缴纳的税款，由税务机关征收入库后，再由税务机关或财政部门按规定的程序给予部分或全部退税，以支持其发展。投资退税是对企业已交税投资退回部分或全部税款，以鼓励和引导企业投资。[1] 税收直接优惠适用的文化创意产业的范围以及方式见表 2 - 1。[2]

表 2 - 1　　税收直接优惠适用的文化创意产业的范围及方式

直接优惠	适用的范围	原因和方式
优惠税率	新兴企业	新兴企业具有发展潜力，能带动城市就业
	文化创意核心领域	核心领域有更高的附加值

① 刘利成：《支持文化创意产业发展的财政政策研究》，博士学位论文，财政部财政科学研究所，2011 年，第 84 页。
② 荔小珂：《促进北京市文化创意产业发展的财税政策研究》，硕士学位论文，首都经济贸易大学，2012 年，第 34—35 页。

续表

直接优惠	适用的范围	原因和方式
税收减免	初创期企业、成长期企业	初创期的企业面临的高市场风险和巨额资金压力，适当的税收直接减免有助于帮其渡过难关
	中小文化创意企业	中小文化创意企业，既是目前整个产业发展的基础力量，又是薄弱环节，切实减轻实际税负和企业成本，有利于加快发展，壮大队伍
	产品的生产阶段	我国生产技术水平与发达国家相比还有差距，文化创意企业进口国外先进技术设备给予增值税、关税的一定减免，以提高文化创意产品的工艺水平和市场竞争力
出口退税	各个行业中"走出去"的文化创意产品	鼓励有实力的企业参与国际竞争，从而激励和带动整个行业的进步，因此要加大对文化创意产品出口退税的力度
再投资退税	投资于政府政策鼓励类文化创意产业；投资于文化创意产业发展较为缓慢的区县	重视利用再投资退税吸引民间资本进入该领域；优化文化创意产业格局，推动区域平衡发展
税收返还	政府鼓励类文化创意产业中的新办企业	新办企业自开办之日起1—3年内，实际缴纳的增值税、营业税、企业所得税地方留成部分给予部分或者全额返还

（二）完善税收间接优惠政策

间接税收优惠更偏重引导，强调事先优惠。从实践来看，间接税收优惠对投资激励效果更为明显。间接优惠方式主要有税收递延、税收扣除、税收抵免等方式。税收递延是对纳税人应纳税款的部分或全部税款的缴纳期限适当延长，或采用缩短折旧年限、提高折旧率等方式加速折旧，使纳税人可实现税收负担的推迟履行。税收抵免是指允许纳税人从某种合乎奖励规定的支出中，以一定比率从其应纳税额中扣除，以减轻其税负，分为投资抵免和国外税收抵免。投资抵免是指政府规定对可折旧性资产投资者，其可由当年应付公司所得税税额中，扣除相当于新投资设备某一比率的税额，以减轻其税负，借以促进资本形成并增强产业发展的动力。国外税收抵免常见于国际税收业务中，即纳税人在居住国汇总计算国外的收入所得税时，准予扣除其在别国已纳税款。国外税收抵免与投资抵免的主要区别在于，前者是为了避免国际双重征税，使纳税人的税收负担公平；后者是为了刺激投资，促进产业增长与发展，它恰恰是通过造成纳税人的税收负担不平等来实现的。税收扣除是指允许企业抵扣相关成本的进项税额，或是在计算税额时允许加计扣除部分费用，以使企业少纳税从而减轻负担。① 税收间接优惠政策适用文化创意产业的范围以及方式见表2-2。②

表2-2　　　税收间接优惠政策适用文化创意产业的范围及方式

间接优惠	适用的范围	原因和方式
税收扣除	产品研发环节的成本和费用	鼓励企业创意研发，有助于提高企业的核心竞争力。对研发费用100%加计扣除
准备金制度	各类企业	允许文化创意产业设立可在税前据实扣除的各种准备金，如风险准备金、新产品研发准备金、亏损准备金等
税收抵免	新兴产业、亚成熟产业	对企业更新技术设备的投资按照一定比例抵免其所得额
	"走出去"的文化创意企业	文化创意企业在国外缴纳的税额按规定予以税收抵免
税收递延	初创期、成长期的各类企业	企业初创期资金需求量大，递延税款有利于稳定资金流，保证企业健康发展
	广播、电影电视、动漫、网络游戏	这些产业面临前期研发费用高，制作成本较高，固定资产资金需求量大等困难，允许企业采用缩短年限、提高折旧率等方法能缓解企业资金压力。对暂时资金周转困难或亏损但有潜力的文化创意企业，暂缓1—3年征税

---

① 刘利成：《支持文化创意产业发展的财政政策研究》，博士学位论文，财政部财政科学研究所，2011年，第85页。
② 荔小珂：《促进北京市文化创意产业发展的财税政策研究》，硕士学位论文，首都经济贸易大学，2012年，第36—38页。

二 税收优惠政策

根据《财政部、海关总署、国家税务总局关于支持文化企业发展若干税收政策问题的通知》（财税〔2009〕31号）的规定，文化企业的税收政策如下:①

（一）广播电影电视行政主管部门（包括中央、省、地市及县级）按照各自职能权限批准从事电影制片、发行、放映的电影集团公司（含成员企业）、电影制片厂及其他电影企业取得的销售电影拷贝收入、转让电影版权收入、电影发行收入以及在农村取得的电影放映收入免征增值税和营业税。

（二）2010年年底前，广播电视运营服务企业按规定收取的有线数字电视基本收视维护费，经省级人民政府同意并报财政部、国家税务总局批准，免征营业税，期限不超过三年。

（三）出口图书、报纸、期刊、音像制品、电子出版物、电影和电视完成片按规定享受增值税出口退税政策。

（四）文化企业在境外演出从境外取得的收入免征营业税。

（五）在文化产业支撑技术等领域内，依据《关于印发〈高新技术企业认定管理办法〉的通知》和《关于印发〈高新技术企业认定管理工作指引〉的通知》的规定认定的高新技术企业，减按15%的税率征收企业所得税;文化企业开发新技术、新产品、新工艺发生的研究开发费用，允许按国家税法规定在计算应纳税所得额时加计扣除。文化产业支撑技术等领域的具体范围由科技部、财政部、国家税务总局和中宣部另行发文明确。

（六）出版、发行企业库存呆滞出版物，纸质图书超过五年（包括出版当年，下同）、音像制品、电子出版物和投影片（含缩微制品）超过两年、纸质期刊和挂历年画等超过一年的，可以作为财产损失在税前据实扣除。已作为财产损失税前扣除的呆滞出版物，以后年度处置的，其处置收入应纳入处置当年的应税收入。

（七）为生产重点文化产品而进口国内不能生产的自用设备及配

---

① 丁慧冉:《文化产业可享系列税收优惠》，《深圳晚报》2012年1月10日第A22版。

套件、备件等，按现行税收政策有关规定，免征进口关税。

（八）本通知适用于所有文化企业。文化企业是指从事新闻出版、广播影视和文化艺术的企业。文化企业具体范围见附件。

除上述条款中有明确期限规定者外，上述税收优惠政策执行期限为 2009 年 1 月 1 日至 2013 年 12 月 31 日。

三　作用机理

文化从财政上讲有正的外部性，正的外部性就需要优惠政策来扶持。所以，在营业税、所得税条例当中，都把博物馆等同于公益性产业。税收优惠作为一种税收调节工具，是政府运用税收手段直接调节纳税人的收入，间接影响纳税人的行为，进而引起社会经济活动的变化，以实现政府调控目标的活动。对具有准公共产品或正外部性的文化创意产业采取税收优惠，能够激励其生产，以达到满足社会需求的均衡产量，这一点与财政投入政策的作用机理殊途同归。直接优惠的具体方式主要是免税、减税、退税，其特点是简单明了、具有确定性。间接优惠的具体方式主要是税收扣除、加速折旧等，其特点是具有弹性。直接优惠对纳税人争取税收优惠的激励作用大，间接优惠对纳税人调整生产经营活动的作用大。[①]

政府采用税收优惠政策来支持文化创意产业发展。一是转变政府扶持文化产业发展的理念。很长一段时间以来，政府对文化发展的支持总是只重拨款和投入，而忽视文化产品发展质量。引入税收机制，建立完善的税制结构，对不同产业行业采用不同的优惠政策进行区别对待，才能促进其协调发展。除体制内文化事业单位外，许多类型的文化创意产业没有统一的税收政策标准，所以只能尽量比照高新技术产业政策。还有很多从事文化产品生产、文化服务的产业没有一点税收优惠政策，比如艺术品交易行业，虽然交易量增长非常快，但在税收优惠政策上，比照金融产业不合适，比照一般服务贸易不合适，比照一般文化产业也不行，导致很多画家把画作拿到国外去卖，造成艺

---

① 张文春：《税收政策在促进高新技术产业发展中的作用及其机理分析》，《中国人民大学学报》2006 年第 1 期。

术品流失（梅松，2015）。二是降低市场创新风险。现在一些文化创意企业特别是高科技企业研发的产品，承担了较大的市场风险，政府加大对文化创意产业的税收支持力度，可以保障新研发产品的市场需求，这在某种程度上可以减少它们的风险，促使企业创新产品，提高他们的积极主动性。

财税政策应该以整个产业链的盈利模式作为研究对象，收放有度。比如戏剧是免税的，但是该产业所拉动的周边的旅游、餐饮和购物等产业却创造了很多价值。还有纽约大都会博物馆，它本身是一个运营良好、盈利的文化机构。一方面，它通过销售文化衍生品获得相关收益；另一方面，它能获得企业的资助。由于资助该博物馆的企业可以获得税收抵免，该政策调动了社会力量参与文化创意产业的积极性。[①]

税收支持文化创意产业发展的资源配置传导机制。[②] 资源配置状况与文化创意产业的发展之间也存在着关联性。研究社会资本流动趋势时，马克思曾说过："大量资本将投入到繁荣的产业中去，直到该产业部门的利润水平跌落到平均水平为止。"因为资源要素是文化创意产业赖以生存和发展的基础，资源的配置状况直接决定着文化创意产业发展的规模、速度、结构和质量。政府是资源配置活动的重要参与者，可以通过制定税收优惠政策来引导资源的配置，从而影响文化创意产业的发展。在世界主要国家都在大力发展文化创意产业的背景下，我国中央和地方政府对文化创意产业发展的规划和投入也在不断加强，各种资源的配置也在向文化创意产业领域倾斜。文化创意产业领域的企业自身也是资源配置的主体，一方面可以汇集自身已具备的资源；另一方面可以吸纳外在的资源，从而将资源进行合理配置来进行扩大再生产活动。同时，文化创意产业领域的企业在市场机制和利润最大化的动力驱使下会向某一特定的区域集聚，从而也会带动各种

---

① 郝正非：《文化产业需要怎样的税收政策》，《中国税务报》（财税理论专刊）2015年12月23日第1版。
② 马军伟：《金融支持战略性新兴产业发展的内在机理研究》，《科技管理研究》2013年第17期。

资源要素随企业的流动而流动和变化。在资源配置过程中，资金是资源配置的核心。一般来说，经济和产业发展所需要的资金主要通过金融体系的配置机制来实现。税收政策对产业的竞争力比较敏感，能够准确识别不同产业的投资回报率和风险，从而引导资金向具有比较优势的文化创意产业部门配置，不断提高产业的技术水平和市场竞争力。同时，也只有将金融资源最有效地配置到具有比较优势的产业中去，资本才能获得最好的回报，并能保障金融业自身的发展壮大和竞争力的提高。当然，资源配置是讲究效率的，也就是要实现资源分配的"帕累托最优状态"。在利益驱动、健康的监督管理体制和有效的财政调节机制下，税收政策会持续提升资源配置效率，将更多的资源配置到文化创意产业领域，从而既能推动文化创意产业的发展。

税收政策助推文化创意产业升级表现为两栖激励：[①] 一是在税制改革过程中为文化创意产业创造基本制度条件。比如推进营业税改征增值税时，首先把文化创意产业和影视制作产业纳入改革范围，并给予6%的低税率。二是给予特殊优惠政策。比如对动漫产业实行超税负即征即退增值税政策、对注册在河北等22个省份的动漫产业给予减按3%征收营业税的政策；再如对部分出版物继续实行增值税先征后退政策（2013—2017年）。这种激励方式对文化创意产业和动漫产业的规模扩张起到了刺激作用，其突出表现是"营改增"使这两个行业的固定资产投资进项税额可以全额抵扣，进而较大幅度地降低了企业扩张的税收成本，对动漫产业的增值税超税负返还政策则为该行业尽快脱离起步阶段、进入成长周期创造了良好制度条件。总之，税收激励政策不仅明显降低了文化创意产业的增长成本，而且直接引导了文化创意产业的规模扩张和结构转换，同时也辐射了文化创意产业整体结构调整。

---

① 白景明：《税收政策力挺文化产业》，《经济日报》2014年1月27日第009版。

第三章　文化创意产业发展的国内扶持政策

文化创意产业正日益成为中国国民经济的重要组成部分和第三产业的支柱，继中国共产党十七届五中全会提出加快"文化产业大发展大繁荣"后，中国共产党第十八次全国代表大会报告作出了"大力发展文化创意产业、建设文化强国"的战略决策，研究民族地区文化创意产业对促进其产业转型升级、推进其实现可持续发展具有重要的现实意义。

第一节　国内扶持政策的演变

我国文化财税政策分为三个阶段，改革开放初期有限扶持阶段，这个时期文化还没有被赋予"产业"的地位，国家财税支持很有限；1994—2005 年逐步支持的阶段，这个时期文化产业快速发展，提出了"文化产业"的概念，并将其纳入国民经济的总体规划，财税政策方面拓宽了税收优惠的范畴，并加大了资金的支持；2006 年以后的全面扶持阶段，将文化产业定位为国家支柱性产业，进一步加大税收的优惠力度，税收优惠形式多样。

改革开放之前，文化部门基本上是事业单位，"文化"主要是公益性事业。随着文化产业的兴起，政府逐渐认识到，文化除意识形态属性之外，还有商品属性和产业功能。因此，中国共产党十六大报告明确指出："发展文化产业是市场经济条件下繁荣社会主义文化、满足人民群众文化需求的重要途径。"十六届六中全会又明确区分了"文化事业"和"文化产业"的概念，并提出要推动文化产业成为国民经济的支柱性产业。2004 年 4 月，国家统计局公布了中国《文化及相关产业分类》，将"文化产业"分为文化服务业和文化相关产业两类。文化服务业包括核心层（新闻服务、出版发行和版权服务、广播电视电影服务、文化艺术服务）和外围层（网络文化服务、文化休闲娱乐服务、其他文化服务）；文化相关产业则包括文化用品、设备及相关文化产品的生产和销售。这一分类，一方面明确了文化产业的内涵和外延；另一方面可以看出，当时政府层面对文化产业的认识还囿于传统的文化产业，尽管在发展政策上已经明确文化产业的市场导向，但"文化创意"的概念还未引起足够重视。

后来，随着"创意产业"概念在国内外的广泛传播，国内开始逐渐接受这一概念。2006 年，中共中央办公厅、国务院办公厅印发了《国家"十一五"时期文化发展规划纲要》，这是新中国成立以来发布实施的第一个国家文化发展规划。2008 年，国务院办公厅印发了有关经营性文化事业单位转制为企业和支持文化企业发展的文件，有关政策涉及国有文化资产管理、资产和土地处置、收入分配、社会保障、人员分流安置、财政税收、法人登记、工商管理等方面。国务院所属相关部门也单独或联合出台了一系列支持文化产业发展的政策文件。2009 年 7 月，我国第一部文化产业专项规划——《文化产业振兴规划》由国务院常务会议审议通过，标志着文化产业上升为国家的战略性产业。《文化产业振兴规划》确立了文化产业发展的指导思想、基本原则和目标，明确了发展重点文化产业、实施重大项目带动战略、培育骨干文化企业、加快文化产业园区和基地建设、扩大文化消费、建设现代文化市场体系、发展新兴文化业态和扩大对外文化贸易八项重点任务，提出了降低准入门槛、加大政府投入、落实税收政策、加大金融支持、加强组织领导、深化文化体制改革、培养文化产业人才、加强立法工作等一系列政策措施和保障条件。这些政策和措施，有力促进了文化产业的健康快速发展。2011 年政府工作报告提出："提升文化创意产业竞争力。重点是打造文化服务功能区，推动文化创意产业升级，优化发展环境，巩固文化创意产业的支柱地位。"为文化创意产业的发展壮大提供了坚实的政策支持。

第二节　具体税种的体现

在增值税方面，自 2009 年 1 月 1 日起，对图书、报纸、杂志的增值税税率下调为 13%。古旧图书，直接用于科学研究、科学试验和教学的进口仪器、设备免征增值税。自 2009 年 1 月 1 日至 2013 年 12 月 31 日，对广播电影电视行政主管部门按照各自职能权限批准从事电影制片、发行、放映的电影集团公司、电影制片厂及其他电影企业取得的销售电影拷贝收入、转让电影版权收入、电影发行收入以及在农村取得的电影放映收入免征增值税。对出口图书、报纸、期刊、音像制品、电子出版物、电影和电视完成片按规定享受增值税出口退税政策。对党报、党刊将其发行、印刷业务及相应的经营性资产剥离组建的文化企业，自注册之日起所取得的党报、党刊发行收入和印刷收入免征增值税。

在营业税方面，从 2009 年 1 月 1 日至 2013 年 12 月 31 日，广播电影电视行政主管部门按照各自职能权限批准从事电影制片、发行、放映的电影集团公司、电影制片厂及其他电影企业取得的销售电影拷贝收入、转让电影版权收入、电影发行收入以及在农村取得的电影放映收入免征营业税。文化企业在境外演出从境外取得的收入免征营业税。对部分省市有关单位根据省级物价部门有关文件规定标准收取的有线数字电视基本收视维护费，自 2009 年 1 月 1 日起，3 年内免征营业税。

在所得税方面，从 2009 年 1 月 1 日至 2013 年 12 月 31 日，在文化产业支撑技术等领域内，按规定认定的高新技术企业，减 15% 的税率征收企业所得税；文化企业开发新技术、新产品、新工艺发生的研究开发费用，允许按国家税法规定在计算应纳税所得额时加计扣除。出版、发行企业库存呆滞出版物，纸质图书超过 5 年、音像制品、电子出版物和投影片超过两年、纸质期刊和挂历年画等超过 1 年的，可以作为财产损失在税前据实扣除。已作为财产损失税前扣除的呆滞出版物，以后年度处置的，其处置收入应纳入处置当年的应税收入。对经营性文化事业单位转制为企业，自转制注册之日起免征企业所得税。从 2009 年 1 月 1 日起，经认定的动漫企业自主开发、生产动漫产品，可申请享受国家现行鼓励软件产业发展的所得税优惠政策。新的税收优惠政策鼓励文化企业进行技术创新：一是在文化产业支撑技术等领域内，依据相关规定认定的高新技术企业，减 15% 的税率征收企业所得税。二是文化企业开发新技术、新产品、新工艺发生的研究开发费用，允许按国家税法规定，在计算应纳税所得额时加计扣除。①

在关税和其他税种方面，从 2009 年 1 月 1 日至 2013 年 12 月 31 日，为生产重点文化产品而进口国内不能生产的自用设备及配套件、备件等，按现行税收政策有关规定，免征进口关税。由财政部门拨付事业经费的文化单位转制为企业，自转制注册之日起对其自用房产免征房产税。② 这几年伴随我国文化体制改革进程的加快推进，针对经营性文化事业单位转制为企业，国家提供了一系列的税收优惠政策，对文化体制改革单位给予 10 年的税收优惠政策，已经惠及 2000 多家转制文化企业。现在的税收优惠政策都是阶段性的，在文化创意企业做大做强以后，就按照正常的企业参与市场竞争，这样就可能为国家提供更多的税源。

第三节　新时期政策的发展

国家之所以大力发展民族地区文化创意产业，一个很重要的原因是文化创意产业正好符合民族地区产业升级的步伐，"从传统服务业向现代创业产业转移，必须加强工业设计的发展"，在产业转型升级和经济结构调整的大环境下，国家为发展民族地区文化创意产业提供

---

① 《财政部负责人解读支持文化体制改革税收优惠政策》，中国政府网：http://www.tzwhcy.gov.cn/a/regulations/beijing/2013/1223/129.html，2014 年 1 月 2 日。

② 张玉峰：《我国文化产业税收政策研究》，《商业经济》2011 年第 8 期。

了充足的政策保证①。整个文化创意产业处于起步阶段，设计企业体量较小，依靠单体服务体量很难做大，必须与实体相结合。刘利成（2011）在《支持文化创意产业发展的财政政策研究》中提到，由于文化创意产业独有的属性和特点，单纯依靠市场机制很难有效配置文化创意产业的资源，同时作为一个新兴产业，市场有效运行所需的产权制度、信息披露制度、交易制度等条件不完善，出现"市场缺失"，因而文化创意产业领域广泛存在市场失灵现象。另外，政府在支持和引导文化创意产业发展过程中，也同时存在"越位"和"缺位"问题。只有处理好政府与市场的关系，寻求政府与市场发挥作用的最佳结合点，才能促使文化创意产业健康持续发展。

然而，科技含量不高是我国文化竞争力不强的重要原因，应通过积极引进现代科学技术加速我国文化产业的发展。荔小珂（2012）在《促进北京市文化创意产业发展的财税政策研究》中提出，在与发达国家相比我国的文化创意产业无论从经济总量、从业人员数量，还是产值上面还相去甚远。我国文化创意产业发展目前的状况是，政策环境较严，而法制环境又过宽。很多行业限制多，审批烦琐。知识产权保护在执法过程中，宽松无力。知识产权保护涉及的部门又太多，如专利局、版权局、工商管理局、商标局等，很难形成打假合力。与欧洲国家相比，我国目前对电影、电视、广播等文化企业支持度还不够，国家还应在国债发行、银行贷款、基金的使用以及税收方面，对一些特定的文化采取更有力的扶持政策。

胡锦涛（2011）在"七一"重要讲话中指出："社会主义先进文化是马克思主义政党思想精神上的旗帜。面对当今文化越来越成为综合国力竞争重要因素的新形势，我们必须以高度的文化自觉和文化自信，着眼于提高民族素质和塑造高尚人格，以更大力度推进文化改革发展，在中国特色社会主义伟大实践中进行文化创造，让人民共享文化发展成果。"因此，我们要不断加快"两个率先"（率先全面建成

---

① 刘斯会：《文化创意产业获政策支持行业发展壁垒仍待解》，《证券日报》2014年3月20日第C02版。

小康社会，率先基本实现现代化）推进步伐，全面提升文化软实力、文化竞争力和文化持续发展能力，努力谱写文化产业大发展大繁荣新篇章。

全国政协委员王永庆于 2011 年 8 月 26 日全国政协"深化文化体制改革、发展文化事业和文化产业"专题协商会上发言指出："我们认为当务之急，是拓宽投融资渠道，形成多元文化产业投融资体系，解决文化产业跨越式发展的资金缺口，为文化产业发展提供资金保障。"王永庆还指出，基层调研中反映的问题主要有：融资难问题突出、财政投入严重不足、税收政策需要进一步完善等。并提出四点建议：（1）深化文化体制改革。（2）拓宽融资渠道。（3）加大财政投入力度。（4）完善和落实税收优惠政策。

《国务院关于进一步繁荣发展少数民族文化事业的若干意见》（国发〔2009〕29 号）指出，少数民族文化事业的发展在提高各族群众文明素质，促进民族地区经济社会发展，推动民族团结进步事业，繁荣社会主义先进文化方面发挥了重要作用。必须从贯彻落实科学发展观、巩固民族团结、兴起社会主义文化建设新高潮、推动社会主义文化大发展大繁荣的高度，深刻认识繁荣发展少数民族文化事业的特殊重要性和紧迫性，把繁荣发展少数民族文化事业作为一项重大的战略任务，采取更加切实、更加有效的政策措施，着力加以推进。积极促进少数民族文化产业发展。把握少数民族文化发展特点和规律，建设统一、开放、竞争、有序的文化市场体系，培育文化产品市场和要素市场，形成富有效率的文化生产和服务运行机制。充分发挥少数民族文化资源优势，鼓励少数民族文化产业多样化发展，促进文化产业与教育、科技、信息、体育、旅游、休闲等领域联动发展。确定重点发展的文化产业门类，推出一批具有战略性、引导性和带动性的重大文化产业项目，建设一批少数民族文化产业园区和基地，在重点领域取得跨越式发展。[①] 一流的文化产品永远是人们最重要的消费内容，中

---

① 《国务院关于进一步繁荣发展少数民族文化事业的若干意见》（国发〔2009〕29号），2009 年 7 月 5 日。

国民族文化品牌完全可以焕发迷人的光彩，也完全可能创造新的经济奇迹。

2011 年 10 月 15—18 日，中共十七届六中全会召开，"建文化强国"是最大亮点。大会通过的《中共中央关于深化文化体制改革推动社会主义文化大发展大繁荣若干重大问题的决定》更进一步肯定了文化产业在综合国力竞争中的重要地位，明确了现在的任务是增强国家文化软实力、中华文化国际影响力，提出文化对于增强民族凝聚力和创造力，支撑经济发展具有重要作用。发展文化产业是社会主义市场经济条件下满足人民多样化精神文化需求的重要途径。要按照全面协调可持续的要求，推动文化产业跨越式发展，使之成为新的经济增长点、经济结构战略性调整的重要支点、转变经济发展方式的重要着力点。这是我们党第一次集中全面地提出加快发展文化产业，使其上升为国民经济支柱性产业。社会财富总量不断增加，为文化创意产业的蓬勃发展奠定了坚实的物质基础。随着国民经济的发展，我国财政收入的大幅增加，对文化创意产业投入也逐年增加，相关法律法规也在不断完善。数字网络电子等技术的推广普及为文化创意产业的创作提供了有力的技术支撑。

2012 年发布的《国家"十二五"时期文化改革发展规划纲要》（以下简称《纲要》）强调，要"推进文化产业结构调整，发展壮大出版发行、影视制作、印刷、广告、演艺、娱乐、会展等传统文化产业，加快发展文化创意、数字出版、移动多媒体、动漫游戏等新兴文化产业"。《纲要》明确区分了"传统文化产业"和"新兴文化产业"。明确了"文化产业"和"文化创意产业"之间的关系，即文化产业包括"传统文化产业"和"新兴文化产业"，而新兴文化产业指的就是文化创意产业。在产业政策导向上，强调在发展传统文化产业的同时，加快发展文化创意产业。

综观中国文化创意产业概念的演进过程，大致经历了从文化事业到文化产业，再到文化创意产业三个发展阶段（陈莎莉等，2011），不同发展阶段体现出不同的发展内涵和产业类型，国内对文化创意产业内涵的认识越来越深入，产业政策导向越来越清晰。

2012 年 7 月 12 日，国务院办公厅发布的《少数民族事业"十二五"规划》指出，着力培育特色优势产业和战略性新兴产业，不断增强自我发展能力；着力加大对少数民族文化事业的支持力度，进一步促进少数民族文化繁荣发展。在主要发展目标层面提出，少数民族优秀传统文化得到有效保护、传承和弘扬，适应各族群众需求的优秀文化产品更加丰富，少数民族基本文化权益得到切实保障，少数民族文化产业发展迈出较大步伐，在对外文化交流中发挥更大作用。在主要任务层面，提出着力发展少数民族文化事业和文化产业，不断满足各族群众精神文化需求。大力扶持少数民族文化产品的创作生产。充分发挥少数民族文化资源优势，加快少数民族文化产业发展，增强少数民族文化影响力。深化民族地区文化体制改革，加快培育文化市场主体。加强少数民族文化资源数字化建设。支持少数民族文化企业的高新技术应用示范，鼓励发展数字出版等新兴业态，推动数字印刷和绿色印刷发展。培育少数民族文化市场，实施一批具有带动、示范作用的文化产业项目。支持创作一批深受各族群众喜爱、具有鲜明民族特色的优秀少数民族文化作品，打造具有竞争力和影响力的艺术品牌，提升产业创新水平。积极举办少数民族文化产业博览会，为民族地区文化资源展示、产品交易搭建平台。①

党的十八大报告（2012 年 11 月 19 日）指出，增强文化整体实力和竞争力。加强重大公共文化工程和文化项目建设，完善公共文化服务体系。促进文化和科技融合，发展新型文化业态，提高文化产业规模化、集约化、专业化水平。构建和发展现代传播体系，提高传播能力。扩大文化领域对外开放，积极吸收借鉴国外优秀文化成果。我们一定要坚持社会主义先进文化前进方向，树立高度的文化自觉和文化自信，向着建设社会主义文化强国宏伟目标阔步前进。②

---

① 《国务院办公厅关于印发少数民族事业"十二五"规划的通知》（国办发〔2012〕38 号），2012 年 7 月 12 日。
② 胡锦涛：《坚定不移沿着中国特色社会主义道路前进　为全面建成小康社会而奋斗》，《人民日报》2012 年 11 月 9 日第 1 版。

党的十八届三中全会通过了《中共中央关于全面深化改革若干重大问题的决定》（以下简称《规定》）。《决定》共分十六项 60 条。在第十一项指出，推进文化体制机制创新。建设社会主义文化强国，增强国家文化软实力，必须坚持社会主义先进文化前进方向，坚持中国特色社会主义文化发展道路，培育和践行社会主义核心价值观，巩固马克思主义在意识形态领域的指导地位，巩固全党全国各族人民团结奋斗的共同思想基础。坚持以人民为中心的工作导向，坚持把社会效益放在首位、社会效益和经济效益相统一，以激发全民族文化创造活力为中心环节，进一步深化文化体制改革。建立健全现代文化市场体系。完善文化市场准入和退出机制，鼓励各类市场主体公平竞争、优胜劣汰，促进文化资源在全国范围内流动。继续推进国有经营性文化单位转企改制，加快公司制、股份制改造。对按规定转制的重要国有传媒企业探索实行特殊管理股制度。推动文化企业跨地区、跨行业、跨所有制兼并重组，提高文化产业规模化、集约化、专业化水平。在坚持出版权、播出权特许经营前提下，允许制作和出版、制作和播出分开。建立多层次文化产品和要素市场，鼓励金融资本、社会资本、文化资源相结合。完善文化经济政策，扩大政府文化资助和文化采购，加强版权保护。健全文化产品评价体系，改革评奖制度，推出更多文化精品。①

2014 年 3 月 3 日，文化部、财政部《关于印发〈藏羌彝文化产业走廊总体规划〉的通知》指出，为落实《国家"十二五"时期文化改革发展规划纲要》实施重大文化产业项目、发展特色文化产业等战略部署，加快建设具备引领示范效应的特色文化产业带，进一步促进西部地区、民族地区特色文化产业发展，把文化产业培育成为区域经济支柱性产业，保护文化生态，传承民族文化，增强国家认同，促进民族团结，文化部、财政部共同制定《藏羌彝文化产业走廊总体规划》。促进民族文化元素与高新技术、音乐制作、时尚设计、广告设

① 《中共中央关于全面深化改革若干重大问题的决定》，新华社：http://news.xinhuanet.com/2013-11/15/c_118164235.htm，2013 年 11 月 15 日。

计、家居装饰设计相结合，大力推进文化创意和设计服务与相关产业融合发展。营造创意设计氛围，不断提高创意设计能力，提高特色文化产品的创意设计水平。鼓励具备条件的地区挖掘优秀地方和民族特色文化，推进文化科技融合创新，发展动漫游戏、网络音乐、网络演艺、网络广告、文化电子商务和增值服务等新兴业态。依托藏羌彝文化产业走廊人文、自然资源，开展国际性摄影活动，建设世界级摄影基地。保障措施中提到加大财税扶持。充分发挥财政资金杠杆作用，加大公共财政对藏羌彝文化产业走廊建设的支持力度，把藏羌彝文化产业走廊作为重大项目纳入中央财政文化产业发展专项资金扶持范围。重点支持具有地域特色和民族风情的文化旅游开发、民族工艺品创意设计以及相关衍生产品生产、特色文化资源向现代文化产品转化和品牌推广等。推动落实文化创意和设计服务与相关产业融合发展、《西部地区鼓励类产业目录》等税收优惠政策。[①]

　　2014年3月14日，国务院正式印发了《关于推进文化创意和设计服务与相关产业融合发展的若干意见》（以下简称《意见》），标志着"跨界融合"政策正式推出，"十三五"时期将是文化创意产业与国民经济相关产业实现跨界融合发展的高峰期。跨界融合首先是基于产业链各个环节的垂直融合，文化的资源、创意、生产、技术、资本、流通、消费等环节日益扁平化。其次是技术驱动下的行业融合，如传媒产业中的新闻出版、广播影视、新媒体业等媒体行业的融合，传媒业与歌舞演艺、艺术品业、会展业等不同文化行业的融合。再次是文化产业与外部传统行业的融合，如与零售、金融等传统产业纵深跨界融合加速，产业边界日渐模糊。最后是文化创意元素与第一、第二、第三产业的普遍融合。[②] 为扶持文化创意和设计服务产业，将在文化创意和设计服务领域开展高新技术企业认定管理办法试点，对经认定为高新技术企业的文化创意和设计服务企业，减按15%的税率征

---

① 文化部、财政部：《关于印发〈藏羌彝文化产业走廊总体规划〉的通知》，2014年3月6日。

② 张晓明：《"十三五"时期我国文化发展急需解决的重大问题》，人民论坛网：http://theory.gmw.cn/2015－10/31/content_17554999.htm，2015年10月31日。

收企业所得税。在财税政策上，为支持文化创意和设计服务发展，《意见》提出在体现绿色节能环保导向、增强可操作性的基础上，完善相关税收扶持政策。在文化创意和设计服务领域开展高新技术企业认定管理办法试点，将文化创意和设计服务内容纳入文化产业支撑技术等领域，对经认定为高新技术企业的文化创意和设计服务企业，减按 15% 的税率征收企业所得税。《意见》提出，企业发生的符合条件的创意和设计费用，执行税前加计扣除政策，抵扣所得税应纳税所得额。《意见》还就创意和设计产品服务出口提出了税收优惠政策。①

2015 年 11 月 3 日，《中共中央关于制定国民经济和社会发展第十三个五年规划的建议》首次提出了发展"创意文化产业"，提出"扶持优秀文化产品创作生产，加强文化人才培养，繁荣发展文学艺术、新闻出版、广播影视事业"。"深化文化体制改革，实施重大文化工程，完善公共文化服务体系、文化产业体系、文化市场体系"。文化建设作为"五位一体"建设中的关键一环，其重要性不言而喻。②"十三五"时期的文化建设要坚持科学发展、协调发展、和谐发展、可持续发展的大原则。文化产业与文化事业要得到有机统一，让文化建设更好地服务于小康社会建设目标的实现，实现经济建设与社会建设有机统一，实现发达地区文化发展与欠发达地区文化发展的有机统一，是文化发展的最终目标。③ 在全面建成小康社会的宏伟蓝图中，生产精神文化产品的文化产业起着不可替代的独特作用，既满足群众的精神文化需求，有助于提高全社会精神文明素质，还将在国民经济中有更重的砝码，占 GDP 的比重将超过 5%。将文化的基因植入产品，将文化的情感融入产业，从社会效益来看，满足了人民群众对美好生活的向往和对幸福生活的期待，从经济效益来看，创意文化产业

---

① 孙博洋：《发改委：文化创意企业将享受税收优惠》，人民网：http://finance.people. com. cn/n/2014/0317/c1004-24655026. html，2014 年 11 月 3 日。

② 《中共中央关于制定国民经济和社会发展第十三个五年规划的建议》，新华社：http://news. xinhuanet. com/fortune/2015-11/03/c_ 1117027676. htm，2015 年 11 月 3 日。

③ 范周：《专家解读："十三五"规划建议中文化建设的 6 大要点》，人民网：http://culture. people. com. cn/n/2015/1105/c87423-27780700. html，2015 年 11 月 5 日。

延伸产业链，提升产品附加值，推进产业转型升级，有利于打造发展新引擎。

2016 年 5 月 11 日，《国务院办公厅转发〈文化部等部门关于推动文化文物单位文化创意产品开发若干意见〉的通知》（国办发〔2016〕36 号）① 指出，推动文化创意产品开发，要始终把社会效益放在首位，实现社会效益和经济效益相统一；要在履行好公益服务职能、确保文化资源保护传承的前提下，调动文化文物单位积极性，加强文化资源系统梳理和合理开发利用；要鼓励和引导社会力量参与，促进优秀文化资源实现传承、传播和共享；要充分运用创意和科技手段，注意与产业发展相结合，推动文化资源与现代生产生活相融合，既传播文化，又发展产业、增加效益，实现文化价值和实用价值的有机统一。力争到 2020 年，逐步形成形式多样、特色鲜明、富有创意、竞争力强的文化创意产品体系，满足广大人民群众日益增长、不断升级和个性化的物质和精神文化需求。

提升文化创意产品开发水平。深入挖掘文化资源的价值内涵和文化元素，广泛应用多种载体和表现形式，开发艺术性和实用性有机统一、适应现代生活需求的文化创意产品，满足多样化消费需求。结合构建中小学生利用博物馆学习的长效机制，开发符合青少年群体特点和教育需求的文化创意产品。鼓励开发兼具文化内涵、科技含量、实用价值的数字创意产品。推动文化文物单位、文化创意设计机构、高等院校、职业学校等开展合作，提升文化创意产品设计开发水平。

完善文化创意产品营销体系。创新文化创意产品营销推广理念、方式和渠道，促进线上线下融合。支持有条件的文化文物单位在保证公益服务的前提下，将自有空间用于文化创意产品展示、销售，鼓励有条件的单位在国内外旅游景点、重点商圈、交通枢纽等开设专卖店或代售点。综合运用各类电子商务平台，积极发展社交电商等网络营销新模式，提升文化创意产品网络营销水平，鼓励开展跨境电子商

---

① 《国务院办公厅转发〈文化部等部门关于推动文化文物单位文化创意产品开发若干意见〉的通知》（国办发〔2016〕36 号），2016 年 5 月 11 日。

务。配合优秀文化遗产进乡村、进社区、进校园、进军营、进企业，加强文化创意产品开发和推广。鼓励结合陈列展览、主题活动、馆际交流等开展相关产品推广营销。积极探索文化创意产品的体验式营销。

加强文化创意品牌建设和保护。促进文化文物单位、文化创意设计企业提升品牌培育意识以及知识产权创造、运用、保护和管理能力，积极培育拥有较高知名度和美誉度的文化创意品牌。依托重点文化文物单位，培育一批文化创意领军单位和产品品牌。建立健全品牌授权机制，扩大优秀品牌产品生产销售。促进文化创意产品开发的跨界融合。支持文化资源与创意设计、旅游等相关产业跨界融合，提升文化旅游产品和服务的设计水平，开发具有地域特色、民族风情、文化品位的旅游商品和纪念品。推动优秀文化资源与新型城镇化紧密结合，更多地融入公共空间、公共设施、公共艺术的规划设计，丰富城乡文化内涵，优化社区人文环境，使城市、村镇成为历史底蕴厚重、时代特色鲜明、文化气息浓郁的人文空间。将文化创意产品开发作为推动革命老区、民族地区、边疆地区、贫困地区文化遗产保护和文化发展、扩大就业、促进社会进步的重要措施。鼓励依托优秀演艺、影视等资源开发文化创意产品，延伸相关产业链条。

第四章　文化创意产业发展的
国外税收支持政策

第一节　各国文化创意产业
税收支持政策概述

课题组列举了美国、爱尔兰、德国、法国、英国、希腊、卢森堡、荷兰、丹麦、澳大利亚和韩国等国家关于文化创意产业税收支持政策的具体规定，见表4-1。

表4-1　　　　　各国关于文化创意产业税收支持政策

国家或地区	税种	相关规定
爱尔兰	所得税	从事有文化价值和艺术价值的创意性和原创性工作，经过认定的艺术家，每年25万爱尔兰镑以下的收入免税，收入超过该数额的，50%的收入免税 捐赠人可以通过给指定的团体捐赠至少75248爱尔兰镑但不超过300万爱尔兰镑的艺术品来支付所得税、公司税和资本利得税
	增值税	正常的增值税税率为21%，对登记商人销售艺术品收入、文化艺术展览门票收入适用12.5%的增值税税率。对书刊销售和展览出版物、戏剧演出免征增值税
	销售税和遗产税	如果艺术作品在公共场所展览七年以上，则可以免征销售税和遗产税

续表

国家或地区	税种	相关规定
美国夏威夷岛	所得税	对个人来自专利、版权和商业秘密的特许权使用费收入免征州所得税。这样，个人来自音像制品、电脑特技和其他电脑娱乐产品、商业电视和电影产品的销售和许可所有各类收入都免征州所得税
	研发费用税收抵扣	从事文化产业的公司，每个投资者最多可以获得200万美元的不可返还的税收抵扣，要获得这一投资抵扣，必须符合高技术企业的条件：50%的企业经营活动必须是"认定的研究"，75%以上的研究必须是在夏威夷州岛进行或者75%的总收入来源于认定的研究或是在该州生产
加拿大魁北克省	所得税	对作家、艺术家、电影艺术家、音乐家、演奏者及任何生产有版权产品的个人给予税收优惠。对这些人2万加元以下的收入，可以获得1.5万加元的免税额，超过2万加元的部分，每一个加元可以获得1.5加元的免税额，总的免税额最高可达3万加元。 允许艺术家将其收入的一部分延迟纳税，获得认定的艺术家的收入最高可以在七年内平均
德国、法国、英国、希腊、卢森堡、荷兰、丹麦、澳大利亚	所得税	允许艺术家将收入在不同年度内平均，以避免一次性收入造成的不合理的较高所得税边际税率
美国马里兰州	所得税	居住在马里兰州的艺术家来源于销售、出版、生产或者艺术作品表演的所有收入，都可获得所得税减免 对认定的历史建筑，其修复费用的30%可以抵扣所得税
	财产税	把制造、商业和工业建筑修复或者建设成供艺术家和文化企业工作场所的发展商最多可以免征十年的财产税
	许可和娱乐税	在指定区域的艺术家和文化企业可以免征许可和娱乐税
美国罗得岛	个人所得税	在特定艺术区生活和工作的艺术家，其在该区创作的作品销售收入免征州销售税和州个人所得税
	销售税	在特定艺术区内的陈列室出售原创的、独一无二的艺术作品，不论该艺术作品是否在文化艺术区内创作，一律免征州销售税

续表

国家或地区	税种	相关规定
美国肯塔基州	所得税	对于移居到该州特定地区（Paducah）和在该地购买修复建筑用于生活和工作的艺术家，只要投资超过 2 万美元，就可以获得 20% 的所得税税收抵扣，数额最高不超过 6 万美元
美国马萨诸塞州	所得税	对于用于修复经认定的建筑，其修复费用的 20% 可以抵扣所得税，修复建筑的费用最高可以为 2000 万美元
加拿大安大略省	所得税	对书籍出版业、音乐业、交互式数字媒体、电影、杂志出版、电视等提供税收抵扣优惠政策，目的是提高其文化产业的竞争力。其中，由加拿大公司出版的书籍，每本书可以抵扣其出版费用的 30%，税收抵扣的限额是 3 万元。加拿大居民公司从事电脑动画和数字视频业的，可以获得其人工开支 20% 的税收抵扣；从事电影和电视业的，可以获得其人工费用 20% 的税收抵扣；从事文化产业服务业的，可以获得其人工开支 11% 的税收抵扣；从事音像制品业的，其生产、制作和销售费用的 20% 可以抵扣所得税
英国	所得税	2007 年 1 月通过一项促进英国电影业发展的税收优惠政策，获得这一税收优惠政策的条件除通过英国文化测试外，其电影制作费用必须至少有 25% 的费用发生在英国。税收优惠只能对在英国发生的制作费用申报税收抵扣，最高可达总预算的 80%，对于低成本电影，即总预算低于 2000 万英镑（含）的电影，税收抵扣的比例更高。对于没有利润的电影，可以得到总预算 20% 的税收抵扣用于其他电影，低成本的电影可以有 16% 的税收抵扣用于其他电影
	增值税	正常增值税税率为 17.5%，但是，书籍、出版和海报等行业是零税率。筹资活动也免增值税。另外，不收入场费的博物馆和画廊可以取得其开支中所含的增值税返还
澳大利亚	所得税	投资电影业的纳税人可享受其投资额 100% 的税收抵扣，这一税收抵扣鼓励投资者发展和购买工业资产，包括专利权、版权或设计权。澳大利亚的电影版权可以在两年内扣除，每年可扣除 50%
	增值税	澳大利亚登记的非营利团体可以免征销售税
意大利	增值税	意大利鼓励文化产品生产，规定如果期刊内容主要是文化方面的内容，则可获得税收优惠。意大利增值税正常税率为 20%，图书和报纸的增值税税率为 4%，广播、电视及电影门票收入的增值税减半征收

国家或地区	税种	相关规定
德国	增值税	德国正常的增值税税率为15%，但是文化产品和版权收入的增值税税率为7%
墨西哥	所得税	画家和雕塑家等艺术家可以用其艺术作品支付应纳税款，一件艺术作品是否可以用来缴纳税款，必须由专家小组来认定。如果艺术家的作品被拒绝三次，则需用现金付税。被接受的作品一般在公共博物馆展览
荷兰	遗产税	从1997年开始，荷兰规定，遗产税可以用重要的艺术品支付，以防止这些艺术品被卖到国外。如果重要的艺术品转给政府，可以获得其价值120%的遗产税抵扣
韩国	所得税	其对文化产品在进入市场初期给予一定时期的税收减免：在文化企业创立的前四年按应纳所得税额的10%征收，第五年为40%，第六年为70%，从第七年起才全额征税 韩国对技术密集型文化产业中的中小企业在创立初期也给予一定的税收减免：首都圈以外的地区在创业后有收入年度起，六年内减免所得税或法人税的50%；首都圈以内的地区在创业后有收入年度起，四年内减免所得税或法人税的50%，之后两年内减免所得税或法人税的30%

第二节　各国文化创意产业税收支持政策分析

　　结合美国、爱尔兰、加拿大、英国、德国等发达国家文化创意产业的税种、相关扶持政策、具体相关规定等方面可开展比较研究。以税种为例，在所得税方面，国外对于一定数额的收入免予征税，爱尔兰对从事有文化价值和艺术价值的创意性和原创性工作，经过认定的艺术家，每年25万爱尔兰镑以下的收入免税，收入超过该数额的，50%的收入免税。荷兰政府将文化艺术品版权收入的所得税税率由

29.6%调整为25.5%。美国夏威夷岛对个人来自专利、版权和商业秘密的特许权使用费收入免征州所得税，这样，个人来自音像制品、电脑特技和其他电脑娱乐产品、商业电视和电影产品的销售和许可所有各类收入都免征州所得税，美国马里兰州对居住在马里兰州的艺术家来源于销售、出版、生产或者艺术作品表演的所有收入，都可获得所得税减免，对认定的历史建筑，其修复费用的30%可以抵扣所得税。加拿大对作家、艺术家、电影艺术家、音乐家、演奏者及任何生产有版权产品的个人给予税收优惠。对这些人2万加元以下的收入，可以获得1.5万加元的免税额，超过2万加元的部分，每加元可以获得1.5加元的免税额，总的免税额最高可达3万加元。此外，加拿大安大略省对书籍出版业、音乐业、交互式数字媒体、电影、杂志出版、电视等提供税收抵扣优惠政策，目的是提高其文化产业的竞争力。其中，由加拿大公司出版的书籍，每本书可以抵扣其出版费用的30%，税收抵扣的限额是3万元。加拿大居民公司从事电脑动画和数字视频业的，可以获得其人工开支20%的税收抵扣；从事电影和电视业的，可以获得其人工费用20%的税收抵扣；从事文化产业服务业的，可以获得其人工开支11%的税收抵扣；从事音像制品业的，其生产、制作和销售费用的20%可以抵扣所得税。德国、法国、英国、希腊、卢森堡、荷兰、丹麦、澳大利亚等国允许艺术家将收入在不同年度内平均，以避免一次性收入造成的不合理的较高所得税边际税率。韩国对文化产品在进入市场初期给予一定时期的税收减免：在文化企业创立的前四年按应纳所得税额的10%征收，第五年为40%，第六年为70%，从第七年起才全额征税；在增值税方面，爱尔兰正常的增值税税率为21%，对登记商人销售艺术品收入、文化艺术展览门票收入适用12.5%的增值税税率。对书刊销售和展览出版物、戏剧演出免征增值税。英国正常增值税税率为17.5%，但是，书籍、出版和海报等行业是零税率，筹资活动也免增值税。另外，不收入场费的博物馆和画廊可以取得其开支中所含的增值税返还。意大利鼓励文化产品生产，规定如果期刊内容主要是文化方面的内容，则可获得税收优惠。意大利增值税正常税率为20%，图书和报纸的增值税税率为4%，广播、电视及电影门票收入的增值税减半征收。德国正常的增值税税率为15%，但是文化产品和版权收入的增值税税率为7%；在销售税方面，爱尔兰规定如果艺术作品在公共场所展览七年以上，则可以免征销售税和遗产税。此外，美国还划定了特定的艺术区，对于在特定艺术区内的陈列室出售原创的、独一无二的艺术作品，不论该艺术作品是否在文化艺术区内创作，一律免征州销售税。澳大利亚对于登记的非营利团体可以免征销售税。而对比国外文化创意产业，我国在增值税、所得税、营业税等方面也给予了一定的扶持，如增值税方面，图书、报纸、杂志的销售适用13%低税率（正常税率为17%）；对古旧图书的销售免征增值税；在个人所得税方面，对个人的稿酬所得，按应纳个人所得税额减征30%；对个人获得省级人民政府、国务院部委和中国人民解放军军以上单位，以及外国组织、国际组织颁发的文化等方面的奖金，免征个人所得税；在企业所得税方面，对于文化事业单位转制情况，文件鼓励转制并实行免征企业所得税（五年）政策；对于新设立文化企业，自工商注册登记之日起，免征三年企业所得税。社会力量通过国家批准成立的非营利性公益组织或国家机关对宣传文化事业的公益性捐赠，经税务机关审核后，纳税人缴纳企业所得税时，在年度应纳税所得额10%以内的部分，可在计算应纳税所得额时予以扣除。出版、发行企业库存呆滞出版物，根据不同介质不同年限，可以作为财产损失在税前据实扣除。在文化产业支撑技术等领域内，依据相关规定认定的高新技术企业，减按15%的税率征收企业所得税。文化企业开发新技术、新产品、新工艺发生的研究开发费用，允许按国家税法规定，在计算应纳税所得额时加计扣除。在纳税管理方面，文件规定，对试点文化集团的核心企业对其成员企业100%投资控股的，经国家税务总局批准后可实行合并缴纳企业所得税。在营业税方面，对纪念馆、博物馆、文化馆、文物保护单位管理机构、美术馆、展览馆、书画院、图书馆举办文化活动的门票收入，宗教场所举办文化、宗教活动的门票收入等免征营业税。可以看出，我国相关的税收扶持政策力度远没有国外发达国家那么大，如对于图书、报纸、杂志等主要文化产品的销售，国外的增值税税率远远低于正常增值税税率，而我国的增值税税率只比正常税率低4%；国外有专门划定的文化区域，对于该区域内的文化产业给予很大的政策扶持，而我国则没有专门划定的文化地区，这一方面的针对性不强。美国政府为了鼓励个人捐助文化艺术事业，对捐助者实行财产税的减免优惠政策。

许多发达国家在国家产业政策，尤其在税收立法中突出扶持文化产业的发展。[①]

（一）美国

美国联邦、州和市各级都积极促进美国文化繁荣发展，将文化组织机构区分为营利性与非营利性文化产业，全面实施版权战略。

美国联邦政府在给予非营利性文化艺术机构直接资金支持的同时，针对动漫、广播电视和电影等营利性文化产业，一般是运用市场机制鼓励自由竞争。为了促进本地区文化产业的发展，一些州和地方政府单独制定相关的文化产业税收优惠政策，目前已有46个州政府对营利性文化产业实行税收减免。美国的一些州还制定了地区性税收优惠政策，如果艺术家和与艺术有关的产业在特定的艺术文化产业区内，则可以享受税收优惠政策。地区性税收优惠政策包括对位于艺术区的历史房屋和建筑的恢复给予税收抵扣。美国的许多州都采取税收优惠政策，鼓励财产所有者和开发者将这些历史建筑综合利用，包括租给艺术家作为生活和工作场所。[②]

营利性文化产业交给市场，政府不控制也不分享其所有权，更不直接参与或干预其经营；非营利性文化产业则是无法完全依靠自己的力量在市场里求生存、求发展的，美国政府便通过税收政策或直接拨款，保护和支持这些组织机构，这些机构不仅完全不用纳税，而且，由个人或法人给予他们的一切捐款和礼品都从捐赠者的收入中扣除，目的在于确定个人或法人的完税收入，具体的操作方式有以下几种：

---

① 王晓见、殷勤：《税收政策促进文化产业发展的若干思考》，常州市国税局网：ht-tp：//cz. jsgs. gov. cn/art/2014/9/11/art_ 704_ 219096. html，2014年9月11日。

② 赵增科、王宝明：《北京市东城、石景山多措并举税收之力文化产业顺势前行》，新华会展网：http://news. xinhuanet. com/expo/2015 - 04/30/c_ 127752944. htm，2015年4月30日。

一是鼓励企业和个人捐助文化艺术事业的税收政策。二是对不同出版单位、不同出版物实行不同的税率以调节出版资源配置、引导出版业朝符合国家利益的方向发展。三是扶持知识产权业和会展业的税收政策。

在美国，文化创意产业被称为"版权产业"。它主要是指生产经营具有版权属性的产品或作品，并依靠版权保护而生存发展的产业。从 1996 年开始，美国版权产品的出口首次超过汽车、农业等传统产业，逐渐发展成为美国经济发展的支柱产业。美国版权产业的蓬勃发展主要以全面实施版权战略为特色，其主要政策经验如下：一方面是全面加强版权保护。美国政府为了加强版权保护，设立了版权办公室、美国贸易代表署、商务部国际贸易局和科技局、版权税审查庭、海关、美国国家信息基础设施顾问委员会、信息政策委员会等专门的行政机构和小组。另一方面不断完善立法工作，近百年来美国先后出台了《反垄断法》《报纸与印刷出版法》《反盗版和假冒修正法案》《反电子盗版法》《电子盗版禁止法》《跨世纪数字版权法》等十几部法律法规。同时，美国在版权保护方面还积极寻求国际合作，1998 年加入《伯尔尼公约》，为美国版权产业的发展提供了良好的外部环境和保障。

同时，充分尊重市场规律，实行商业化运作。美国有着发达、健全的市场机制，在版权产业的发展中，他们比较注重发挥市场规律的作用，政府只是尽量为市场打造良好的外部环境，比如，美国政府只在政策和资金等方面对新兴的产业园区给予支持，对于那些发展成熟的则让其遵循市场规律，通过产品开发、建立全球销售网络、宣传促销和捆绑销售等多种手段和方法，求得利润最大化。此外，美国还积极利用文化霸权地位向全球市场输出它的文化价值观，并寄望通过影响人们的观念来进一步培育潜在巨大的消费市场。

（二）英国

强化政府部门与社会各界之间的合作，2005 年英国政府提出要把英国建设成"世界创意中心"，致力于在创意产业的支持、发展及提高生产力方面建立一个更好的政策（包括税收政策）框架，通过税收政策的倾斜性支持促进文化产业发展。

　　1997 年，英国首相布莱尔上任后就成立了"创意产业特别工作组"，把发展文化创意产业作为振兴英国经济的着力点，1998 年，英国政府出台了《英国创意产业路径文件》，将"创意产业"定义为"源于个人创造力、技能与才华，通过知识产权的生成和取用，可以创造财富并提供就业机会的产业"，包括广告、建筑设计、艺术品与文物、电子游戏、音乐、出版、广播电视等 13 个门类。截至 2008 年，文化创意产业就已经成为英国就业人口最大的产业和产值仅次于金融服务业的第二大产业。英国是当今世界上第一个利用政策推动文化创意产业发展的国家，自"创意产业"的概念提出之后，为推动本国文化创意产业的发展，打破部门壁垒，英国新工党政府对有关政府部门进行了重新整合。首先，将主管文化等部门的"国家遗产部"更名为"文化、媒体与体育部"，并任命该部首长为内阁成员，主管文化、新闻、体育事务。其次，在文化创意产业的管理过程中，英国政府将重点放在政府各部门与社会各界之间的政策协调合作方面。如专门组建了以文化大臣为首的跨政府部门的行动小组，这个小组成员由十二个部门的首长、政府高级官员以及与创意产业有关的重要商业公司的负责人和社会知名人士等。这样的组合不仅避免了部门之间互不通气、各自为政的现象，还便于调动各有关主管部门的政策协调以及合作的积极性，同时在制定政策时也更可全面地听取各界人士的意见，提高政策的针对性和可行性。另外，英国政府还联合出版了"*Bankingonahit*"手册，对相关企业或个人如何从金融机构或政府部门获得投资援助进行指导。同时英国政府积极引导社会各部门及民间资金流入，成立了众多行业发展基金，如苏格兰企业创意种子基金等。此外，英国政府还联合各大高校、研究机构等成立了创意产业高等教育论坛，充分利用高校资源，积极培养创新型人才。如英国产业技能委员会曾在高校为电影、电视和多媒体行业举办为期 3 年的人才再造工程，期间高校为行业提供了上百种专业课程的学习，使影视业的 66% 和多媒体行业的 24% 的人达到研究生水平，有效地提高了这些行业的创新潜能。一是把税收激励作为管理出版业的一个有效经济手段。二是实行差别税率是扶持文化创意业的一个重要做法。三是开征专项税为电影制作开辟专项筹资渠道。四是对电影的税收优惠进行明确的国籍鉴定刺激本国电影业的繁荣。受到了英国电影人和海外投资者的欢迎，有利于英国本土电影的制作，以及吸引海外针对高预算影片的投资，尤其是吸引好莱坞的大制作投资。

十多年来，在政府的引导和推动下，英国创意产业增加值占 GDP 的比重超过 7%，且每年都以高于 5% 的速度在增长，2012 年的总收益增长 9.4%，成为英国增速最快的产业。从事创意产业的企业超过 10 万家，从业人员 200 多万人，占英国就业总数的 8% 以上，居各产业之首。据英国文化、媒体与体育部 2014 年 1 月发布的最新数据显示，创意产业每年为英国经济带来 714 亿英镑的收益，相当于平均每小时就有 800 万英镑入账。①

英国创意产业以中小企业为主，这些企业在发展中往往会面临资金短缺、研发投入不足等问题。因此，政府协同金融界和有潜力的民间投资者积极支持那些有创新能力的个人或企业，为其提供发展所需的资金，这也是 1997 年创意产业专责小组成立后最重要的工作之一。目前英国对创意企业或个人资金扶持主要采用两种措施：一是提供信息支撑，为企业提供各地创意资金支持的相关机构；二是通过英国科学、技术及艺术基金会（NESTA）为具有创新点子的个人提供发展资金等。②

（三）澳大利亚

澳大利亚政府积极创造有利于文化产业形成和发展的税收环境，通过各种税收优惠措施来激励文化经济，使文化产业逐渐成为重要的、新的经济增长点。

这些税收优惠措施主要集中在以下几个方面：一是电影产业投资的税收鼓励机制。二是在个人所得税法中，从事文化产业的纳税人被

---

① 王冰清：《英国文化创意产业发展的成功经验》，国家民委网：http：//whxcs. seac. gov. cn/ art/2015/5/29/art_ 8431_ 228823. html，2015 年 5 月 29 日。
② 周文：《文化创意产业推动英国成功转型》，《中国信息报》2009 年 9 月 2 日第 008 版。

当作特殊纳税人给予个案处理。三是提高小型文化企业的起征点，并允许按照年度分期支付其工薪税。四是给注册后的文艺团体提供赞助可享受相应的税款减免。通过赞助形式表现出来的商业参与文化活动，正成为一个重要的筹集资金的方式。

（四）法国

法国具有目前世界上架构最完整的文化产业税收扶持政策。

主要特点：一是对出版业的税收扶持政策。二是对艺术品产业的税收扶持政策。在法国公众场所或沙龙中举行的有益于公民身心健康的文化娱乐活动，可以免税；对于一些新创作的戏目以及新编的古典作品，在演出一定场地以内，可以给予一定税收减免。对于某些实验性艺术活动和高雅音乐会以及赴国外的艺术演出，同样也享受一定的减税优惠；但是，对于那些经营色情内容的演出活动以及放映色情片的电影院则征收高税，税率有时高达70%。

（五）日本

日本政府在税收政策方面对文化创意产业从国内和国外两方面加以持续推动，强有力地支持了文化产业的发展，扩大动漫产品的对外输出。一方面，通过采取税收补助、综合援助、税收基金、税收投资与政府税收采购等形式扶持其不同形态的文化创意产业发展。另一方面，在支持海外文化产业竞争与发展方面，日本政府制定税收政策积极开拓海外文化市场，鼓励本国企业参与国际文化市场竞争，促进本国文化创意产品和文化创意服务的海外输出，扩大其知名度和影响力。

素有"动漫王国"之称的日本是全球最大的动漫制作和输出国，据初步统计显示，目前全球有68个国家和地区播放日本电视动画、40个国家和地区上映其电影动画，并且全球播放的动画节目中约有六成是日本制作的，如阿童木、机器猫、樱桃小丸子、Hello Kitty等动漫形象深受各国观众的喜爱。近十年来，日本动漫产业年平均销售额达2000亿日元之多，已经成为该国经济的三大支柱产业之一。以动漫产业为代表的日本文化创意产业迅速在全球崛起，这与其政府积极推动本国动漫等文化创意产品的对外输出有着莫大的关系。其采取的政策措施主要有以下两点：其一是积极利用外交手段扩大动漫的海外影响。"文化外交"在国际关系领域是一门新的综合性学科，但在日本，利用文化与外国开展国际交流活动却是由来已久的。1977 年，日本首相福田赳夫最早提出了"文化外交"政策，之后，日本便设立了"文化交流部"，强化与各国之间的文化交流。2006 年，日本前外相麻生太郎在《文化外交新设想》的演讲中，提出了以动漫等日本流行文化为主开展外交活动的策略，并提出了一些具体做法：（1）专门设立一个 24 小时专门用英语播出日本动画和电视剧的电视频道。（2）拨专款从动漫制作商中购买动画片播放版权后免费提供给发展中国家的电视台播放。（3）在东京设立一个面向世界各国年轻漫画家的漫画诺贝尔奖———"国际漫画奖"。（4）任命日本优秀的动漫画家为"动漫文化大使"等。其二是举办动漫艺术节，扩大动漫影响力。早在 1997 年日本政府就开始每年举行一次动画、漫画、游戏娱乐、新媒体艺术等媒体艺术节。并且在日本的东京、广岛等很多地方每年也都举行有大大小小不计其数的动漫节。这些动漫节的举办，在加强文化交流、扩大日本动漫产品的影响力等方面都起到了重要的推动作用。

综观国内外文化创意产业发展较为成熟的国家和地区，政府所制定的相关的产业政策对于当地文化创意产业的发展都起到了重要的推动作用。[①] 创意产业是一个全球产业发展中后发的新兴产业，其理念与传统的制造业发展理念、思维路径和管理经验有着很大的不同。因此，发展我国民族地区文化创意产业需要各级决策层进一步解放思想，转变观念，学习世界各国创意产业发展的经验、方法和措施，并结合本地经济和社会发展实践，实事求是地开拓跨越式发展的新途径。

---

① 《国外文化创意产业发展的政策支持经验及启示》，云南大学文化产业研究院：http://www.whcy.ynu.edu.cn/xwdt/ywlf/25638.htm，2014 年 9 月 11 日。

第五章　民族地区文化创意产业税收政策的现状及问题

第一节　主要税种及相关规定

一　我国文化创意产业税收政策汇总

我国文化创意产业税收政策涉及的税种主要有增值税、个人所得税、企业所得税、营业税等，详见表5－1。

表5－1　　　　　　　　　我国文化创意产业税收政策一览

税种	相关规定
增值税	图书、报纸、杂志的销售适用13%低税率（正常税率17%）；对古旧图书的销售免征增值税 党报、党刊将其发行、印刷业务及相应的经营性资产剥离组建的文化企业，自注册之日起所取得的党报、党刊发行收入和印刷收入免征增值税 经广播电影电视行政主管部门按职能权限批准从事电影制片、发行、放映的电影集团公司（含成员企业）、电影制片厂及其他电影企业取得的销售电影拷贝收入、转让电影版权收入、电影发行收入以及在农村取得的电影放映收入免征增值税和营业税 支持文化产品和服务出口，图书、报纸、期刊、音像制品、电子出版物、电影和电视完成片按规定享受增值税出口退税政策

税种	相关规定
个人所得税	对个人的稿酬所得，按应纳个人所得税额减征30%；对个人获得省级人民政府、国务院部委和中国人民解放军军以上单位，以及外国组织、国际组织颁发的文化等方面的奖金，免征个人所得税
	纳税人缴纳个人所得税时，通过国家批准成立的非营利性公益组织或国家机关对宣传文化事业的公益性捐赠，捐赠额未超过纳税人申报的应纳税所得额的30%的部分，可从其应纳税所得额中扣除
企业所得税	对于文化事业单位转制情况，文件鼓励转制并实行免征企业所得税（五年）政策；对于新设立文化企业，自工商注册登记之日起，免征三年企业所得税
	社会力量通过国家批准成立的非营利性公益组织或国家机关对宣传文化事业的公益性捐赠，经税务机关审核后，纳税人缴纳企业所得税时，在年度应纳税所得额10%以内的部分，可在计算应纳税所得额时予以扣除
	出版、发行企业库存呆滞出版物，根据不同介质不同年限，可以作为财产损失在税前据实扣除
	在文化产业支撑技术等领域内，依据相关规定认定的高新技术企业，减按15%的税率征收企业所得税
	文化企业开发新技术、新产品、新工艺发生的研究开发费用，允许按国家税法规定，在计算应纳税所得额时加计扣除
	在纳税管理方面，文件规定，对试点文化集团的核心企业对其成员企业100%投资控股的，经国家税务总局批准后可实行合并缴纳企业所得税
营业税	对纪念馆、博物馆、文化馆、文物保护单位管理机构、美术馆、展览馆、书画院、图书馆举办文化活动的门票收入，宗教场所举办文化、宗教活动的门票收入等免征营业税
	2010年年底前，广播电视运营服务企业按规定收取的有线数字电视基本收视维护费，经有关部门批准后可免征营业税，期限不超过三年
其他税种	各类图书、报纸、杂志发行单位之间，以及发行单位与订阅单位或个人之间书立的征订凭证，暂免征缴印花税
	由财政部门拨付事业经费的文化单位转制为企业，对其自用房产、土地和车船免征房产税、城镇土地使用税和车船税
	对因自然灾害等不可抗力或承担国家指定任务而造成亏损的文化单位，经批准，免征经营用土地和房产的城镇土地使用税和房产税
	为生产重点文化产品而进口国内不能生产的自用设备及配套件、备件等，按现行税收政策有关规定，免征进口关税

表5-2　国家出台的税收支持政策

时间	相关政策	支持内容
2014年3月3日	国务院关于加快发展对外文化贸易的意见	国家鼓励文化产业对外贸易，出台相关政策法规。法规中明确表明对国家重点鼓舞的文化产品出口实行增值税零税率。对国家重点鼓励的文化服务出口实行营业税免税。结合营业税改征增值税改革试点，逐步将文化服务行业纳入"营改增"试点范围，对增值税征收范围内的文化服务出口实行增值税零税率或免税。此外，对文化服务出口、境外投资、市场开拓、公共服务平台建设、文化贸易人才培养等方面给予支持。中央和地方有关文化发展的财政专项资金和基金，要加大对文化出口的支持力度
2014年4月2日	关于进一步支持文化企业发展的规定	中央和地方财政安排文化产业的发展专项资金，采取贴息、补助、奖励等方式，支持文化企业发展 一、对文化产业中的电影行业，就从事电影制片企业取得的收入，电影发行企业在农村的电影放映收入免征增值税 二、对广播电视运营服务企业收取的有线数字电视基本收视维护费收入，免征增值税 三、对于动漫企业，可申请享受国家现行鼓励动漫软件产业发展的所得税优惠政策；2017年底前，符合条件的动漫企业，生产动漫直接产品，确需进口的商品可按现行规定享受免征进口关税和进口环节增值税的优惠政策 四、对文化产业支撑技术等领域的文化企业，按规定认定为高新技术企业的，减按15%的税率征收企业所得税；经认定享受研究开发费用的，允许按国家税法规定，在计算纳税所得额时加计扣除 五、对从事文化产业新技术、新产品、新工艺发生的研究开发费用，完善有利于文化内容创意生产、非物质文化遗产项目经营的税收优惠政策 六、为承担国家鼓励类文化产业项目而进口国内不能生产的自用设备及配套件、备件，在政策规定范围内，免征进口关税 七、加大财政对文化科技创新的支持，将文化科技纳入国家相关科技发展规划和计划，积极鼓励文化与科技深度融合，促进文化企业、文化产业转型升级、发展新型文化业态 八、通过政府购买、消费补贴等途径，引导和支持文化企业提供更多文化产品和服务，鼓励出版适应群众购买能力的图书报刊，鼓励在商业演出和电影放映中安排低价场次或门票，鼓励网络文化运营商开发更多更低收费业务。加大对文化消费基础设施建设、改造投资力度，完善政府投入方式，建立健全社会力量、社会资本参与机制，促进多层次多态文化消费设施发展

续表

时间	相关政策	支持内容
2014年4月2日	国务院办公厅关于印发文化体制改革中经营性文化事业单位转制为企业的通知	文化体制改革中经营性文化事业单位转制为企业，解决编制内的职工和企业的相关问题 对于职工方面，住房补贴尚未解决的，转制前人员经费由财政部门在预算中拨付；转制时由财政部门一次性拨付解决，转制前人员经费自理的离退休人员由企业政策以离退休人员在职职工住房工住房补贴制度的规定，县级人民政府有关企业住房货币化改革政策以及企业会计制度的规定，从本单位相应资金某道列支。转制后原有的正常事业费继续拨付，主要用于解决转制前已经离退休人员的社会保障问题 对于企业方面，经营性文化事业单位转制为企业后，免征企业所得税。由财政部门拨付事业经费的经营性文化事业单位转制中资产评估增值、资产转让或划转涉及的企业所得税。对其自用房产免征契税，符合现行规定的享受相应税收优惠政策位转制为企业的，免征企业所得税、营业税、城市维护建设税、契税等
2014年7月11日	财政部 工业和信息化部 文化部关于大力支持小微文化企业发展的实施意见	财政方面，加大财政支持力度。充分发挥财政政策引导示范作用，着力改善文化企业发展环境，促进小微文化企业发展，完善和落实专项支持措施，实现财政政策与文化产业需求的有机衔接。支持小微文化企业在项目实施中更多运用金融资本、社会资本，符合条件的可通过"文化金融扶持计划"给予支持。各级财政部门要结合本地区实际，并加强对小微文化企业发展的促进引导，鼓励有条件的地区制定和实施小微文化企业解化培育专项计划，并探索建立小微文化企业融资风险补偿机制。落实提高增值税文化企业和营业税起征点，暂免征收部分小微文化企业增值税、营业税，部分艺术品进口关税减免等各项已出台的税费优惠政策税收方面，落实提高增值税文化企业和营业税减半征收，以及免征部分小微文化企业所得税、小型微利企业所得税优惠政策
2014年9月25日	财政部 国家税务总局关于进一步支持小微企业增值税和营业税政策的通知	为进一步加大对小微文化企业的税收支持力度，经国务院批准，自2014年10月1日起至2015年12月31日，对月销售额2万（含本数，下同）－3万元的增值税小规模纳税人，免征增值税；对月营业额2万－3万元的营业税纳税人，免征营业税

续表

时间	相关政策	支持内容
2014年12月23日	关于对小微企业免征有关政府性基金的通知	为进一步加大对小微文化企业的扶持力度，经国务院批准，现将免征小微文化企业有关政府性基金。自2015年1月1日起至2017年12月31日，对按月纳税的月销售额或营业额不超过3万元（含3万元），以及按季纳税的季度销售额或营业额不超过9万元（含9万元）的缴纳义务人，免征教育费附加、地方教育附加、水利建设基金。自工商登记注册之日起三年内，对安排残疾人就业未达到规定比例，在职职工总数20人以下（含20人）的小微企业，免征残疾人就业保障金。免征上述政府性基金后，有关部门依法履行职能和事业发展所需经费，由同级财政预算予以统筹安排
2014年12月24日	国务院关于促进服务外包产业加快发展的意见	财政方面，加大财政支持力度。完善现有财政资金政策，优化资金安排和使用方向，改进支持方式，加大对国际服务外包业务的支持，鼓励开展国际服务外包人才培训、资质认证、公共服务等。充分发挥财政资金的杠杆引导作用，通过设立国际服务外包产业引导基金等市场化支持方式，引导社会资金加大对承接国际服务外包业务企业的投入，促进扩大服务业出口。税收方面，完善税收政策。从区域和领域上扩大对技术先进型服务企业减按15%税率缴纳企业所得税和职工教育经费不超过工资薪金总额8%部分税前扣除的税收优惠政策实施范围。根据服务外包产业集聚区布局，统筹考虑东、中、西部城市，将中国服务外包示范城市数量从21个有序增加到31个。实行国际服务外包增值税零税率和免税政策
2015年3月13日	财政部　国家税务总局关于小型微利企业所得税优惠政策的通知	为进一步加大对小微文化企业的扶持力度，经国务院批准，现将免征小微企业所得税。自2015年1月1日至2017年12月31日，对年应纳税所得额低于20万元（含20万元）的小型文化微利企业，其所得减按50%计入应纳税所得额，按20%的税率缴纳企业所得税。前款所称小型微利企业，是指符合《中华人民共和国企业所得税法》及其实施条例规定的小型微利企业

二 国家关于支持文化企业发展的财政税收政策

我国有多部委出台了诸多支持文化企业发展的财政税收政策。表5-2①中列举的政策涉及年限的跨度为2014—2015年。

三 民族地区文化产业规模及构成

表5-3　　　　　　　　广西壮族自治区文化产业规模及构成

年份	文化产业增加值（亿元）	占本地GDP比率（%）	第三产业增加值（亿元）	文化产业情况								
				艺术表演团体机构（个）	博物馆（个）	公共图书馆（个）	广播节目综合人口覆盖率（%）	图书出版（种）	公共电视节目（套）	录音制品出版（种）	出版物发行机构（个）	出版印刷企业（个）
2009	198.7	2.6	2919.13	135	62	100	—	7245	114	103	—	—
2010	180.21	1.88	3383.11	141	64	108	94.5	7344	116	106	4604	205
2011	234	2	3998.33	149	71	95.2	95.2	7695	115	104	5051	178
2012	356.67	2.74	4615.30	68	79	112	96.1	8667	116	—	5007	185
2013	369.12	2.55	5427.94	59	104	112	96.2	8803	116	—	4988	175
2014	381.39	2.4	5934.49	67	106	112	96.6	7871	117	117	4429	171
2015	424.22	2.52	6542.41	—								

资料来源：2009—2015年《中国统计年鉴》和广西壮族自治区统计局网站。

表5-4　　　　　　　新疆维吾尔自治区文化产业规模及构成

年份	文化产业增加值（亿元）	占本地GDP比率（%）	第三产业增加值（亿元）	文化产业情况								
				艺术表演团体机构（个）	博物馆（个）	公共图书馆（个）	广播节目综合人口覆盖率（%）	图书出版（种）	公共电视节目（套）	录音制品出版（种）	出版物发行机构（个）	出版印刷企业（个）
2009	38.31	0.90	1587.72	136	63	94	—	7735	188	28	—	—
2010	45.21	0.83	1766.69	132	71	103	94.9	4980	196	13	2464	118
2011	55.09	0.83	2245.12	133	73	103	94.9	6558	198	10	2585	118

---

① 根据湖南省文化厅文化产业网站（http://www.hnswht.gov.cn/whcyc/cyzc/gjj/default.htm）整理。

续表

年份	文化产业增加值（亿元）	占本地GDP比率（%）	第三产业增加值（亿元）	文化产业情况								
				艺术表演团体机构（个）	博物馆（个）	公共图书馆（个）	广播节目综合人口覆盖率（%）	图书出版（种）	公共电视节目（套）	录音制品出版（种）	出版物发行机构（个）	出版印刷企业（个）
2012	77.2	1.03	2703.18	137	72	105	95.3	8691	198	—	2991	125
2013	**98.08**	1.16	3434.13	123	76	106	95.7	8780	192	—	3003	122
2014	**108.12**	1.17	3785.90	122	82	107	96.5	7732	216	6	3139	133
2015	**119.97**	—	4200.72	—	—	—	—	—	—	—	—	—

注：黑体部分数据表示由公式计算得出，具体计算公式为：上期文化增加值/本期文化增加值＝上期第三产业增加值/本期第三产业增加值。

资料来源：2009—2015 年《中国统计年鉴》和《中国文化文物年鉴》。

表 5 - 5　　　　　　　西藏自治区文化产业规模及构成

年份	文化产业增加值（亿元）	占本地GDP比率（%）	第三产业增加值（亿元）	文化产业情况								
				艺术表演团体机构（个）	博物馆（个）	公共图书馆（个）	广播节目综合人口覆盖率（%）	图书出版（种）	公共电视节目（套）	录音制品出版（种）	出版物发行机构（个）	出版印刷企业（个）
2009	4.56	1.03	240.85	29	2	4	—	329	10	3	—	—
2010	**5.20**	1.03	274.82	37	2	4	90.3	570	10	4	230	5
2011	**6.11**	1.01	322.57	47	2	4	91.7	701	10	4	131	9
2012	**7.15**	1.02	377.80	92	2	77	93.4	546	10	—	131	12
2013	**8.29**	1.02	438.07	79	2	78	94.4	658	12	—	140	30
2014	9.32	1.01	492.35	88	4	78	94.8	547	12	52	159	29
2015	—	—	—	—	—	—	—	—	—	—	—	—

注：黑体部分数据表示由公式计算得出，具体计算公式为：上期文化增加值/本期文化增加值＝上期第三产业增加值/本期第三产业增加值。

资料来源：2009—2015 年《中国统计年鉴》和《中国文化文物年鉴》。

表 5-6　　　　　　　　内蒙古自治区文化产业规模及构成

年份	文化产业增加值（亿元）	占本地GDP比率（%）	第三产业增加值（亿元）	文化产业情况								
				艺术表演团体机构（个）	博物馆（个）	公共图书馆（个）	广播节目综合人口覆盖率（%）	图书出版（种）	公共电视节目（套）	录音制品出版（种）	出版物发行机构（个）	出版印刷企业数（个）
2009	33.54	0.34	3696.65	120	46	113	—	2400	125	26	—	—
2010	45.24	0.38	4209.03	123	54	113	96.6	2885	125	33	2180	93
2011	150	1.04	5015.89	121	59	114	97.4	2881	119	33	1946	93
2012	—	—	5630.50	137	65	114	97.9	2863	120	—	1942	95
2013	150	0.89	6236.66	144	72	116	98.2	3015	120	—	1707	87
2014	346	1.95	7022.55	177	75	116	98.4	3157	121	27	1329	86
2015	431	2.4	7214	—	—	—	—	—	—	—	—	—

资料来源：2009—2015 年《中国统计年鉴》和《内蒙古自治区文化发展统计公报》。

表 5-7　　　　　　　　宁夏回族自治区文化产业规模及构成

年份	文化产业增加值（亿元）	占本地GDP比率（%）	第三产业增加值（亿元）	文化产业情况								
				艺术表演团体机构（个）	博物馆（个）	公共图书馆（个）	广播节目综合人口覆盖率（%）	图书出版（种）	公共电视节目（套）	录音制品出版（种）	出版物发行机构（个）	出版印刷企业数（个）
2009	13.69	1.01	563.74	47	6	20	—	738	28	3	—	—
2010	33.2	1.94	702.45	45	6	20	92.9	905	28	7	1014	85
2011	39.55	2	861.92	37	6	27	93.5	1248	28	—	939	80
2012	47	1.96	982.52	16	9	26	95.2	1676	28	—	989	92
2013	60	2.3	1077.17	33	11	26	96.1	2385	28	—	945	82
2014	**66.50**	2.42	1193.87	31	12	26	96.1	1987	28	—	1016	87
2015	**72.09**	—	1294.26	—	—	—	—	—	—	—	—	—

注：黑体部分数据表示由公式计算得出，具体计算公式为：上期文化增加值/本期文化增加值＝上期第三产业增加值/本期第三产业增加值。

资料来源：2009—2015 年《中国统计年鉴》和《中国文化文物年鉴》。

第二节　民族地区文化创意产业
税收政策存在的问题

　　2007—2010 年，我国文化市场四年税收收入增速为 82.14%，比全国税收收入 59.33% 的增速高 22.81 个百分点。但是，我国现有的文化税收政策扶持体系，主要以相关部委颁布的部门法规为主要形式，大多散见于各个税种，还存在政策协调性不强、行业针对性不足、政策覆盖面不全，导向不突出、方式单一、激励不够到位等问题，而且这些政策基本上都是在两种体制转型过程中制定和形成的，在推动科学发展构建和谐社会的新形势下，政策的现存问题越来越不能适应形势发展的客观需要。突出表现在以下几个方面：

一　税收政策缺乏系统性

　　在我国现行税法中，涉及文化产业的具体税收政策比较少，且主要以国家税务总局和相关部委颁布的临时通知为主要形式。总体来看，现行促进文化产业发展的税收政策没有形成一个完整的体系，不但税收立法层次不高，而且相关政策之间缺乏配合协调（申国军，2010）。政策的出台大多为了应对文化体制改革中的文化企业转制，较之外资企业适用的税收政策，优惠力度并不大。而且，税收优惠主要限定在龙头企业或大型连锁企业，政策支持范围过窄，加之文化创意产业的产业链较长，对设立、研发、产品营销、产品服务等缺乏前后呼应的配套政策，智力投入无法形成抵扣，对处于起步阶段的创意产业来说，重复征税较多、负担仍然偏重。特别是，对于新办创意企业只有免征 3 年企业所得税的优惠，不符合从创意研发到生产制作再到实现盈利所需时间较长的市场规律。

　　主要税收制度的法律效力层次较低。[①] 我国有关文化创意产业的

---

　　① 张世君、王燕燕：《韩国文化创意产业的税收制度》，《税务研究》2015 年第 8 期。

税收规定多见于国务院颁布的行政法规、有关部委发布的部门规章中，法律效力层次较低，在实际运行中也容易产生较多问题，如税收优惠幅度的稳定性差、变动性强等。而且，除个别产业外，很少能够根据文化创意产业各个行业本身的特点作出相适用的规定，没有形成促进文化创意产业发展的系统化、互相配合的税收规范体系。多数相关的税法规定仍主要集中在传统的报刊、音像制作、广播影视等行业，针对新兴文化创意产业方面的规定不多。

此外，由于文化产业复杂的形态和各地市场发展的差异，各地的文化产业发展政策主要从本地状况出发，往往以追求提升地方文化产业竞争力和短期经济利益为目的，相关的财税政策具有很强即时性、针对性，因此，导致关联性很强的文化产业缺少统一规划，出现了条块分割现象，影响了产业链的完整性和效益最大化。

由于没有系统性的财税政策，有关的文化产业财税政策存在相互矛盾的无序状态，不仅造成财税政策实施困难，还引发了税负不公等问题，影响了财税政策在文化产业发展中的积极作用（李秀金、吴学丽，2010）。

目前，民族地区创意企业投资主体相对单一，创意企业绝大多数都是中小企业，规模小，资金不足，面临的风险大，又缺乏固定资产抵押，因此很难得到银行等金融投资机构的支持，缺少一个全面支持创意产业发展的税收政策体系。

二　税收政策不够完善

作为新兴产业，文化产业本身处于发展完善的过程中。文化产业内涵属性的某些不确定性也影响了税收政策的实施效果。目前，我国税收政策涉及的文化产业范围较小，主要体现在国家有关部门下发的《关于支持文化企业发展若干税收政策问题的通知》（财税〔2009〕31号）、《关于文化体制改革中经营性文化事业单位转制为企业的若干税收优惠政策的通知》（财税〔2009〕34号）、《关于扶持动漫产业发展有关税收政策的通知》（财税〔2009〕65号）等文件中。由此可见，相关税收政策在整体上对文化产业发展的支持力度不小，但由于现实情况比较复杂，仍存在对文化产业的相关政策协调性不强、行

业针对性不足、政策覆盖面不全等问题。如对中小型文化企业的重视
程度不够，在数字技术、动漫、会展以及新媒体等高端文化产业，民
族地区尚缺乏体现行业针对性的税收优惠政策（李秀金、吴学丽
2010）。

　　我国的税收制度行业区分度不高：一方面，除动漫、软件等产业
外，鲜有根据行业特点制定的税收扶持制度规范，行业针对性不强，
重点不突出，没有形成促进文化创意产业发展的系统化、互相配合的
税收制度体系；另一方面，在涉及如民族文化产业等具有本国特色的
相关产业领域，如工艺美术业、非物质文化遗产项目等，税收优惠较
小，保障机制不完善，未能很好地发挥税收制度在集聚优势资源上的
引导作用，对特色文化产业发展重视不足。

　　由于我国经济发展的差异性，文化创意产品的需求在区域、服务
对象等方面也存在相应差异，不加区分地实施统一的税收优惠政策，
实际激励效应会出现较大偏差。如在市场较为成熟及需求较大的大城
市，税收扶持政策能发挥作用，而在需求量小、市场狭窄的地区，税
收扶持作用难以发挥。文化企业产业链优惠手段覆盖不完整。

　　文化创意产业的产业链较长，包括文化企业设立、融资、产品开
发、产品营销、产品服务等重要环节。文化创意产业的发展事实上是
创意产业群的发展。对任何一个环节的忽视都可能影响到整个文化产
业的发展。而我国现行文化创意产业的税收优惠政策中，对设立、研
发、产品营销、产品服务等缺乏前后呼应的配套政策，不利于提升文
化企业的竞争力。

三　文化创意企业税负较重

　　相对于发达国家，我国的文化创意产业税负明显偏重。近几年来，
虽然国家出台了一些税收优惠政策，但主要是为了应对文化体制改革中
的文化企业转制，较之一些外资企业适用的税收优惠政策，优惠力度并
不大，更多的文化企业则必须承担和制造企业一样的税负，加之文化产
业的产业链较长，重复征税较多，对处于起步阶段的文化产业企业来说，
负担明显偏重。过高的税率增加了文化生产企业的成本，抑制了市场活
力，不利于整个行业的持续发展（李秀金、吴学丽，2010）。

　　另外，由于文化产品的特殊性，我国对相关图书、影像制品常见的退回特殊性并没有给予足够的重视，导致企业发生频繁的缴税再退税行为，企业部分资金被税收支出暂时占用，加重了企业的税收负担（申国军，2010）。以各国图书销售税率做比较，在所调查的包括中国在内的16个国家中，对出版物销售实行全部免税的国家有7个，征收2%低税率的国家2个，征收5%—7%优惠税率的国家有6个。而我国的图书销售税率为13%，在所调查的国家中为最高，大大高于其他国家。如我国出版涉及的图书销售的增值税税率为13%，而在英国，英国政府从未对图书、期刊、报纸征收过任何增值税，从而使图书与其他出版物始终处于"零税"状态。

　　与一般企业一样，文化企业的竞争力与市场占有率来自研发力量的贡献，但从民族地区的情况来看，文化产品的竞争力决定于对传统文化的挖掘程度与文化创意产业的发展状况，两者都需要进行大规模的研发投入，而它们的开发成本和所面临的风险并不能在计算企业所得税时得到充分体现，从而导致了文化产业的行业税负普遍较重，在某种程度上抑制了文化产业的发展（肖建华，2010）。

　　以出版业涉及的图书销售增值税税率为例，相对于文化产业发达的国家而言（法国为5.5%），我国的图书销售13%的增值税税率是明显偏高的，再加上随其附征的税费，税负就更为沉重，过重的税收负担削弱了我国文化企业发展动力和市场竞争力。

四　重文化单位性质，轻文化产品属性

　　我国属于转型国家，文化产品及服务的供给过去主要依赖文化事业单位，现在依据文件在区分经营性与非经营性单位的基础上对经营性文化企业实行优惠。从理论上分析，文化产品的公益性与市场性应是两者的区分界限，即如果文化单位是为社会提供公益性文化产品的企业或组织，其就不能享受税收优惠，而应纳入财政投入范畴；如果文化单位提供市场性文化产品，则应享受税收优惠政策。然而，现实中两者在经营项目上的交叉现象有可能造成享受双重优惠政策，即既享受了税收优惠，又接受了财政拨款（肖建华，2010）。

　　科学认识、正确把握文化产业的文化属性即意识形态属性和产业属

性即经济属性，在进一步推动社会主义市场经济不断繁荣的形势下显得至关重要。而当文化产业发展到一定的阶段，由注重硬件、技术、管理层面必定会过渡到注重对文化产业的软件、内容和意识形态性。正如有学者指出的："从根本上看，唯 GDP 倾向是对文化产业价值和功能的一种误读。其致命缺陷是只重视经济价值，不重视文化价值。或者把经济价值、文化价值混为一谈，认为经济效益好，文化价值就一定高，这些看法都不利于文化产业健康发展。"正确把握两种属性之间的关系，一方面不能以追求其商品属性和经济功能为唯一目的，而忽视或否认其意识形态属性和精神价值；另一方面也不能以其意识形态属性而抹杀其商品属性，两者共同统一于文化产品的统一体中。因而，在这一过程中很容易出现，因混淆在文化产业基本理论上"文化"和"经济"的关系，"物质"与"精神"的区别，模糊了"娱乐"和"审美"的差异而出现泛产业化的倾向。有学者认为，文化产业承载着四项重要职能：一是促进经济结构调整，转变经济增长方式的重要着力点；二是在我国城市化进程中，满足人们对文化生活的需求；三是文化能够促进心灵的和谐、人际关系的和谐、社会的和谐和世界的和谐；四是文化对争取世界对中国的理解与信任，消除偏见和误解也有着重要的作用。[①]

五　税收优惠存在"短板"

税收优惠方式单一，税收优惠力度不够，优惠效果有限。现行的税收优惠政策没有涵盖创意产业的所有行业，而且都是一些零散的条款，可操作性不强，现行文化产业税收优惠政策时间过短，优惠方式比较单一，间接优惠方式少。民族地区现行税收优惠政策多为税后优惠为主，优惠导向不突出、优惠方式单一等问题仍普遍存在。文化产品中的差别税率政策设计过粗，影响了税收优惠政策实际效果的发挥。由于我国经济发展的差异性，文化产品的需求在区域、服务对象等方面也会出现相应差异，不加区分地实施统一的税收优惠政策，实际激励效应会出现较大偏差，如在市场较为成熟及需求较大的大城市，税收扶持政策能发挥

---

① 曹守亮：《正确把握文化产业的双重属性》，《中国社会科学报》2011 年 3 月 8 日第 018 版。

作用，而在需求量小、市场狭窄的地区，税收扶持作用难以发挥（肖建华，2010）。

有学者认为，我国文化产业一直以来就未成为政策重点扶持行业，文化从业者是在无优惠或低优惠的环境下艰难发展。当前，对于文化产业中的有限领域，国家也实行些许的、临时性优惠，比如 2005 年财政部、海关总署、国家税务总局就下发两个通知〔《关于文化体制改革中经营性文化事业单位转制后企业的若干税收政策问题的通知》（财税〔2005〕1 号）与《关于文化体制改革试点中支持文化产业发展若干税收政策问题的通知》（财税〔2005〕2 号）〕，该两通知规定文化企业免征增值税、营业税、所得税等制度，但能够享受税收减免的主体非常有限，减免条件也十分严格。为继续支持文化企业发展，2009 年财政部、国家税务总局等部委连续下发了《关于文化体制改革中经营性文化事业单位转制为企业的若干税收优惠政策的通知》（财税〔2009〕34 号）和《关于支持文化企业发展若干税收政策问题的通知》（财税〔2009〕31 号）两个新文件，这两个文件规定了文化企业转制的税收优惠政策执行期限为 2009 年 1 月 1 日至 2013 年 12 月 31 日。财税〔2009〕31 号、〔2009〕34 号与财税〔2005〕1 号、〔2005〕2 号规定原政策相比，尽管有了一定的变化，但新规定仍未摆脱临时性弊端，其内容也仍是有限领域优惠，受惠的主体仍是极少数文化类企业（郭玉军、李华成，2012）。

六 税收负担非均衡的问题突出

我国乡村文化娱乐业的总体税负大体在 11%，而城市文化娱乐业的总体税负却只有 9.63%，分别低于农村和县市 1.49 个百分点和 1.19 个百分点。从分行业和经营类型看，电子游艺经营场所的税收负担最高达 12.73%，歌舞娱乐场所次之为 11.78%，网吧为 9.37%，经营性互联网文化单位为 5.17%，最高的游戏电子游艺经营场所与最低的经营性互联网文化单位税收负担水平相差 7.56 个百分点。[①]

---

① 贾康、马衍伟：《税收，如何让文化消费"提速"》，《光明日报》2013 年 5 月 9 日第 16 版。

此外，民族地区文化市场税收政策的立法层次不高。法规体系不完整，尚缺乏系统性和可操作性，尤其是对营利和非营利的文化领域，没有实行区别对待的差异化税收扶持政策，应该保护发展的不能得到税收充分支持，需要积极健全一个有前瞻性、指导性、针对性、可操作性的文化税收政策扶持体系。

与当今世界文化创意产业发达地区相比，民族地区文化创意产业发展还存在不小的差距。民族地区文化创意产业发展总体还处于起步阶段，经济总量、产业规模和结构、产业市场化程度、从业人员数量与发达国家相比还有较大差距。其主要原因是政策环境较严，而法制环境又过宽，行业限制多，审批烦琐，民族地区文化创意产业发展起步较晚，文化创意产业发展自身的因素也不可忽视。其中，理论先导研究不足，财政支持力度小，税收优惠政策少，资金构成不合理，知识产权保护不够，科技含量不高等问题是阻碍文化创意产业发展的一些主要因素。知识产权保护涉及的部门又太多，如专利局、版权局、工商管理局、商标局等，很难形成打假合力。与欧洲国家相比，民族地区目前对电影、电视、广播等文化企业支持度还不够，国家还应在国债发行、银行贷款、基金的使用以及税收方面，对一些特定的文化采取更有力的扶持政策。如何能够科学、合理地运用财政税收等手段，通过积极引进现代科学技术加快中国文化创意产业发展的步伐，使其成为民族地区经济社会发展的助推器，值得我们深思熟虑。

文化创意产业从业者的税收鼓励政策缺失。我国对文化创意产业的从业者，往往适用较高的边际税率。缺乏对文化创意产品的知识产权等转让收入的相关税收优惠政策。这种鼓励政策的缺失，制约了文化创意产业人才的培养和市场的繁荣。艺术家作为创意者，收入波动较大，允许其收入在不同年度平均是文化产业发达国家的普遍做法。对我国的文化产业从业者来说，还缺乏相应的鼓励措施。目前只有一个稿酬减征30%的规定，尚嫌不足。

第六章　民族地区文化创意产业税收
绩效评价体系构建

民族地区文化创意产业税收绩效评价体系的构建，旨在创新评价手段，完善评价指标，强化评价机制，全面推进绩效评价工作，为持续提高税收管理和服务水平提供保障。要让绩效管理在促进税收工作持续改进中发挥"机制"作用，为税收事业发展提供有力保障。从企业角度出发，绩效管理体系是一套有机整合的流程和系统，专注于建立、收集、处理和监控绩效数据。它既能增强企业的决策能力，又能通过一系列综合平衡的测量指标来帮助企业实现策略目标和经营计划。从税务角度出发，绩效管理，就是为实现税收管理的目标，对税收工作及干部职工的业绩、效率和效益，用科学的方法进行考核评价的管理活动。①

第一节　基本原则

要开展好税收绩效评价工作，必须掌握税收绩效评价的特点。而税收绩效评价的特点是由税收管理的特点决定的。从税收管理的特点出发，在开展税收管理绩效评价时，应注意掌握一定的原则。构建税收绩效评价体系，要遵循以下工作原则：

一　科学合理

建立科学的绩效评价体系是绩效管理的关键。科学设计绩效评价

---

① 胡静静：《完善税务部门绩效管理的思考》，《科技信息》2009 年第 28 期。

制度，合理均衡地设置评价指标和评价标准，处理好全面和重点的关系、筛选有用的和无用的数据的关系，注重过程管理，建立规范的绩效评价工作流程和运行机制，做到评价数据信息完整准确、评价方式方法合理管用、评价结果公开透明，公开、客观、简易、方便地进行操作。绩效评价体系要以提升服务质量和管理效率为目标，客观、全面地反映税收管理服务全过程、各环节的职能、内容和标准，并转换为可控制、可测量、可评价的绩效指标，逐步形成系统、科学、全面的税收管理和服务绩效评价工作体系。要对可量化考评的指标，避免采取"好""较好""一般"等主观性的模糊标准，要用科学的方法选取那些主要、关键、具有代表性、能充分反映绩效状况、具有导向性、可操作性的指标和数据作为绩效评价的标准，逐步形成科学、长效的绩效评估方式体系。

二　需求导向

绩效评价体系要遵循客户价值理念，突出风险管理，坚持以纳税人为中心，以纳税人需求为导向，以更好地帮助纳税人履行纳税义务和有效维护纳税人权利为出发点和落脚点，最大限度地满足纳税人的正当合理需求，提高纳税人税法遵从度，提高纳税人对税收服务的认可度，提升客户服务价值，增加纳税服务的社会满意度。税收风险管理是将现代风险管理理念引入税收征管工作，最大限度地防范税收流失，规避税收执法风险，实施积极主动管理，最大限度地降低征收成本，创造稳定有序的征管环境，提升税收征收管理质量和效率的税收管理模式。在风险管理的全过程，科学评价各单位各部门各工作环节的工作绩效，对风险管理的制度建设和体系建设，起发挥引领和导向作用，是风险管理绩效的保证。要深入营造风险管理绩效评价氛围，紧紧抓住风险管理的核心风险点：一是抓住税源管理风险点；二是抓住税收执法风险点。[①]

三　持续改进

绩效评价体系要通过加强绩效评价过程控制，以及绩效结果的分

---

① 赵有斌、潘良怀：《浅议税收风险管理绩效评价体系的建立》，《新华日报》2014 年 8 月 1 日第 4 版。

析利用，引导和促进各级、各部门、各环节改进和优化影响税收绩效的因素，推进大服务格局的深化和完善，形成持续改进的机制和体制。重结果轻过程的绩效管理，在具体工作中，也不同程度地存在，偏重于考核结果，而对任务目标完成的过程不去认真审查，容易偏离相关原则要求，其管理的最终目的也会发生偏差，影响实际管理的质量和效果。结果要考核，过程同样需要考核。要树立责任机制、全程考核、以民为本等绩效考核的指导思想，加强实施过程中的检查监督，对各环节发现的问题要及时解决，才能保证各项目标任务完成的正确性和科学性。同时要善于运用大数据和云计算等现代科技手段，增强绩效管理信息化程度，充分发挥信息保障、技术支撑、业务引领的作用，不断提高绩效管理工作质量和效率。[①]

第二节　税收绩效评价体系的主要内容

一　明确主要目标

税收服务水平明显提高。税收服务制度更加完善，服务规范有效确立，服务标准高效统一，部门职责分工明确，服务资源得到整合，服务能力明显提高，服务品质持续改善和提升。税法遵从度明显提高。纳税人的税收意识日益加强，利用纳税服务渠道和平台进行自主办税能力不断提高，纳税人的自愿遵从程度稳步提高，涉税风险明显降低。纳税人满意度明显提高。办税环境全面改善，平台建设全面到位，办税流程日益规范，办税服务更加高效便捷。征纳双方沟通渠道通畅，纳税人需求和投诉机制完善，响应速度大幅提高，纳税人满意度名列前茅。

二　健全指标体系

按照"科学、公正、客观、全面"的要求，设计完善税收绩效评

---

① 李艳、孙晓刚：《关于完善基层国税绩效管理工作的思考》，《新乡日报》2015 年 9 月 14 日。

价指标体系，重点围绕遵从度、满意度、服务品质、风险防范、服务经济发展等指标，先精后全、先少后多、逐步完善指标体系，深化细化指标内容，确定指标参数和权重，形成科学合理的指标体系。指标体系分为一级指标和二级指标，一级指标包括产业发展规模、产业管理状况、产业内容适应性需要、产业税收执行情况和产业经济效益五个方面构成。

三　创建评价机制

合理确定绩效评价的基本方法和工作流程。设计科学的指标体系、拟定可操作性强的调查问卷、选取合理的评价方法，得出合理可信的评价结论。采取人机结合、定性与定量相结合、内部与外部相结合的工作方法，坚持以客观数据为主，人为评判为辅的工作原则。开发应用税收绩效评价管理信息系统，强化对税收绩效的日常监控与考核，增加评价的科学性和客观性，形成客观公正的评价工作机制。

第三节　指标体系设计

为方便问卷调查数据的获得，民族地区文化创意产业税收绩效评价指标体系由 5 项一级指标和 13 项二级指标构成。具体如表 6 - 1 所示。

表 6 - 1　　　民族地区文化创意产业税收绩效评价指标体系

一级指标	分值（权重）	二级指标	指标说明	评分标准		分值
产业发展规模	16 (0.16)	1. 产业投入状况	指政府对于文化创意产业的重视程度、资金的投入力度等	投入力度大		8
				投入力度较大		6
				投入力度一般		4
		2. 产业投入增长率	（本年投入资金总额 - 上年投入资金总额）/上年投入资金总额 ×100%	80%以上（含80%）		8
				60%—80%（含60%）		6
				60%以下		4

续表

一级指标	分值(权重)	二级指标	指标说明	评分标准	分值
产业管理状况	16 (0.16)	3. 产业研发管理	指产业技术在研发过程中，各项管理制度的制定情况，以及运作措施的实行情况	完善	8
				基本完善	6
				不太完善	4
		4. 产业运作管理	指产业项目完成后，对外业务的开展和各项管理制度及其运作情况	规范	8
				基本规范	6
				不太规范	4
产业内容适应性需要	20 (0.2)	5. 适合地方发展的重大技术研究开发和创新性建设需要	指项目必须切实带动区域文化创意产业的发展、产品结构的优化以及推动社会经济可持续发展等	适合	10
				较适合	7
				不太适合	4
		6. 先进性、共享性和完整性功能	先进性是指技术指标达到国内外和行业领先，做到自主创新；共享性是指文化科技的转化扩散、文化科技资源和信息的社会共享程度；完整性是指技术成熟可靠，通过鉴定达到工业化、商品化阶段，已形成一套完备的工艺	完全具备	10
				较具备	7
				不太具备	4
产业税收执行情况	24 (0.24)	7. 税收征收率	本年实征税收/本年依法应征税收×100%	80%以上（含80%）	6
				60%—80%（含60%）	4
				60%以下	2
		8. 税务登记率	实际办理税务登记户数/应办理税务登记户数×100%	80%以上（含80%）	6
				60%—80%（含60%）	4
				60%以下	2
		9. 欠税增加率	（本年欠税额－上年欠税额）/上年欠税额×100%	30%以上（含30%）	2
				10%—30%（含10%）	4
				10%以下	6
		10. 地税处罚率	处罚缴纳额/纳税总额×100%	30%以上（含30%）	2
				10%—30%（含10%）	4
				10%以下	6

续表

一级指标	分值（权重）	二级指标	指标说明	评分标准	分值
产业经济效益	24 (0.24)	11. 对地区发展技术进步和创新能力建设作用	指项目在区域经济科技创新体系建设和科技研发平台建设等方面重要的基础和支撑作用	作用强	8
				作用较强	5
				作用一般	2
		12. 直接和间接经济效益	直接经济效益指项目对该产业或行业产生的产值增值和带来经济效益情况考核；间接经济效益指项目对相关产业产生的产业增值和带来的经济效益以及潜在经济效益情况的考核	高	8
				较高	5
				一般	2
		13. 资金利税率	利润、税金总额/资产平均总额×100%	15%以上（含15%）	8
				10%—15%（含10%）	5
				10%以下	2

第七章　文化创意产业税收绩效评价研究

第一节　引言

一　选题背景

文化创意产业是一种在经济全球化背景下产生的以创造力为核心的新兴产业，强调一种主体文化或文化因素依靠个人（团队）通过技术、创意和产业化的方式开发、营销知识产权的行业。不少国家的政策都在倡导文化创业产业的开发与利用，应运而生的文化创业产业已上升到国家的战略目标层面，成为经济的增长突破点。文化创业产业产品的发展以及国家政策的倾斜催生了一个巨大的市场，使一大批企业迅速崛起，并成为金融市场各机构和投资者的关注对象。然而，如何趋利避害，选择具有投资价值的企业是很多投资者都要面临的问题。

二　选题动机和意义

《国家"十一五"时期文化发展规划纲要》明确提出了国家发展文化创意产业的主要任务，全国各大城市也都推出相关政策支持和推动文化创意产业的发展。国家和各地方相继出台很多关于文化创业产业发展的优惠政策，以鼓励和倡导企业加入节约资源保护环境的文化创业产业。在金融危机的冲击下，很多行业的发展都受到阻碍，而文化创业产业却依然保持良好的发展势头，前景乐观明朗。经过几年的发展，中国文化创业产业的技术方面不断成熟，整个产业的市场环境也发生较大的变化。由于国家政策的不断引导，越来越多的企业加入文化创业产业的竞争队伍，企业数量增速迅猛，行业竞争也日益加剧。此外，由于文化创业产业对技术和资金的门槛要求较高，在很多方面尚处于探索阶段，其面临的经营投资风险也尤为重要。

另外，证券市场中存在大量的数据信息，并且许多行业发展参差不齐，大多数证券投资者并不具备对上市公司评价和分析的能力，只能把净利润、市盈率、每股收益、股价等单个指标作为衡量判断的标准，但较少的指标是难以综合体现公司的盈利能力、运营能力和投资价值的。综合上述，以极具发展前景的文化创业产业为研究对象，对上市公司的投资价值进行分析探讨具有十分重要的意义。

为此，本书在众多研究上市公司投资价值的基础上，从定量实证分析的角度出发，试着探寻一套简单易操作的评价方法体系对上市企业的内在投资价值进行评估，从而能够为投资者和其他利益相关者提供科学的有用的参考信息，希望对投资者的决策有所帮助。

第二节　投资价值理论研究综述

一　国外研究

格雷厄姆（1934）强调资产负债表对决定企业价值的重要性。他提出的"安全边际"的概念也在投资领域中产生重要的影响。他推荐的选股标准是重点关注企业的发展规模、财务状况、盈余的成长稳定性、股息的发放和市盈率等。约翰·波尔·威廉姆斯（1938）在格雷厄姆注重财务分析的基础上注入了现金流分析的观点，他认为未来现金流的当前值决定公司的内在价值。这一观点发展为当今最流行的定价方法——现金流贴现分析（DCF），即按照现有数据，估计出未来的现金流，并计算出公司的内在价值。菲利普·费雪（1957）则在前人研究基础上扩大了基本面分析的范畴，并将公司的管理水平、业务质量和管理团队等内容纳入了分析的重点。他认为投资者应该青睐那些发展稳健、成长性好、市场充满前景的企业。在具体对上市公司投资价值的分析中，卡如瑟和皮彻思·米高（1986）以222家公司4年的财务指标为研究对象，采用主成分分析法对样本数据分析，最后成功从48个财务指标提取出7个主成分，具体包括资本状况、投资报酬、存货概况、现金流量、应收账款、资金流动和财务杠杆。高姆包拉和凯茨（1988）在卡如瑟等研究的基础上增加了经营活动现金流量作为主成分之一，通过主成分分析法将设计的40个财务指标降到8个近似可以涵盖所有指标信息的主成分。沃伦·巴菲特是现代投资理论的杰出代表，他在前人的投资价值理论研究基础上进一步发展和丰富了价值投资理论的内涵，主要表现在套利投资、控制投资和长期投资。他认为投资的焦点应放在投资公司的经营和资产管理方面。

二 国内研究

中国证券市场起步较晚，但是，随着中国证券市场发展的不断完善和成熟，价值投资的概念也被广泛接受和运用，很多证券专业行家学者都开始由关注单个指标转向研究上市公司整体的投资价值，并且取得很好的研究成果。

中国诚信证券评估有限公司对上市公司投资价值的研究理论比较有影响力，其编著的《中国上市公司基本分析》一书就凝结了该研究理论的内容。该书理论框架由宏观和微观两方面组成，包括市场、行业、个体，按照公司综合业绩和长期投资价值进行排序。具体操作方法是：采用单项指标法从公司的盈利情况、成长速度和财务状况三个方面进行评价，然后相应选取具体的财务比率。

刘星、刘静楠（2004）是运用灰色关联度的分析原理，将指标进行对比，选出对高新技术企业发展及投资价值有着重要影响的指标，最后建立上市公司投资价值的较优模型。徐国祥和檀向球（2008）主要从上市公司的偿债、盈利情况、运营、资产管理、资本扩张和鲜明的主营业务程度来反映公司的综合业绩，偿债、盈利等6个能力下设具有代表性的财务指标，最后建立因子分析模型对数据进行分析。刘建容和潘和平（2010）认为，股票的投资价值是一种由股票的内在价值和价格对比决定的相对价值。他们结合因子分析法和层次分析法，通过比较上市公司内在价值与股价的变动趋势，构造出上市公司投资价值分析模型。王伟娣（2012）利用因子分析法求得酿酒行业上市公司2009年和2010年的投资价值排名。

国内外学者都站在不同的角度对上市公司的投资价值进行了诠释和深入的研究，为本书的写作提供了扎实的理论基础。对于投资者来说，全面评价上市公司经营业绩和衡量上市公司投资价值是难度较大的课题，因为涉及的影响因素较多。传统的算术加权相对比较简单粗糙，赋予的权数又带有人为的主观经验判断，因而结果也容易出现偏差。而多元统计上的因子分析方法或主成分分析法可以解决该问题，但由于研究视角、研究方法、选取的财务指标和构建的模型有差异，导致研究分析的结论也有所不同。因此，基于我国文化创意产业发展的实际情况，本章尝试运用科学的统计学方法对上公司投资价值进行分析探讨。

第三节 文化创意产业上市公司投资
价值的概念辨析

一 文化创意产业概念界定

2009 年 7 月 22 日，我国第一部文化产业专项规划——《文化产业振兴规划》（以下简称《规划》）由国务院常务会议审议通过。这是继钢铁、汽车、纺织等十大产业振兴规划后出台的又一个重要的产业振兴规划，标志着文化产业已经上升为国家的战略性产业。国家将重点推进的文化产业包括文化创意、影视制作、出版发行、印刷复制、广告、演艺娱乐、文化会展、数字内容和动漫等。《规划》明确了文化创意是和影视制作、出版发行、印刷复制等《"十一五"文化发展规划纲要》当中提及的九大文化产业并列的一个概念。可以说，《规划》在概念上明确了文化创意和文化产业的关系。

创意产业具有四大特征：一是知识、文化要素密集；二是产业横向延伸很广，囊括了传统三个产业的几乎所有行业和企业的价值链高端部分，但纵向拉伸较短，即它脱离了传统产品的生产、制造和销售企业；三是产业关联度强，创意资本从各个行业价值链延伸出来；四是高附加值、高风险。

创意产业具有三大特色：第一，文化创意产业活动会在生产过程中运用某种形式的"创意"；第二，文化创意产业活动被视为与象征意义的产生与沟通有关；第三，文化创意产业的产品至少有可能是某种形式的"智能财产权"。据此可以知道，所谓文化创意产业，就是要将抽象的文化直接转化为具有高度经济价值的"精致产业"。换言之，这就是要将知识的原创性与变化性融入具有丰富内涵的文化之中，使它与经济结合起来，发挥出产业的功能。显然，这是一种使知识与智能创造产值的过程。

二　文化创意产业行业分类

（一）国外分类

1. 英国的分类

"文化产业"的概念是 1944 年霍克海默和阿多尔诺在《文化产业：欺骗公众的启蒙精神》一文中首次提出的。而创意产业这个观念自英国正式被正名，并在几年内快速地被新加坡、澳洲、新西兰、中国台湾与中国香港等国家和地区调整采用。由于英国是第一个为创意产业提出定义与范围的国家，也造成日后其他欲发展创意产业的国家均比照英国的模式调整而发展，故英国的创意产业定义格外有指标意义，其定义为：起源于个体创意、技巧及才能，通过智慧财产权的生成与利用，而有潜力创造财富和就业机会的产业。在此定义之下，英国的创意产业包含 13 个项目：广告、建筑、艺术及古董市场、工艺、设计、流行设计与时尚、电影与录像带、休闲软件游戏、音乐、表演艺术、出版、软件与计算机服务业、电视与广播。以这样的产业范围来归纳，这 13 个产业其实是"以内容为导向"及"以文化为导向"或综合两者的产业，结合传统与新颖成为英国的优势，却也使那些仅拥有某一种特定优势的国家仍能有不同的空间去发挥。

2. 美国的分类

与英国沿用的"创意产业"相比，美国则采用"版权产业"（Copyright Industries）的分类方法，按此新分类方法，英国所指的 13 项文化创意产业，几乎已全部列入美国所指的版权产业。早在 1990 年，美国国际知识产权联盟（以下简称 IIPA）已利用"版权产业"

的概念来计算这一特定产业对美国整体经济的贡献。

在以前关于版权产业的九个经济报告中，IIPA 将版权产业分为：核心、部分、发行和版权关系四个部分。这是 IIPA 在 1990 年的首个报告中发展和界定的。在"2004 年报告"中，IIPA 仍然使用这四种分类，但为了与国际标准相一致，IIPA 采用由世界知识产业组织（WIPO）界定的四种版权产业分类：核心版权产业、交叉产业、部分版权产业和边缘支撑产业。

（二）国内分类

2006 年 9 月，中共中央办公厅、国务院办公厅印发了《国家"十一五"时期文化发展纲要》，"文化创意产业"这一概念首次出现在党和政府的重要文件之中。

2006 年 12 月，北京市统计局《北京市文化创意产业分类标准》正式发布，这是我国政府官方首个文化创意产业分类标准及定义。北京市将文化创意产业分为九个大类，二十七个小类。

2011 年 9 月，上海市文化创意产业推进领导小组办公室和上海市统计局发布《上海市文化创意产业分类目录》。上海市将文化创业产业分为十个大类，二十七个小类。

北京市和上海市文化创意产业的分类标准如表 7 - 1 所示。

表 7 - 1　　　北京市和上海市文化创意产业分类标准

地区	北京市标准	上海市标准
分类标准	一、文化艺术	一、媒体业
	二、新闻出版	二、艺术业
	三、广播、电视、电影	三、工业设计
	四、软件、网络及计算机服务	四、建筑设计
	五、广告会展	五、网络信息业
	六、艺术品交易	六、软件与计算机服务业
	七、设计服务	七、咨询服务业
	八、旅游、休闲娱乐	八、广告及会展服务
	九、其他辅助服务	九、休闲娱乐服务
		十、文化创意相关产业

鉴于北京市的分类标准出台最早,在全国范围内具有广泛影响力,也更具有参考价值,因此本书的文化创意产业分类标准以北京市为准。

三 我国文化创意产业发展现状

我国文化创意产业发展十分迅速,但发展十分不平衡。根据中国文化创意产业网统计,2008 年,我国北京、上海、深圳三地的创意产业发展最迅速,资产规模最大。到 2013 年,全国文化创意产业有了长足发展,但总体而言仍然是东部发展最快,中西部相对比较缓慢。具体情况如图 7 – 1 和表 7 – 2 所示。

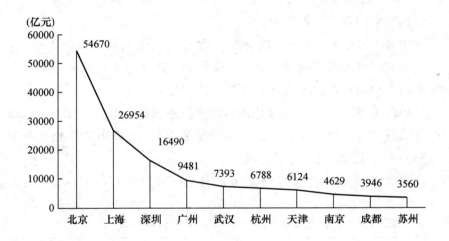

图 7 – 1 2008 年全国文化创意产业企业资产总额前十名城市

资料来源:中国文化创意产业网。

表 7 – 2 2013 年度中国文化创意产业最具发展潜力的十大园区

园区排名	园区名称	园区位置
1	创意 G20 青岛国家广告产业园	山东
2	南京紫东国际创意园	江苏
3	济南西街工坊	山东
4	武汉创意天地	湖北
5	郑州金水文化创意园	河南

续表

园区排名	园区名称	园区位置
6	大稿国际艺术区	北京
7	珠海 V12 文化创意产业园	广东
8	克拉玛依文化创意产业园	新疆
9	江西新华安 699 文化创意产业园	江西
10	中国台湾工艺研究发展中心	台湾

资料来源：中国文化创意产业网。

第四节　文化创意产业税收绩效评价实证研究

一　文化创意产业税收绩效评价指标体系

根据文化创意产业的概念和特点，结合文化创意产业选择的原则、文化创意产业发展的实际和具体的税收政策，构建文化创意产业税收政策绩效评价体系，税收绩效评价指标体系由 5 项一级指标和 13 项二级指标构成。具体指标见表 7 - 3。

表 7 - 3　　　　文化创意产业税收绩效评价指标

一级指标	二级指标	指标作用
发展规模	总产值增长率	产业投入状况
	区位商	产业投入增长情况
管理状况	研发费用支出率	产业研发管理
	生产率上升率	产业运作管理
内容适应性需要	技术进步率	重大技术研究开发和创新性建设需要
	影响力系数	先进性、共享性和完整性功能
税收执行情况	税收征收率	反映企业纳税情况
	税务登记率	反映企业税务登记情况
	欠税增加率	反映企业欠税情况
	地税处罚率	反映企业处罚情况

一级指标	二级指标	指标作用
经济效益	科技成果转化率	对地区发展技术进步和创新能力建设作用
	净资产收益率	直接和间接经济效益
	资金利税率	企业发展对税收增进作用

二 实证分析——AHP—模糊综合评价法

(一) AHP—模糊综合评价法概述

本章在对文化创意产业税收绩效进行综合评价时，拟选取的分析方法是 AHP—模糊综合评价法，该方法是将层次分析法与模糊综合评价法相结合，来综合评价某一目标的分析方法。由于其可操作性及分析结果的准确性，AHP—模糊综合评价法的应用范围非常广泛，包括企业各类指标体系的建立和评价、社会各地区各层次的发展水平评价、区域投资环境综合评价等。它对于评价指标权重的确定、评价过程中的定性分析以及应对模糊性现象都有着其他评价方法没有的优势。

1. AHP—模糊综合评价法的基本步骤

AHP—模糊综合评价模型的构成分为两个部分：（1）层次分析法；（2）模糊综合评价法。它融合了层次分析法和模糊综合评价法的分析优势，即首先通过层次分析法来计算已建立的指标体系中各元素的综合权重，再运用模糊综合评价法针对某一具体案例，以赋权后的指标体系为基础进行综合评价，最后根据评价结果对所评价的具体目标进行调整和完善。两种方法的综合运用提高了研究的准确性和可靠性，其技术路线如图 7 - 2 所示。

文化创意产业税收绩效综合评价具有以下两个特点：

第一，文化创意产业税收绩效综合评价，从本质上说，就是定性评价与定量评价的结合，用于描述文化创意产业的既有定量评价也有定性评价。

第二，文化创意产业税收绩效的评价过程涉及多方面评价因素，由于各类指标的重要性水平是由被询问者的主观判断来确定的，这就导致他们的评价一定会在不同程度上带有结论上的模糊性。因此，为了能够准确可靠地得出文化创意产业税收绩效综合评价体系，就要利用一种评价分析方法既能处理多方面因素，又能克服模糊评价和主观判断问题的缺陷。

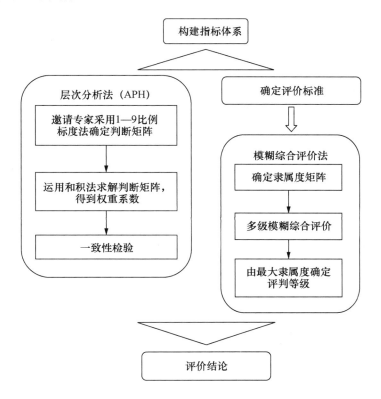

图 7 – 2　AHP—模糊综合评价法步骤

2. 选择 AHP—模糊综合评价法的必要性

本书之所以选择 AHP—模糊综合评价法对文化创意产业进行综合评价，是基于它能满足以下两个方面的要求：

第一，在指标体系的权重确定部分引入层次分析法，很好地解决了指标权重主要依靠专家打分的主观性缺陷。层次分析法的优势在于它克服了研究过程中，在数据获得上的劣势，因文化创意产业税收绩效的财务数据并不对外公开，其财务状况具有隐秘性，要想获得精确的财务数据非常困难，而层次分析法在运用过程中并不需要精确的财务数据，只需要专家对财务状况给出准确的评价，再利用数学模型将搜集的数值两两对比进行综合评判，只要专家给出的回答基本准确，偏差率不大，就能保证指标体系权重的准确性。

第二，在模糊综合评价法中，通过模糊算子进行综合运算，不但综合了多个评价主体的评价意见，也对评价中的模糊性问题进行了科学的定量化处理，这大大提高了评价的精确性。

因此，AHP—模糊综合评价法可以对文化创意产业税收绩效指标体系中的定性指标进行比较精确的定量化处理，并在很大程度上实现总体综合量化评价，全面而又突出重点地考察了文化创意产业税收绩效评价指标，最终能实现对文化创意产业税收绩效进行一个比较可靠的全面综合评价。

（二）文化创意产业税收绩效的评价

1. 评价指标的构建目的和设计原则

文化创意产业税收绩效评价体系的建立是为了使政府更好地认识文化创意产业税收支持的状况，发现税收支持的不足之处，同时可以给政府的决策提供依据，引导其可持续发展。

指标体系的设计是否合理、科学、完善，直接影响着文化创意产业税收绩效的评价结果。因此，指标体系的设计必须遵循科学性、客观性、全面性和合理性。事实上，建立一套科学完备的指标体系是一件比较困难的事情，因此必须遵循一定的设计原则，综合分析和判断，才能得以确立。

（1）系统性原则。文化创意产业税收绩效评价体系的建立是一项复杂的系统工程，所有指标必须能够全面反映文化创意产业可持续发展的各个方面，具有涵盖范围广泛、系统性强的特点。

（2）动态性原则。文化创意产业税收绩效体系的建设是一个不断改进的过程，所以，在设计财务指标时，应充分考虑文化创意产业环境的动态变化，指标的设计要能综合反映文化创意产业发展的现状和未来的发展趋势，以便管理者进行预测和决策。

（3）科学性原则。财务风险指标体系的确立应能够反映文化创意产业的主要特征，具有合理的分类和层次结构。数据的收集过程要科学、处理方法要正确、数据来源要可靠，具体财务指标能够反映出文化创意产业税收绩效体系的主要目标。

（4）可操作性原则。文化创意产业税收绩效指标体系的确立应充分考虑数据搜集的难易程度和指标量化的可能性，结合定性与定量分析方法。指标体系要满足既能全面反映文化创意产业税收绩效的各种类别，又符合相关的规范标准。该指标体系设立的最终目的是更好地评价文化创意产业税收绩效情况，指导和监督文化创意产业的可持续发展。因此每项财务指标都应具备可观测性、简洁性和可比性。

2. 评价指标的选取

文化创意产业税收绩效评价指标的选取是进行税收绩效评价的第一步，也是十分关键的一步。在阅读大量文献的基础之上，结合当前文化创意产业税收绩效所处外部环境、发展现状和文化创意活动内容，将评价指标体系分为产业发展规模指标体系、产业管理状况指标体系、产业内容适应性指标体系、产业税收执行情况指标体系和产业经济效益指标体系五大方面。

（1）产业发展规模指标。

①总产值增长率。其计算公式为：

$$R_t = \frac{C_t - C_{t-1}}{C_{t-1}} \times 100\%$$

式中，R_t 表示总产值增长率，C_t 表示比较期总产值，C_{t-1} 表示基期总产值。

总产值增长率反映的是相对数指标，反映的是文化创意产业比较期总产值相对于基期总产值增加值占基期总产值的比重，直观地反映产业总体的生产经营情况和发展速度。

②区位商。其计算公式为：

$$U_i = \frac{c_i/c}{C_i/C}$$

式中，U_i 表示区位商，c_i 表示某一地区 i 产业的总产值，c 表示某一地区所有产业总产值；C_i 表示全国所有 i 产业总产值，C 表示全国所有产业总产值。

区位商反映某一地区的文化创意产业在全国的竞争水平。

（2）产业管理状况指标。

①研发费用支出率。其计算公式为：

$$Y_i = \frac{y_t}{c_t}$$

式中，Y_i 表示研究费用支出率，y_t 表示比较期研发费用支出，c_t 表示比较期产业总产值。

研发费用支出率反映产业研发管理情况。文化创意产业是以高新技术为支撑的现代型产业，其研发费用支出占相当大比重，如何有效管理研发费用是文化创意产业面临的一个重要问题。

②生产率上升率。其计算公式为：

$$V_i = \frac{a_i(t_n) - a_i(t_0)}{t_n - t_0}$$

式中，V_i 表示生产率上升率，$a_i(t_n)$ 表示 i 产业第 t_n 年的生产率，$a_i(t_0)$ 表示 i 产业第 t_0 年的生产率。根据"筱原二基准"，文化创意产业应该是生产率上升率较大的产业。

（3）产业内容适应性指标。

①技术进步率。其计算公式为：

$$\phi_i = \frac{a_i(t_n) - a_i(t_0)}{c_i(t_n) - c_i(t_0)}$$

式中，ϕ_i 表示技术进步率上升率，$a_i(t_n)$ 表示 i 产业第 t_n 年的生产率，$a_i(t_0)$ 表示 i 产业第 t_0 年的生产率；$c_i(t_n)$ 表示 i 产业第 t_n 年的产值，$c_i(t_0)$ 表示 i 产业第 t_0 年的产值。

该指标反映文化创意产业的生产率对产业产值的贡献率。

②影响力系数。其计算公式为：

$$T_i = \frac{\frac{1}{n} \sum_{i=1}^{n} A_{ij}}{\frac{1}{n^2} \sum_{i=1}^{n} \sum_{j=1}^{n} A_{ij}}$$

式中，T_i 表示产业部门影响其他产业部门的影响力系数。A_{ij} 是里昂惕夫矩阵（I－A）的逆阵（I－A）－1 中第 i 行第 j 列的系数，表

示 i 产业部门的生产发生一个单位的变化时，由此直接或间接引起其他产业部门产出水平的变化。

若影响力系数大于 1，说明该产业的影响力在全部产业中处于平均水平以上；若影响力系数小于 1，说明该产业的影响力在全部产业中处于平均水平以下。

（4）产业税收执行情况指标。

①税收征收率。其计算公式为：

$$X_i = \frac{s_i}{c_i}$$

式中，X_i 表示产业税收征收率，s_i 表示产业年度应纳税总额，c_i 表示某一地区 i 产业的总产值。

该指标反映企业税收负担水平，也体现了税收减免的支持力度。

②税务登记率。其计算公式为：

$$H_i = \frac{n}{N}$$

式中，H_i 表示税务登记率，n 表示实际办理税务登记户数，N 表示应办理税务登记户数。

该指标反映企业税收登记情况，理论上无论是个体工商户还是企业，这个税务登记率的要求都是 100%，但实际上是无法做到的。

税务登记在实际工作中一般分为五种：第一种是正常的税务登记，其前提条件是纳税人办理了工商营业执照或一些经特殊部门审批成立的情况；第二种是临时税务登记，主要针对办理临时营业执照等；第三种是扣缴税务登记，主要针对扣缴义务人；第四种是外埠登记，主要针对办理外出经营登记达到 180 天的纳税人；第五种是无证户登记，主要针对无营业执照的纳税人，该部分纳税人不得发放税务登记，只是税务机关纳入税务管理。

③欠税增加率。其计算公式为：

$$O_i = \frac{v_i(t_n)}{s_i(t_n)} - \frac{v_i(t_0)}{s_i(t_0)}$$

式中，O_i 表示欠税增加率，$v_i(t_n)$ 表示 t_n 年产业欠税额，$s_i(t_n)$

表示 t_n 年产业年度应纳税总额，$v_i(t_0)$ 表示 t_0 年产业欠税额，$s_i(t_0)$ 表示 t_0 年产业年度应纳税总额。

欠税增加率反映企业的欠税情况。

④地税处罚率：其计算公式为：

$$p_i = \frac{d_i}{s_i}$$

式中，p_i 表示地税处罚率，d_i 表示地税处罚额，s_i 表示产业年度应纳税总额。

地税处罚率反映企业因欠税等行为受到处罚的情况。

（5）产业经济效益指标。

①科技成果转化率。其计算公式为：

$$W_i = \frac{\theta_i}{g_i}$$

式中，W_i 表示科技成果转化率，θ_i 表示新兴科技带来的产业产值，g_i 表示科技成果总量。

科技成果转化率，是指为提高生产力水平而对科学研究与技术开发所产生的具有实用价值的科技成果所进行的后续试验、开发、应用、推广直至形成新产品、新工艺、新材料，发展新产业等活动占科技成果总量的比值

②净资产收益率。其计算公式为：

$$ROE_i = \frac{p_i}{e_i}$$

式中，ROE_i 表示净资产收益率，p_i 表示税后净利润，e_i 表示净资产。

净资产收益率是公司税后利润除以净资产得到的百分比率，该指标反映股东权益的收益水平，用以衡量公司运用自有资本的效率。指标值越高，说明投资带来的收益越高。该指标体现了自有资本获得净收益的能力。

③资金利税率。其计算公式为：

$$\rho_i = \frac{p_i + s_i}{Ass_i}$$

式中，ρ_i 表示资金利税率，p_i 表示税后净利润，s_i 表示产业年度应纳税总额，Ass_i 表示企业资产。

资金利税率体现了企业的全面经济效益和对国家财政所做的贡献。该指标能达到 15% 以上就很好。

（三）基于 AHP—模糊综合评价法的文化创意产业税收绩效评价

在确定评价指标后，本书引入 AHP—模糊综合评价法，运用层次分析法来对文化创意产业税收绩效评价体系各指标赋权，再选取 A 企业作为调研对象，利用模糊数学的评价方法来综合评价 A 企业的税收绩效。

首先在层次分析法的运用中，我们需要两两对比各评价指标，以计算各评价指标在目标层中的权重以及在整个方案层中的综合权重。对于权重的确定，本章在此处采用发放调查问卷的方法来收集相关数据，向 15 位了解文化创意产业税收绩效评价的专家发放调查问卷，并请他们根据各评价指标的重要性水平进行评分，在回收调查问卷后，将统计结果利用判断矩阵模型来确定出具体的权重。

为了让读者更为直观地了解如何在实践中运用 AHP–模糊综合评价法来综合评价文化创意产业税收绩效，本书在确立了评价指标体系后，又选取了湖北民族地区的 A 文化创意企业进行调研。由于文化创意产业税收绩效评价指标难以获取，一般不对外公开，此时就体现出了模糊综合评价法的优势。各位专家只需对 A 企业的各评价指标进行定性评价，而无须获取精确的数据，而在后期的数学模型代入过程中，会最大限度地消除专家评价中的模糊性。

1. 指标权重的确定

在研究中，确定评价指标权重的方法有很多，如专家咨询法、专家排序法、层次分析法、因子分析法、主成分分析法、相关系数法和轶和比法（RSR），本章选取的是层次分析法。层次分析法的特点是将复杂问题中的各类无序的因素通过整合评分，划分为相互联系的有序层次，使其具有条理性，它运用主观判断结果对一定的客观事实进行两两互相比较，并将专家的主观意见与调研者的客观判断直接而有效地结合起来，对每一层次各元素两两比较的结果进行定量分析。然后运用数学中的矩阵方法计算每一层次中各元素之间的相对重要性次序，并赋权值，再结合所有层次之间的总排序来进行最后的综合排序。该方法在我国社会经济中的各个领域都运用得非常广泛。

层次分析法的具体步骤是：

第一，选取评价对象涉及的评价因素，选取指标应比较完善，能综合反映被评价对象的整体状况；

第二，对评价因素进行分类，分别按从目标层到准则层，再到方案层来构造各评价因素之间相互联结的综合递阶层次结构；

第三，运用数学矩阵模型构造本级层次对上级层次的判断矩阵，并对本级层次的各因素运用两两对比的方法进行评分；

第四，计算判断矩阵，确定每一准则层的综合权重；

第五，进行一致性检验。

下面根据上述步骤为文化创意产业税收绩效评价指标体系进行赋权：

第一，构建递阶指标层次模型。文化创意产业税收绩效评价指标体系的递阶指标层次模型如表 7 – 4 所示。

表 7 – 4   **税收绩效评价指标体系**

目标层	准则层	方案层
文化创意产业税收绩效评价指标体系（A）	发展能力指标（B）	总产值增长率（B_1）
		区位商（B_2）
	管理状况指标（C）	研发费用支出率（C_1）
		生产率上升率（C_2）
	内容适应性指标（D）	技术进步率（D_1）
		影响力系数（D_2）
	税收执行情况指标（E）	税收征收率（E_1）
		税务登记率（E_2）
		欠税增加率（E_3）
		地税处罚率（E_4）
	经济效益指标（F）	科技成果转化率（F_1）
		净资产收益率（F_2）
		资金利税率（F_3）

第二，建立判断矩阵。在层次分析法判断权重的过程中，引入1—9级标度法对不同因素之间的比较给出数量指标，来描述各个因素的相对重要性，使各因素间重要性的比较结果量化。判断矩阵具有以下属性：①$a_{ij} > 0$；②$a_{ji} = 1/a_{ij}$；③$a_{ii} = 1$。

表 7 – 5   Sattly 1—9 级标度法

标度	说明
1	两因素相比，具有同等重要性
3	两因素相比，一个因素比另一个稍微重要
5	两因素相比，一个因素比另一个明显重要
7	两因素相比，一个因素比另一个强烈重要
9	两因素相比，一个因素比另一个极端重要
2、4、6、8	介于相邻两标度之间

本章根据构建的文化创意产业税收绩效评价指标层次模型，通过对 15 位专家进行问卷调查，然后运用 Excel 软件对调查结果数据的相对重要性取众数，得到各层次判断矩阵，如表 7 – 6 所示。

表 7 – 6   准则层指标比较

文化创意产业税收绩效指标体系（A）	发展能力（B）	管理状况（C）	内容适应性（D）	税收执行情况（E）	经济效益（F）
发展能力（B）	1	3	4	5	7
管理状况（C）	1/3	1	2	2	3
内容适应性（D）	1/4	1/2	1	2	3
税收执行情况（E）	1/5	1/2	1/2	1	2
经济效益（F）	1/7	1/3	1/3	1/2	1

表 7 – 7   发展能力方案层指标比较

发展能力（B）	总产值增长率（B_1）	区位商（B_2）
总产值增长率（B_1）	1	2
区位商（B_2）	1/2	1

表 7 – 8

管理状况（C）	研发费用支出率（C_1）	生产率上升率（C_2）
研发费用支出率（C_1）	1	3
生产率上升率（C_2）	1/3	1

表 7 – 9 内容适应性方案层指标比较

内容适应性（D）	技术进步率（D_1）	影响力系数（D_2）
技术进步率（D_1）	1	4
影响力系数（D_2）	1/4	1

表 7 – 10 税收执行情况方案层指标比较

税收执行情况（E）	税收征收率（E_1）	税务登记率（E_2）	欠税增加率（E_3）	地税处罚率（E_4）
税收征收率（E_1）	1	2	3	3
税务登记率（E_2）	1/2	1	2	2
欠税增加率（E_3）	1/3	1/2	1	2
地税处罚率（E_4）	1/3	1/2	1/2	1

表 7 – 11 经济效益方案层指标比较

经济效益（F）	科技成果转化率（F_1）	净资产收益率（F_2）	资金利税率（F_3）
科技成果转化率（F_1）	1	2	1/2
净资产收益率（F_2）	1/2	1	1/3
资金利税率（F_3）	2	3	1

第三，计算各指标的权重系数。在各类研究中，通常采用特征向量法来计算判断矩阵中的排序向量，继而为各指标赋权。特征向量法又分为几何平均法（方根法）和规范列平均法（和积法），本章在此处采用的方法是规范列平均法（和积法）来计算指标的权重，步骤如下：

首先，将得到的矩阵按行分别相加。其他计算公式为：

$$\overline{W_1} = \sum_{j=1}^{n} \frac{a_{ij}}{n}$$

其次，$W_i = (\overline{W_1}, \overline{W_2}, \cdots, \overline{W_n})$ T 标准化，即 $W_i = \dfrac{\overline{W_1}}{\sum\limits_{i=1}^{n} \overline{W_1}}$；

最后，进行一致性检验。判断矩阵应满足一致性的条件，因此必须进行一致性检验。普遍采用指标 CR 来衡量判断矩阵的一致性：

第一步，计算最大特征根 $\lambda\max$，$\lambda\max = \dfrac{1}{n}\sum\limits_{i=1}^{n} \dfrac{PW_i}{W_i}$（$P$、$n$ 分别为判断矩阵和矩阵阶数）；

第二步，计算一致性指标 CI，$CI = \dfrac{\lambda\max - n}{n - 1}$；

第三步，计算一致性比率 CR，检验判断矩阵的一致性，$CR = \dfrac{CI}{RI}$。

在进行一致性检验时，由公式 $CI = \dfrac{\lambda\max - n}{n - 1}$ 可以看出，$\lambda\max - n$ 与 CI 是同向变动的关系，因此矩阵维数 n 决定了一致性指标 CI 的大小，矩阵维数 n 越大，CI 值就越小。在检验判断矩阵一致性时，我们还需要引入随机一致性指标 RI，将 CI 与 RI 进行对比，RI 是给定的常数，如表 7 – 12 所示。

表 7 – 12　　　　　　　平均随机一致性指标 RI 取值

矩阵阶数	1	2	3	4	5	6
RI	0.00	0.00	0.58	0.90	1.12	1.24
矩阵阶数	7	8	9	10	11	12
RI	1.36	1.41	1.46	1.49	1.52	1.54

研究表明，当 $CR \leq 0.1$ 时，我们认为判断矩阵的一致性检验通过；当 $CR > 0.1$ 时，说明判断矩阵一致性检验无法通过，调查问卷的填列存在逻辑问题，因此，必须剔除不合规的调查问卷，并且对判断矩阵进行必要的调整，使之最后一致性检验通过为止。

第四，确定指标权重系数。首先，回收 15 位专家的调查问卷；其次，对调查得到的 15 组评价数据的相对重要性取众数，得到目标层和各准则层的判断矩阵，并用 Excel 软件算出各具体数值，可以得出本章分析的文化创意产业税收绩效评价指标体系中各层次各财务指标的权重；最后，进行一致性检验。分析结果如表 7-13 所示。

表 7-13　　　　　　　　　准则层指标比较

文化创意产业税收绩效评价指标体系（A）	发展能力（B）	管理状况（C）	内容适应性（D）	税收执行情况（E）	经济效益（F）	W_i
发展能力（B）	1	3	4	5	7	0.497
管理状况（C）	1/3	1	2	2	3	0.214
内容适应性（D）	1/4	1/2	1	2	3	0.143
税收执行情况（E）	1/5	1/2	1/2	1	2	0.089
经济效益（F）	1/7	1/3	1/3	1/2	1	0.057

$\lambda max = 5.09448$　　CI = 0.02362　　RI = 1.12　　CR = 0.02109

表 7-14　　　　　　　　发展能力方案层指标比较

发展能力（B）	总产值增长率（B_1）	区位商（B_2）	W_i
总产值增长率（B_1）	1	2	0.667
区位商（B_2）	1/2	1	0.333

注：$\lambda max = 2$，因此不需要做一致性检验。

表 7-15　　　　　　　　管理状况方案层指标比较

管理状况（C）	研发费用支出率（C_1）	生产率上升率（C_2）	W_i
研发费用支出率（C_1）	1	3	0.750
生产率上升率（C_2）	1/3	1	0.250

注：$\lambda max = 2$，因此不需要做一致性检验。

表 7-16　　　　　　　　内容适应性方案层指标比较

内容适应性（D）	技术进步率（D_1）	影响力系数（D_2）	W_i
技术进步率（D_1）	1	4	0.800
影响力系数（D_2）	1/4	1	0.200

注：$\lambda max = 2$，因此不需要做一致性检验。

表 7 - 17　　　　　　　　**税收执行情况方案层指标比较**

税收执行情况 （E）	税收征收率 （E₁）	税务登记率 （E₂）	欠税增加率 （E₃）	地税处罚率 （E₄）	W_i
税收征收率（E₁）	1	2	3	3	0.450
税务登记率（E₂）	1/2	1	2	2	0.260
欠税增加率（E₁）	1/3	1/2	1	2	0.170
地税处罚率（E₃）	1/3	1/2	1/2	1	0.120

注：$\lambda max = 4.07159$　　$CI = 0.02386$　　$RI = 0.9$　　$CR = 0.02651$。

表 7 - 18　　　　　　　　**经济效益方案层指标比较**

经济效益 （F）	科技成果转化率 （F₁）	净资产收益率 （F₂）	资金利税率 （F₃）	W_i
科技成果转化率（F₁）	1	2	1/2	0.297
净资产收益率（F₂）	1/2	1	1/3	0.164
资金利税率（F₃）	2	3	1	0.539

注：$\lambda max = 3.00920$　　$CI = 0.00460$　　$RI = 0.58$　　$CR = 0.00794$。

第五，确定税收绩效评价指标体系综合权重。

表 7 - 19　　　　**湖北省民族地区文化创意产业税收绩效**
评价指标体系综合权重

目标层	准则层		方案层		综合权重
文化创意产业税收绩效评价指标体系（A）	发展能力指标（B）	0.497	总产值增长率（B₁）	0.667	0.331
			区位商（B₂）	0.333	0.166
	管理状况指标（C）	0.214	研发费用支出率（C₁）	0.750	0.161
			生产率上升率（C₂）	0.250	0.053
	内容适应性指标（D）	0.143	技术进步率（D₁）	0.800	0.114
			影响力系数（D₂）	0.200	0.029
	税收执行情况指标（E）	0.089	税收征收率（E₁）	0.450	0.040
			税务登记率（E₂）	0.260	0.023
			欠税增加率（E₃）	0.170	0.015
			地税处罚率（E₄）	0.120	0.011

目标层	准则层		方案层		综合权重
文化创意产业税收绩效评价指标体系（A）	经济效益指标（F）	0.057	科技成果转化率（F₁）	0.297	0.017
			净资产收益率（F₂）	0.164	0.009
			资金利税率（F₃）	0.539	0.031

2. 确定定性指标评语集

本章给文化创意产业税收绩效评价指标的评语集合设定了四个因素：无效、一般有效、有效、十分有效。即评语集 $V = \{v_1, v_2, v_3, v_4\}$（$v_1 =$ 无效，$v_2 =$ 一般有效，$v_3 =$ 有效，$v_4 =$ 十分有效）。

本章在此处同样采用调查问卷法，首先向了解文化创意产业的 10 位专家发放调查问卷，让其选择各财务指标所对应的评语集，即有效等级，最后回收调查问卷并进行整理，最终得到了五大指标的各隶属度矩阵。

例如，邀请 10 位专家对文化创意产业的"总产值增长率"进行等级评价，有 3 位专家认为"无效"，除以专家总数 10 后得到"无效"的隶属度为"0.3"；有 4 位专家认为存在"一般有效"，2 位专家认为"有效"以及 1 位专家认为存在"十分有效"，则按照前述方法汇总得到"总产值增长率"的模糊评价矩阵中第一行数值为 [0.3, 0.4, 0.2, 0.1]。

3. 目标层次指标的评价

（1）发展能力层次的评价矩阵。

$Ab = \{0.667, 0.333\}$

$$Rb = \begin{bmatrix} 0.2 & 0.5 & 0.2 & 0.1 \\ 0.3 & 0.4 & 0.3 & 0 \end{bmatrix}$$

$Bb = Ab \times Rb = \{0.233, 0.467, 0.233, 0.067\}$

（2）管理状况层次的评价矩阵。

$Ac = \{0.7500, 0.250\}$

$$Rc = \begin{bmatrix} 0.4 & 0.3 & 0.3 & 0 \\ 0.4 & 0.4 & 0.1 & 0.1 \end{bmatrix}$$

$Bc = Ac \times Rc = \{0.400, 0.325, 0.250, 0.025\}$

（3）内容适应性层次的评价矩阵。

$Ad = \{0.800, 0.200\}$

$$Rd = \begin{bmatrix} 0.4 & 0.3 & 0.2 & 0.1 \\ 0.2 & 0.4 & 0.3 & 0.1 \end{bmatrix}$$

$Bd = Ad \times Rd = \{0.360, 0.320, 0.220, 0.100\}$

（4）税收执行情况层次的评价矩阵。

$Ae = \{0.450, 0.260, 0.170, 0.120\}$

$$Re = \begin{bmatrix} 0.1 & 0.4 & 0.3 & 0.2 \\ 0.3 & 0.2 & 0.4 & 0.1 \\ 0.2 & 0.2 & 0.3 & 0.3 \\ 0.2 & 0.3 & 0.3 & 0.2 \end{bmatrix}$$

$Be = Ae \times Re = \{0.181, 0.302, 0.326, 0.191\}$

（5）经济效益层次的评价矩阵。

$Af = \{0.297, 0.164, 0.539\}$

$$Rf = \begin{bmatrix} 0.4 & 0.3 & 0.2 & 0.1 \\ 0.2 & 0.4 & 0.3 & 0.1 \\ 0.1 & 0.3 & 0.4 & 0.2 \end{bmatrix}$$

$Bf = Af \times Rf = \{0.206, 0.316, 0.324, 0.154\}$

4. 一级层次指标的综合评价

$A = \{0.497, 0.214, 0.143, 0.089, 0.057\}$

$$R = \begin{bmatrix} Bb \\ Bc \\ Bd \\ Be \\ Bf \end{bmatrix} = \begin{bmatrix} 0.233 & 0.467 & 0.233 & 0.067 \\ 0.400 & 0.325 & 0.250 & 0.025 \\ 0.360 & 0.320 & 0.220 & 0.100 \\ 0.181 & 0.302 & 0.326 & 0.191 \\ 0.206 & 0.316 & 0.324 & 0.154 \end{bmatrix}$$

$B = A \times R = \{0.281, 0.392, 0.248, 0.079\}$

从最终求得的指标体系综合评价矩阵来看，基于熟悉文化创意产业税收绩效状况的专家打分结果，湖北省民族地区文化创意产业税收绩效评价体系十分有效的概率仅为7.9%；大多数专家认为文化创意产业税收绩效一般有效，概率有39.2%；而有效的可能性接近24.8%；认为其失效的可能性高达28.1%，表明湖北省民族地区文化创意产业税收绩效存在失效的可能性较大，仍有需要改进的地方。

第五节　文化创意产业投资价值分析

影响上市公司的投资价值的因素包括企业面临的经济环境、国家政策、行业发展形势、市场竞争力、企业管理结构、控制权、产品、银行利率、管理人团队、盈利情况和成长性等，由于涉及因素较多，评估难度较大，所以，本章剔除了整体经济形势和文化创业产业发展等宏观因素，从上市公司财务状况的基本面入手，选取可量化的能反映企业财务状况和经营情况的指标作为影响公司投资价值的因素，然后从财务评价指标和分析方法两方面来构建评价指标体系。

一　财务指标的选取

风险投资等一些投资方比较注重短期的收益，不可能长期为企业提供帮助。我们可以粗略判断文化创业产业类上市公司可能会面临资金回收期长、债务风险高、资金流短缺等财务风险。因此，结合文化创意产业类上市公司经营模式以及所面临的财务风险的特点，本章重点关注上市公司的偿债能力、营运情况、盈利状况、成长性和现金流，选取的指标有12个：资产负债率、流动比率、速动比率、总资产周转率、存货周转率、净资产收益率、销售净利率、总资产增长率、主营业务收入增长率、净利润增长率、每股经营现金净流量、每股未分配利润。

指标体系如表7-20所示。

表 7 - 20 财务指标体系一览

分类	指标	计算公式
偿债能力	资产负债率	负债总额/资产总额
	流动比率	流动资产/流动负债
	速动比率	速动资产/流动负债
营运能力	总资产周转率	销售净额/平均总资产余额
	存货周转率	主营业务成本/平均存货余额
盈利能力	净资产收益率	净利润/平均净资产余额
	销售净利率	净利润/销售收入
	净利润增长率	本期净利润增加额/上期净利润
发展能力	总资产增长率	本期总资产增加额/上期资产总额
	营业收入增长率	本期营业收入增加额/上期营业收入
股本扩张能力	每股经营活动现金流量	经营活动现金流量/平均总股本余额
	每股未分配利润	期末未分配利润总额/期末股本总数

二　因子分析法的基本原理

因子分析法的概念最早是在 1904 年由查尔斯·斯皮尔曼（Charles Spearman）提出。实际问题研究中，研究对象往往会涉及较多变量，而这些变量之间又存在一定的相关性，直接对信息进行筛选和分析，难度较大。而因子分析法能将多个变量直接综合转化为少数相关性较低的公共因子，而且能涵盖原始变量的大部分信息，使信息含义更为清晰明确。

（一）因子分析模型

$X = (X_1, X_2, \cdots, X_p)$ 是可观测随机向量，均值向量 $E(X) = 0$，协方差阵 $\text{Cov}(X) = \sum$，协方差阵 $\sum$ 与相关矩阵 R 相等。

$F = (F_1, F_2, \cdots, F_m)(m < p)$ 是不可测的向量，其均值向量 $E(F) = 0$，协方差矩阵 $\text{Cov}(F) = I$。

$e = (e_1, e_2, \cdots, e_p)$ 与 F 相互独立，且 $E(e) = 0$，e 的协方差阵 $\sum$ 是对角阵，则模型：

$$X_1 = a_{11}F_1 + a_{12}F_2 + \cdots + a_{1m}Fm + e_1$$
$$X_2 = a_{21}F_1 + a_{22}F_2 + \cdots + a_{2m}Fm + e_2$$

$$X_p = a_{p1}F_1 + a_{p2}F_2 + \cdots + a_{pm}Fm + e_p$$

用矩阵表示为 $X = AF + E$，F 称为 X 的公共因子，矩阵 A 称为因子载荷矩阵，a_{ij} 为因子载荷，指的是第 i 变量与第 j 因子的相关系数，反映了第 i 变量在第 j 因子上的重要性。

（二）因子分析的基本步骤

因子分析的基本步骤如下：

（1）将原始数据标准化；

（2）求标准化数据的相关矩阵；

（3）求相关矩阵的特征值和特征向量；

（4）计算方差贡献率与累积方差贡献率；

（5）确定因子：设 F_1，F_2，$\cdots$，F_p 为 p 个因子，当前 m 个因子的累计贡献率不低于85％时，可选用前 m 个因子替代原始指标；

（6）计算综合得分，综合得分 $W = \sum$（因子方差贡献率×因子得分）。

第六节　文化创意产业上市公司投资价值实证分析

一　样本数据

（一）数据样本

以沪深交易所主板、创业板和新三板较为优秀的878家典型的文化创意产业上市公司为研究对象，并以该公司2013年12月31日的年报财务数据作为样本。由于许多企业刚刚上市，在信息披露方面十分不完善，许多公司数据公布不完整或出现异常。经过对数据处理，剔除数据缺失和异常的企业，剔除资产负债率为负数的企业实得218家文化创意产业上市公司的数据。具体分类如表7-21和表7-22所示。

（二）数据来源和研究方法

本章的财务指标数据全部从RESSET金融研究数据库获取，然后利用SPSS 21.0统计分析软件对数据进行处理，最后再利用Excel软件函数进行最后数据统计排名。

表 7 – 21 数据分类

分类标准	企业数量
一、文化艺术	4
二、新闻出版	37
三、广播、电视、电影	18
四、软件、网络及计算机服务	116
五、广告会展	2
六、艺术品交易	1
七、设计服务	1
八、旅游、休闲娱乐	19
九、其他辅助服务	20

表 7 – 22 文化创意企业按地区分类

分类标准		企业数量
按经济区域划分	东部地区	166
	中部地区	32
	西部地区	20
按民族地区划分	民族地区	3
	非民族地区	215

二 样本投资价值结果及分析

（一）KMO 和 Bartlett 球形检验

表 7 – 23 KMO 和 Bartlett 球形检验

取样足够度的 Kaiser – Meyer – Olkin 度量		0.591
Bartlett 球形检验	近似卡方	1457.668
	df	66
	Sig.	0.000

原有变量之间具有较强的非等级关系是因子分析的先决因素，而

通过 KMO 和 Bartlett 球形检验可以判断原有变量是否具有非等级关系。从表 7-23 中可以看出，KMO 值为 0.591，依据 KMO 度量标准，原有变量符合了因子分析的要求。Bartlett 球形检验通过测量所得到的样本值为 1457.668，显著性水平为 0.000，小于 0.05。因此，收集的样本数据适合做因子分析。

（二）因子分析共同度

公因子方差表主要是检验提取的公因子反映原始变量所含信息的状况。从表 7-24 中可以看出，12 个原始变量中，只有资产负债率指标被提取的信息少于 50%，而其他指标被因子解释的信息都是 50% 以上，特别是流动比率、速动比率 2 个变量，被因子解释的信息量在 94% 以上。从整体来看，原始变量丢失的信息较少，成分因子提取效果良好。

表 7-24 公因子方差

	初始值	提取值
流动比率	1.000	0.945
速动比率	1.000	0.948
资产负债率	1.000	0.475
每股未分配利润	1.000	0.684
每股经营活动现金流量	1.000	0.736
净资产收益率	1.000	0.791
销售净利率	1.000	0.682
营业收入增长率	1.000	0.631
净利润增长率	1.000	0.585
总资产增长率	1.000	0.721
存货周转率	1.000	0.756
总资产周转率	1.000	0.641

（三）因子分析的总方差解释

表 7-25 是因子分析的总方差解释，是相关系数矩阵的特征值、

方差贡献率及累计方差贡献率的计算结果。根据因子提取条件，特征值要大于1，所以选择前5个因子，即由之前的13个指标转为5个综合指标，新的指标包含了原有指标的信息，且相互独立，不具有线性关系。

表7－25　　　　　　　　　　　解释的总方差　　　　　　　　　单位:%

成分	初始特征值			提取平方和载入			旋转平方和载入		
	合计	方差的百分比	累计百分比	合计	方差的百分比	累计百分比	合计	方差的百分比	累计百分比
1	2.386	19.887	19.887	2.386	19.887	19.887	2.273	18.938	18.938
2	2.217	18.476	38.363	2.217	18.476	38.363	1.922	16.016	34.955
3	1.833	15.275	53.638	1.833	15.275	53.638	1.609	13.406	48.361
4	1.149	9.573	63.210	1.149	9.573	63.210	1.561	13.007	61.367
5	1.010	8.416	71.626	1.010	8.416	71.626	1.231	10.259	71.626

表7－25中列出的5个主成分是按特征根的大小进行排序，第一主成分特征根为2.273，方差贡献率为18.938%；第二主成分特征根为1.922，方差贡献率为16.016%；第三主成分特征根为1.609，方差贡献率为13.406%，第四主成分、第五主成分的特征根值和方差贡献率逐渐降低。前5个因子的累计贡献率是71.626%。

（四）因子碎石图

从图7－3中可以看出，特征根大于1的成分数有5个，其中第一个因子的特征根最高，比其他特征值更能解释原有变量；第五个特征值以后曲线变得平缓，解释原有变量的贡献日渐减小，结合因子分析的总方差解释表，决定提取前5个因子。

（五）旋转前的因子载荷矩阵

成分矩阵是因子分析的主要内容，主要反映公共因子提取的公因子对原始变量的影响程度。

从表7－26中可以看出，少部分指标的解释命名并不是很清晰，因此需要将因子载荷矩阵进行旋转，使公因子所表示的经济含义更明显。

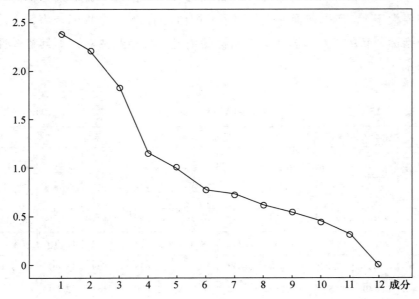

图 7 - 3　因子碎石图

表 7 - 26　　　　　　　　　　　　　成分矩阵

	成分				
	1	2	3	4	5
流动比率	− 0. 830	0. 194	0. 461	0. 071	0. 028
速动比率	− 0. 833	0. 197	0. 456	0. 075	0. 033
资产负债率	0. 643	− 0. 220	0. 073	− 0. 032	− 0. 080
每股未分配利润	− 0. 221	0. 418	− 0. 652	0. 188	0. 014
每股经营活动现金流量	− 0. 175	0. 223	− 0. 619	− 0. 038	0. 521
净资产收益率	0. 204	0. 830	− 0. 093	0. 066	− 0. 216
销售净利率	− 0. 012	0. 726	− 0. 268	0. 065	− 0. 280
净利润增长率	0. 249	0. 475	0. 334	− 0. 216	− 0. 373
营业收入增长率	0. 294	0. 498	0. 417	− 0. 155	0. 315
总资产增长率	0. 300	0. 407	0. 271	− 0. 214	0. 589
存货周转率次	0. 114	0. 007	0. 067	0. 854	0. 099
总资产周转率次	0. 466	0. 106	0. 395	0. 496	0. 106

（六）旋转后的因子载荷矩阵

与表 7 - 27 相比较，旋转后的成分矩阵对因子 3、因子 4 和因子 5 的含义的确定和解释更为清晰。

表 7 - 27　　　　　　　　　　　　旋转成分矩阵

	成分				
	1	2	3	4	5
流动比率	0.967	- 0.023	- 0.089	0.017	- 0.013
速动比率	0.970	- 0.023	- 0.080	0.018	- 0.009
资产负债率	- 0.596	- 0.093	- 0.301	0.098	0.104
净资产收益率	- 0.032	0.851	0.053	0.236	0.089
销售净利率	0.062	0.803	0.184	0.001	- 0.005
净利润增长率	- 0.022	0.535	- 0.469	0.254	- 0.121
每股未分配利润	0.052	0.455	0.654	- 0.212	0.021
每股经营活动现金流量	- 0.014	0.033	0.841	0.125	- 0.114
营业收入增长率	0.023	0.216	- 0.145	0.748	0.059
总资产增长率	- 0.051	0.031	0.095	0.842	0.011
存货周转率	0.022	0.003	0.083	- 0.102	0.859
总资产周转率	- 0.172	0.041	- 0.276	0.303	0.665

从表 7 - 27 可以看出：因子 1 在流动比率、速动比率和资产负债率三个指标的载荷系数较大，且三个指标都是反映企业的偿债能力，可以认定为偿债能力因子；

因子 2 在净资产收益率、销售净利率、净利润增长率指标上有较大的载荷系数，三个指标都是评价公司盈利方面的指标，因此可将其归纳为盈利能力因子；

因子 3 和每股未分配利润、每股经营活动现金流量相关系数大，可认为是股本扩张能力因子；

因子 4 和营业收入增长率、总资产增长率相关程度高，可归纳为企业发展能力因子；

因子 5 与存货周转率和总资产增长率相关程度高，此成分反映了企业的营运能力，故认定为企业营运能力因子。

（七）因子协方差矩阵

表7-28显示提取的5个主成分的线性关系，5个公因子的相关系数为0.000，无任何相关性，符合了因子分析法综合指标相互独立的要求。

表7-28   **成分得分协方差矩阵**

成分	1	2	3	4	5
1	1.000	0.000	0.000	0.000	0.000
2	0.000	1.000	0.000	0.000	0.000
3	0.000	0.000	1.000	0.000	0.000
4	0.000	0.000	0.000	1.000	0.000
5	0.000	0.000	0.000	0.000	1.000

（八）因子得分系数

利用回归法估计求得因子得分函数：

$F_1 = 0.434X_1 + 0.435X_2 - 0.252X_3 + 0.002X_4 - 0.019X_5 - 0.016X_6 - 0.011X_7 - 0.012X_8 + 0.038X_9 + 0.005X_{10} + 0.056X_{11} - 0.025X_{12}$

$F_2 = -0.021X_1 - 0.023X_2 - 0.025X_3 + 0.218X_4 - 0.110X_5 + 0.442X_6 + 0.441X_7 + 0.327X_8 + 0.004X_9 - 0.149X_{10} - 0.008X_{11} - 0.007X_{12}$

$F_3 = -0.068X_1 - 0.061X_2 - 0.162X_3 + 0.354X_4 + 0.578X_5 - 0.030X_6 + 0.021X_7 - 0.357X_8 - 0.006X_9 + 0.193X_{10} + 0.107X_{11} - 0.092X_{12}$

$F_4 = 0.037X_1 + 0.038X_2 + 0.016X_3 - 0.137X_4 + 0.221X_5 + 0.016X_6 - 0.117X_7 + 0.019X_8 + 0.481X_9 + 0.621X_{10} - 0.109X_{11} + 0.128X_{12}$

$F_5 = 0.039X_1 + 0.042X_2 + 0.025X_3 + 0.075X_4 - 0.038X_5 + 0.047X_6 - 0.002X_7 - 0.164X_8 - 0.006X_9 - 0.033X_{10} + 0.734X_{11} + 0.508X_{12}$

由表7-29分析可知，新成分1至新成分5延续了原始变量5个分类所代表的含义，证明了本书所选取的财务指标合理且具有可信度。

表 7-29　　　　　　　　　　　成分得分系数矩阵

	成分				
	1	2	3	4	5
流动比率	0.434	-0.021	-0.068	0.037	0.039
速动比率	0.435	-0.023	-0.061	0.038	0.042
资产负债率	-0.252	-0.025	-0.162	0.016	0.025
每股未分配利润	0.002	0.218	0.354	-0.137	0.075
每股经营活动现金流量	-0.019	-0.110	0.578	0.221	-0.038
净资产收益率	-0.016	0.442	-0.030	0.016	0.047
销售净利率	0.011	0.441	0.021	-0.117	-0.002
净利润增长率	-0.012	0.327	-0.357	0.019	-0.164
营业收入增长率	0.038	0.004	-0.006	0.481	-0.006
总资产增长率	0.005	-0.149	0.193	0.621	-0.033
存货周转率	0.056	-0.008	0.107	-0.109	0.734
总资产周转率	-0.025	-0.007	-0.092	0.128	0.508

（九）上市公司综合排名结果

1. 2013 年度全国文化创意产业上市公司排名

如表 7-30 所示的上市公司投资价值排名是按综合因子得分排列的结果，其中的综合得分是按照每个主成分所对应的特征根之和的比例作为权重计算主成分的总额模型，然后按照主成分综合得分对文化创意上市公司投资价值进行排名。从整个样本数据分析过程和排名结果来看，分析结论如下：

表 7-30　　　　　　2013 年度文化创意产业上市公司
投资价值综合排名（前 50 名）

排名	升降	代码	公司名称	偿债能力	盈利能力	扩张能力	发展能力	营运能力	综合得分
1	+97	C002348	高乐玩具	12.01001	-0.5865	-1.63181	0.50882	0.50556	3.284373
2	+98	C300071	华谊嘉信	0.32931	-0.04801	0.59553	-0.87825	8.60793	2.377785
3	+140	C900929	锦江国际	0.27679	-0.15463	0.93898	-1.30963	7.19915	1.855758
4	*	C831101	奥维市场	-0.1303	-1.81598	3.14797	10.78429	0.21837	1.640499

续表

排名	升降	代码	公司名称	偿债能力	盈利能力	扩张能力	发展能力	营运能力	综合得分
5	*	C830927	兆久成	0.05736	0.20639	-0.62011	6.0487	1.00135	1.480278
6	+142	C830898	华人天地	0.78229	4.24442	-3.61722	2.92155	-1.47275	1.280848
7	+66	C002400	广东广告	-0.09683	0.36978	0.55554	-0.4769	4.00173	1.11416
8	*	C830969	智通人才	-0.10016	-0.10717	0.17187	0.58578	3.47869	1.055699
9	*	C830953	惠当家	1.66227	0.2789	-0.47574	3.38627	-0.27964	1.055561
10	+7	C300386	飞天诚信	0.20968	1.82992	2.62082	0.44649	0.82853	0.78553
11	*	C830888	环球世纪	0.06976	2.21945	-0.62932	-0.17536	1.00717	0.770419
12	+178	C430522	超弦科技	0.17918	0.7398	-0.22075	2.00452	0.15708	0.632976
13	*	C831051	春秋鸿	-0.98142	5.00552	-5.56145	1.02128	-1.61667	0.587813
14	*	C831062	远古信息	0.022	1.84439	-0.09899	0.783	0.04027	0.576321
15	+76	C002502	骅威科技	2.73764	-0.11396	0.05647	-0.41714	-0.17317	0.570672
16	+145	C430664	联合永道	-0.41672	0.19981	-0.93514	0.13564	1.79938	0.475336
17	+154	C600057	厦门象屿	-0.89552	0.53609	-4.44855	-0.51715	2.32094	0.45116
18	+126	C430131	伟利讯	1.86461	0.2121	-0.34724	-0.27713	-0.1631	0.441841
19	*	C830769	华财会计	-0.12862	0.07038	-0.51446	-0.12225	1.66675	0.436307
20	+21	C430223	武汉亿童	-0.22962	1.0417	0.4027	0.45587	0.57955	0.42356
21	*	C830997	领意信息	0.02595	0.01171	-1.12876	0.16981	1.29571	0.412432
22	+132	C430362	东电创新	0.63363	0.6953	-0.92886	0.87556	-0.31777	0.395853
23	*	C831084	绿网天下	0.26927	0.73285	-0.70071	0.69023	0.06978	0.384242
24	+32	C002210	飞马国际	-1.03425	-0.17288	-0.56814	0.8186	1.84014	0.368228
25	+3	C002148	北纬通信	0.91625	0.50603	1.01019	-0.46507	0.30108	0.354611
26	+27	C300017	网宿科技	0.33942	0.77006	1.75224	0.28488	0.11642	0.348603
27	-12	C300399	无线天利	1.00149	0.83523	0.7323	-0.61061	0.0225	0.343717
28	+2	C300359	全通教育	0.8494	0.70205	0.82292	-0.26882	0.00367	0.332302
29	+32	C601888	中国国旅	0.00389	0.60227	1.88293	0.04686	0.64352	0.328813
30	-24	C430472	安泰得	-0.03326	1.74647	2.44223	-0.25488	-0.07022	0.313907
31	-22	C430508	中视文化	0.20883	-0.154	-0.20382	-0.05531	1.00057	0.297051
32	-27	C300291	华录百纳	1.22821	1.03538	0.31139	-1.00497	-0.28662	0.286055
33	-6	C300383	光环新网	-0.26903	1.08647	2.7535	-0.04077	0.36828	0.269676
34	+148	C430498	嘉华网络	-0.14592	-0.24772	-0.37037	0.49735	0.93434	0.266766

续表

排名	升降	代码	公司名称	偿债能力	盈利能力	扩张能力	发展能力	营运能力	综合得分
35	−13	C430261	易维科技	0.05572	0.73999	−0.31701	0.29185	0.09532	0.262129
36	*	C830943	科明数码	0.83357	−0.1526	−0.61513	0.34509	0.03717	0.261512
37	+9	C430403	英思工程	0.36977	0.01632	−0.03016	0.56776	0.17644	0.258226
38	+39	C430148	科能腾达	−0.39829	0.5756	−0.58606	0.65029	0.39409	0.258003
39	−13	C430518	嘉达早教	0.50583	0.42063	0.68215	−0.24509	0.22488	0.246344
40	+118	C430681	芒冠光电	0.47994	0.76519	−1.00851	−0.06269	−0.14256	0.245427
41	+76	C430384	宜达胜	−0.65808	−0.21764	−1.44987	0.62554	1.19998	0.238164
42	−34	C603000	人民网	0.70367	0.51975	0.97658	−0.18556	−0.18762	0.213794
43	−33	C430578	差旅天下	−0.22209	0.9349	−0.75037	0.37056	−0.07124	0.199277
44	+19	C430243	铜牛信息	−0.23678	0.27292	−0.03945	0.22143	0.51415	0.187149
45	*	C831126	元鼎时代	−0.45066	0.35021	−1.27803	0.1754	0.65074	0.178394
46	−27	C430358	基美影业	0.89428	−0.11641	−0.80817	0.48294	−0.46491	0.167631
47	+10	C300226	钢联电子	−0.40094	−0.281	−0.32677	0.35349	0.92793	0.163134
48	+2	C002315	焦点科技	0.65283	0.69714	2.04553	−0.51217	−0.25887	0.158477
49	+83	C002575	群兴玩具	1.51574	−0.35327	0.03612	−0.35915	−0.33631	0.15821
50	−49	C430332	安华智能	0.25124	−0.01233	−0.55606	−0.00966	0.32455	0.154834

注：* 号表示 2012 年数据缺失，无法确认其 2012 年的排名。

（1）从分析方法来看，不同财务指标从不同方面反映企业的经营情况和财务业绩，在指标较多且又抽取大量的样本数据的时候，仅对数据分组筛选，会导致信息丢失，分析结果不准确，而因子分析法能涵盖原始数据的各项，将杂乱的数据简化为因子，简便而又准确。借用因子分析法构建投资价值模型对数据进行分析处理，整个数据加工处理由 SPSS 软件完成，避免了由主观经验导致的错误，保证了结果排名的客观性。

（2）从财务指标来看，本章在 12 个财务指标上归纳出涵盖大部分信息的 5 个主成分因子，很是契合原始指标的分类。此外，公因子方差表、旋转前和旋转后的成分矩阵都表明净资产收益率、流动比率和速动比率 3 个指标的贡献率最大。

通过比较 2012 年和 2013 年的排名可发现，排名上升很快的几家公司，其偿债能力有了明显的提高。如 2013 年，排名跃升至第一位的广东高乐玩具股份有限公司（上升 97 位），其偿债能力得分为 12.01001，远高于其他公司，也比起 2012 年的 -0.06419 有了极大的提升，导致其综合得分跃升至第一名。北京华谊嘉信整合营销顾问集团股份有限公司（上升 98 位）2013 年的偿债能力得分比 2012 年提高了 0.51457（2012 年为 -0.18526），上海锦江国际旅游股份有限公司（上升 140 位）提高了 0.50069（2012 年为 -0.22389）。由此可见，偿债能力因子在综合得分中是最主要的因素，对最后的得分影响最大。

（3）从市场表现来看，高乐玩具等几家公司虽然具有较高的主成分综合排名，然而它的盈利能力和扩张能力为负数，表明高乐玩具等几家在本次评估中可能被高估了。

综合上述，投资者在做投资决策时，应该结合行业的特点，侧重于关注某些对行业公司发展影响较大的财务指标，及时规避风险，以提升投资价值决策的质量。

2. 2013 年度少数民族地区文化创意产业上市公司排名

在本次分析的 218 个样本中，西部地区文化创意产业有 20 家，少数民族自治区的文化创意产业有 3 家。具体排名如表 7 - 31 和表 7 - 32 所示。

表 7 - 31　　　　　　　2013 年度西部地区文化创意产业

上市公司投资价值综合排名

排名		代码	公司名称	偿债能力	盈利能力	扩张能力	发展能力	营运能力	综合得分
西部	全国								
1	14	C831062	远古信息	0.022	1.84439	-0.09899	0.783	0.04027	0.576321
2	30	C430472	安泰得	-0.03326	1.74647	2.44223	-0.25488	-0.07022	0.313907
3	63	C430629	国科海博	-0.43949	0.57231	-0.72852	0.62118	-0.15204	0.084481
4	96	C600880	成都博瑞	0.10683	0.57246	0.89963	-0.27146	-0.41232	-0.01267
5	104	C002033	玉龙旅游	-0.11424	0.7669	1.4125	-0.41148	-0.38445	-0.04587
6	114	C000888	峨眉山旅游	0.0781	0.21332	1.27394	-0.26668	-0.33523	-0.07759
7	116	C830860	奥特信息	-0.01782	0.24209	-0.27244	-0.0796	-0.40794	-0.08234

续表

排名		代码	公司名称	偿债能力	盈利能力	扩张能力	发展能力	营运能力	综合得分
西部	全国								
8	117	C002268	卫士通	0.12753	0.16359	0.20667	− 0.24319	− 0.3794	− 0.0839
9	128	C831021	华雁信息	0.0659	− 0.0775	0.24756	− 0.40805	− 0.14654	− 0.11826
10	141	C002558	新世纪	0.08127	− 0.08073	0.59729	− 0.51611	− 0.24851	− 0.16435
11	146	C000610	西安旅游	− 0.17392	− 0.3411	− 0.14516	− 0.51846	0.16859	− 0.171
12	155	C600804	鹏博士	− 0.71797	− 0.30503	1.22361	1.01422	− 0.42756	− 0.19069
13	156	C430452	汇龙科技	− 0.34929	− 0.20752	− 0.42529	− 0.27772	− 0.01795	− 0.19588
14	176	C600706	曲江文化	− 0.65208	− 0.01835	− 0.25735	− 0.27467	− 0.21025	− 0.28815
15	177	C002059	云南旅游	− 0.18258	− 0.14792	0.03272	− 0.27691	− 0.54732	− 0.28996
16	180	C430448	和航科技	0.25423	− 0.66963	− 0.01922	− 0.46367	− 0.48229	− 0.30746
17	191	C600831	陕西广电	− 0.73285	− 0.18416	0.85449	− 0.01179	− 0.42638	− 0.35929
18	205	C830780	重庆永鹏	− 0.83564	− 1.07517	− 0.3455	− 0.03059	− 0.00841	− 0.46949
19	208	C600749	西藏旅游	− 0.36691	− 0.48076	− 0.06238	− 0.32604	− 0.75322	− 0.4813
20	213	C000978	桂林旅游	− 0.41118	− 0.61969	− 0.24712	− 0.35082	− 0.72864	− 0.52167

从表 7 - 31 中可以看出，西部地区的文化创意产业发展相对比较落后，除西安远古信息科技股份有限公司、昆明安泰得软件股份有限公司、成都国科海博信息技术股份有限公司和成都博瑞传播股份有限公司四个公司在全国 100 名以内外，其他文化创意企业的综合竞争力比较弱，发展资源相对不足，而且大部分西部地区的文化创意产业都以发展旅游业为主，公司业务单一，科技附加值不高，缺乏核心竞争力。

表 7 - 32　　　　　　2013 年度少数民族地区文化创意产业上市
公司投资价值综合排名

排名		代码	公司名称	偿债能力	盈利能力	扩张能力	发展能力	营运能力	综合得分
民族地区	全国								
1	116	C830860	银川奥特	− 0.01782	0.24209	− 0.27244	− 0.0796	− 0.40794	− 0.08234
2	208	C600749	西藏旅游	− 0.36691	− 0.48076	− 0.06238	− 0.32604	− 0.75322	− 0.4813
3	213	C000978	桂林旅游	− 0.41118	− 0.61969	− 0.24712	− 0.35082	− 0.72864	− 0.52167

根据表 7 - 32 的排名分析，少数民族文化创意产业的现状如下：

（1）企业数量偏少。根据 2013 年上交所和深交所公布的信息，在两地上市的主板、创业板和新三板企业中，少数民族地区的企业在总体数量上比较少，而且大部分集中于建筑业、采掘业、农业初级产品等传统行业，文化创意产业的企业只有 3 家：银川奥特信息技术股份公司、西藏旅游股份有限公司和桂林旅游股份有限公司 3 家。

（2）竞争能力弱。从全国排名看，少数民族地区的 3 家文化创意产业排名十分靠后。银川奥特信息技术股份公司排在第 116 位，西藏旅游股份有限公司排在第 208 位，桂林旅游股份有限公司排在第 213 位。总体而言，少数民族地区的文化创意产业竞争力比较弱，缺乏发展所需的资源，投资相对不足。

（3）管理不完善。少数民族地区 3 家文化创意企业成立时间比较短，现代企业制度建立不完善，组织结构不健全，缺乏必要的内部控制和监督机制，管理方式比较粗放，管理理念比较落后，更多关注企业短期发展，缺乏战略意识。

（4）偿债能力弱。偿债能力对企业的竞争和发展有重要影响，是得分因子中最重要的因素。而经过分析，3 家少数民族地区的偿债能力得分都是负数，而且桂林旅游股份有限公司的偿债能力比 2012 年还下降了 0.28531（2012 年为 -0.12587），呈下降趋势。

针对少数民族地区文化创意产业发展的现状，提出如下解决措施：

第一，制定鼓励政策。少数民族地区应根据《国家"十三五"时期文化发展规划纲要》的要求，积极推出相关政策支持和推动文化创意产业的发展，积极鼓励和倡导文化创业产业的发展。抓住我国文化创意产业良好的发展势头，大力推进文化创意产业的建设与发展，促成少数民族地区文化创意企业的飞速发展。

第二，完善法律法规。少数民族地区文化创意产业的发展尚处于起步阶段，在大力鼓励其发展的同时，也要不断完善相关法律法规，规范文化创意企业的发展。通过完善立法，形成一整套内容翔实、形式科学、门类齐全、体系严谨的法律体系，使文化创意产业的各个方面都做到有法可依，促进文化创意产业健康持续发展。

第三，转变政府职能。社会主义市场经济的完善，要求政府把对文化创意产业的经济调节交给市场。为了更好地促进民族地区文化创意产业的发展，政府应由原来对文化创意产业的指令性管理转换到为市场主体服务上来，转换到为文化创意企业生产经营创造良好发展环境上来，为企业建立良好的市场秩序和市场环境。

第四，提高偿债能力。企业要积极提高自己的偿债能力，重点提高企业的流动比率和速动比率，改善企业的资产负债情况，保持合理的债资比，确保企业充分利用外部资金的同时，控制企业财务风险，进而提高企业整体的偿债能力。

第七节　结语

本章作为上市公司投资价值研究的一个初探，以部分文化创意产业上市公司的 2013 年报财务数据为样本数据，设计了较为重要且具有代表性的财务比率指标，运用科学的统计分析方法——因子分析法进行数据分析，从而得到文化创业产业类上市公司投资价值的综合排序结果。实证结果表明，因子分析法确实能达到降维、减少信息冗余重叠的目的，实证分析结果也表明本章进行的投资价值分析有一定的可信度。然而综观本章，上市公司投资价值的分析研究也存在一些不足：一是对企业财务指标的长期稳定性没有做深入的研究，所以导致某公司的排名存在偶然性；二是本章的财务指标数据并非取自证券会等官方网站的年报数据，而是直接取自锐思金融研究数据库，其数据真实性和准确性并不能完全得到保证。此外，投资者在选择投资对象时，还应该考虑上市公司的企业文化、商誉、企业管理层结构等非量化的因素，使分析模型更加完善。

第八章　促进民族地区文化创意产业发展的税收支持政策

第一节　制定税收支持政策的原则

理想的税收政策应该是既能满足国家的财政收入需要，又不对社会经济产生不良影响。制定正确的税收政策，必须考虑如下原则：

一　税收政策制定的协调原则

兼顾财政收入和经济发展，既要保证财政收入，又要有利于促进民族地区经济社会发展。制定税收政策的出发点应当有利于生产的发展，促进经济的繁荣。在生产发展、经济繁荣的条件下，从实际出发，考虑到民族地区整体财力的可能，以及纳税人的纳税能力和心理承受能力，确定一个适度合理的总体税收负担水平。既保证财政上的需要，又有利于经济的发展。税收政策的制定必须与其他经济政策相配套、相接，才能更好地发挥其应有的功能。

二　税收政策制定的活力原则

有利于调动中央和民族地区两个积极性，加强中央的宏观调控能力。要理顺中央与民族地区的分配关系，通过税收政策的制定，逐步提高税收收入占国内生产总值的比重，合理确定中央财政收入与地方财政收入的分配比例，以便调动中央与民族地区两个积极性，增强中央财政的宏观调控能力和民族地区的发展能力。

三　税收政策制定的创新原则

突出税收服务创新，丰富完善鼓励创新的税收政策，扶持民族地区文化创意产业前瞻性技术研发、关键性技术攻关；鼓励企业持续进行深度研发，减少在科技创新上的短期行为和功利行为，从根本上提高重点民族地区文化创意产业核心竞争力，提高整体竞争水平。改变税收优惠政策修改变动频繁、优惠税种少、扶持方式单一的现状，构建多税种、多方式、持续稳定的民族地区文化创意产业税收优惠创新政策体系。

第二节　具体税收支持政策

一　强化战略发展意识，完善文化创意产业税收制度体系

针对"税收政策缺乏系统性"的问题，鉴于民族地区文化创意产业在政策层面上受关注程度不足的现状，为进一步挖掘民族地区文化创意产业的发展潜力，政府部门应统一认识，将扶持文化创意产业的发展作为民族地区经济社会全面发展的重点突破领域，转变民族地区的经济发展方式，优化其产业结构，从制度层面确立文化创意产业优先发展的战略方向，以培养一批健康积极、具有国际竞争力的文化创意企业为目标，给文化创意产业提供长期稳定的外部发展环境。对具有地方和民间特色的各种文化遗产与传统文化工艺实施综合税收援助，实施民族文化创意产品的品牌战略。

从发达国家建立的较为完善的文化创意产业税收体系来看，一般通过政府减免税及相关的多种税收优惠手段联合使用来实现促进文化创意产业发展的目的。民族地区文化创意产业税收制度体系的建立应遵循公平税负、平等竞争的原则，改变以往按所有制性质制定税收优惠政策的传统思路，在《国家"十三五"时期文化改革发展规划纲要》的基础上，结合近年来民族地区税收工作实际，借鉴发达国家通过税收政策促进文化创意产业发展的经验，清理和完善业已执行的税收优惠政策，建立起规范统一、目标明确且针对性强的促进文化产业发展的税收制度体系。

强化税收优惠的针对性，明确政策支持的重点为自主创新。未来

税收政策支持文化创意产业的目标应明确定位为自主创新，将重点放在创意的形成及创意企业的孵化体系支撑方面。一方面，通过税收优惠政策支持创意企业管理创新、技术创新、产品创新，引导企业的资本投入，增强自主创新能力和产业竞争力；另一方面，应创造较为宽松的税收环境，推动各类创意产业发展平台产业孵化能力、创新能力和产业集群聚合能力的提升。

二 降低税率，减轻文化创意产业税收负担

在民族地区目前的税制环境下，文化创意产业主要涉及增值税、营业税和企业所得税。从增值税方面看，民族地区应效仿发达国家，下调文化创意企业 13% 的增值税适用税率；从营业税方面看，可以顺应营业税税制改革的大趋势，以文化创意产业为试点，改征增值税；从企业所得税方面看，为体现国家对文化产业扶持的税收政策导向，可考虑对文化创意企业适用高新技术企业适用的 15% 的优惠税率。

适当减免文化创意产品的货物和劳务税。建议进一步降低图书、报纸、杂志、音像制品销售的增值税税率，或比照软件企业，按销售收入全额课征 3% 的增值税，以减轻人力资本和无形资产投入中所含增值税不能抵扣的问题。对涉及创意性文化作品的版权、使用权等知识产权转让收入免征营业税。对电影、广播、电视等行业收入的增值税和营业税减半征收（李本贵，2010）。

应根据文化创意产业发展特点，将税收优惠延伸到文化创意产品研发及市场转化阶段，提高文化创意产品研发加计扣除的比重；允许符合条件的文化创意企业按其销售收入提取一定比例的创意开发基金，建立研发准备金制度；完善鼓励文化创意产业风险投资运作的税收优惠政策。

三 优化税制结构，"营改增"范围实现文化创意产业的全覆盖

"营改增"自身是一项重要的制度创新，体现了供给侧结构性改革中的制度供给之要义。作为旨在兼容逆周期调节和推动经济结构调整两项功能定位的一项重要的宏观经济调控操作，2012 年 1 月，营业税改征增值税（"营改增"）首先在上海的交通运输业和 6 个现代服务业（包括研发和技术服务、信息技术服务、文化创意服务、物流辅助服务、鉴证咨询服务和有形动产租赁服务，故被简称为"1＋6"）
开始试点。财政部和国家税务总局于 2012 年 9 月 1 日起，将交通运
输业和 6 个现代服务业"营改增"试点范围由上海分批扩大至北京
市、江苏省、安徽省、广东省（含深圳市）、福建省（含厦门市）、
天津市、浙江省（含宁波市）、湖北省 8 个省（直辖市）。自 2013 年
8 月 1 日起，交通运输业和部分现代服务业"营改增"试点在全国范
围内推开。不仅如此，在部分现代服务业的基础上，也纳入广播影视
作品的制作、播映、发行等范围。从 2014 年 1 月 1 日起，铁路运输
和邮政服务业也将纳入"营改增"范围。财政部部长楼继伟在总结
2013 年工作时表示，交通运输业和部分现代服务业"营改增"试点
推向全国，减轻企业税负约 1400 亿元。自 2016 年 5 月 1 日起，我国
"营改增"试点改革推进到全面覆盖阶段，将建筑业、房地产业、金
融业、生活服务业一并纳入。为保障营改增改革顺利推进，财政部和
国家税务总局制定下发了《关于全面推开营业税改征增值税试点的通
知》（财税〔2016〕36 号），之后国家税务总局又配套出台了《房地
产开发企业销售自行开发的房地产项目增值税征收管理暂行办法》等
若干关于行业管理、纳税申报、发票使用等方面的公告。①

　　"营改增"改革是从优化结构层面考虑，着眼于长效机制优化。
国际经验看起来，大多数实行增值税的国家尽可能推到商品服务共同
增收增值税，扩大到尽可能多的商品和服务。营业税改征增值税是完
善传统商品销售税的必然选择。从目前"营改增"的施行效果看，改
革有效地促进了制造业与服务业的融合、保证了公平竞争的税收环
境、减轻了企业税负。原增值税纳税人向"营改增"纳税人购买应税
服务的进项税额可以得到抵扣，税负得以下降。"营改增"纳税人中，
小规模纳税人由于 3% 征收率的降低以及增值税价外税特征导致的税
基缩小，税负得以下降；部分一般纳税人由于增值税的先进计税方法
及 11% 和 6% 两档低税率，税负得以下降；我们建议"营改增"试点

---

　　① 贾康、梁季：《营改增的全方位效能》，《上海证券报》（上证观察家）2016 年 5 月
10 日第 012 版。

在全国范围内覆盖到文化创意产业的所有领域。尽早将更多文化创意行业纳入"营改增"试点，最终将文化产品和文化服务的整个生产与传播环节都纳入增值税征收范围，彻底解决重复征税问题。

不过，在多数文化创意企业税负总体下降的同时，那些人工成本较高，固定资产更新周期较长的文化创意企业，涉及诸如造型设计、动漫设计、网站设计、广告策划等现代服务业，属于人工智力、脑力劳动密集型行业，人员工资占其成本费用的比重比较大，而该部分支出在现有增值税征收体制下是无法通过进项税额予以抵扣的，其税负下降幅度不大。同时，部分文化创意服务企业固定资产更新周期相对较长，或者根本无固定资产采购，该部分企业税负与"营改增"之前基本持平或略有上升。建议国家要考虑到文化创意产业的特殊性，增强对"知识资本"这个最大成本的扣除力度，加大对文化产品研发及市场转化阶段税收优惠的延伸，降低加计扣除税收门槛，提高文化产品研发加计扣除的比重，可以充分考虑文化产业结构、产品消费结构，对不同文化产业的文化产品和文化服务实行不同的"营改增"税率，调节文化资源配置，引导文化产业朝着符合国家总体发展规划的方向发展。①

鉴于"营改增"绝非一般意义上的税制调整或税制改革举措，它所产生的效应，不仅可以跨越税制改革领域而延伸至宏观经济运行层面，而且可以跨越宏观经济运行层面而延伸至财税体制改革领域，并通过财税体制改革牵动包括经济建设、政治建设、文化建设、社会建设、生态文明建设和党的建设在内的全面改革。

四 完善文化创意产业税收政策，促进产业融合

将转制企业的所有优惠政策扩大范围，适用于民族地区所有的文化创意企业，以体现社会公平，鼓励社会资本投资文化创意产业。建议对所有新办文化创意企业从获利年度算起，实行两年免税，三年减半征收。对于所有文化创意企业用于知识产权开发的费用可以在税前

---

① 朱剑波：《文化创意产业"营改增"还有完善空间》，《中国税务报》2014 年 5 月 5 日第 B01 版。

加计扣除，以起到促进文化创意产业发展的作用。

借鉴发达国家经验，民族地区应大力促进高端文化创意产业的发展。应以《财政部　国家税务总局关于扶持动漫产业发展有关税收政策问题的通知》（财税〔2009〕65 号）的出台为契机，不断补充和完善有助于高端文化创意产业发展的税收政策。首先，应加强管理和规范整合文化创意产业，做好高端文化创意产业的认定工作，推进已有的扶持高科技企业的税收政策在高端文化创意产业中的运用。其次，应正视文化创意产品生产的特殊性，制定适用于文化创意产业长期发展的税收优惠政策。如为增加文化创意企业对未来发展的确切性，以制定企业中长期的发展规划，可将目前的相关税收优惠条款适用年限由一般的 2—3 年延长至 5—10 年。

加强传统制造业与文化产业融合促进创意产业发展，是加快传统制造业转型升级的现实选择，是产业升级和结构调整的重要路径。产业融合拓展了新产品和新服务，构建了新的发展模式，提供了新的生活方式，提高了企业的核心竞争力。为更好地加强文化创意产业和传统制造业融合，促进产业升级，政府要创造宽松的税收制度条件，要通过合理的税收政策支持和结构性减税不断引导产业融合。

五　结合文化创意产品的市场性与公益性，实行差别税收政策

税收优惠政策主要应该针对文化创意产品，而不应把文化企业的性质作为享受税收优惠政策的依据。就民族地区目前的情况来看，文化事业单位是主导民族地区文化发展、为社会提供必不可少的公益类产品的单位，其本身不以营利为目的，但这些单位可以利用所掌握的资源从事营利活动。因此，在下一步的改革中，既不能为了减轻财政压力而一味地将其推向市场，也不能对其利用公共资源从事营利活动坐视不管。基本的设想是：如果文化事业单位从事公益性文化活动，则不应享受税收优惠，财政应该加大投入力度；如果其利用所掌控的资源进行市场性活动，则应视同文化企业对待；如果文化企业从事公益性文化活动与市场性文化活动，则需要根据国家的文化导向给予税收优惠。

首先，以国家文化导向为依据，在区分公益性与市场性文化产品与服务的基础上，实行差别税收政策。文化创意企业如果向社会提供基础性公共文化产品及服务、提供涉及国家文化和信息安全的文化服务、提供代表国家水准和具有民族特色的高雅文化艺术活动、基于特殊目的进行的文化活动，实行低税率甚至免税，文化事业单位提供上述经营性文化活动产品，则应视同文化企业。而对于市场需求旺、竞争激烈的一般文化产品与服务实行一般税率，对于从事纯消费性的高消费、娱乐性文化活动课征高税。

其次，从服务对象上实行差别税收政策，文化企业对老年人、妇女、青少年提供科普类的公益性文化活动给予低税率甚至免税，而文化事业单位从事上述活动则不能给予税收优惠。

最后，从文化活动开展的区域上实行差别税收政策，对于在国家规定的老少边穷、农村地区从事的公益性活动实行低税率甚至免税政策，文化事业单位从事上述活动则不能享受税收优惠政策（肖建华，2010）。今后要出台更多税收政策鼓励文化科技产业融合。通过税收来鼓励文化创意产品借助电子商务空间进行推广。

六　营造公平的税收环境，强化税收优惠效果

发挥税收对文化创意产业的支持作用，不仅要有科学、健全的税收政策和制度安排，而且要能落实各项税收政策，确保税收政策的现实效用。为此，营造公平税收环境十分必要。首先，完善税收法制。要加强对各地文化企业税源、税负的分析评估，深入了解现实的税收环境，完善税收法制，提高各地文化产业税收依法征管水平。其次，落实税收优惠政策监督机制。确保国家调整产业结构、支持文化产业发展的税收优惠政策不打折扣地落实，并防止优惠政策的滥用。最后，完善税务公开制度。要积极推进税务公开，加强部门协调机制，增强税收政策的可操作性和执法透明度，为文化产业发展创造公平、稳定的税收环境（李秀金、吴学丽，2010）。为非公有资本进入文化领域创造良好的税收政策环境和平等竞争机会，可考虑进一步降低图书、报纸、杂志、音像制品销售的增值税税率，或比照软件企业按销售收入全额课征3%的增值税；对中小文化企业研究创新所获得的奖励，免征个人所得税，对中小文化企业技术入股而获得的股权收益，适当免征个人所得税等。

公平的税收环境还包括改变财政资金的投入方式，将提升创新能力作为文化创意产业的政策基点。国际经验表明，对于文化创意产业不加选择的保护与资助将导致产生准食利阶层，生产者通常更关心如何获得财政资助而不是去吸引观众。目前，由于我国有些文化创意企业未能形成有效的盈利模式，对政府扶持依赖性较强，动画重奖机制之下甚至出现了买通播放渠道层层外包、坐吃财政奖励的扭曲现象。因此，政府进行资助时应有所选择，改变原有"摊大饼"的方法，着力对原创能力较强的民族地区文化创意企业进行扶持，特别要科学筹划文化创意企业的财政投入方式，制定着眼于提高文化创意企业市场价值和投融资能力的扶助政策。①

七　加快构建与民族文化创意产业税收支持协同的体制机制

与民族文化创意产业税收支持协同的体制机制包括市场机制、财政、金融、投融资、人才引进与管理等内容。要把握少数民族文化发展特点和规律，建设统一、开放、竞争、有序的文化创意市场体系，培育文化创意产品市场和要素市场，形成富有效率的文化创意生产和服务运行机制。进一步落实鼓励文化创意产业发展的税收优惠政策，对文化内容创意生产、非物质文化遗产项目经营实行税收优惠；进一步完善金融支持文化创意产业发展政策，加强和改进对文化创意企业的金融服务；进一步完善市场准入和投融资政策，吸引社会资本投资文化创意产业。加快文化创意人才的引进，建立与文化发展要求相适应的人才引进机制，为文化创意产业人才创业提供必要的条件。在用才上，企业应营造宽松、平等、鼓励创新的企业文化，为人才发挥其才能提供良好的平台。在具体人才管理措施上，要把合适的人放在合适的位置，通过设立符合创意产业特点的绩效管理体系和激励机制，激发公司员工的创意和激情。另外，企业可以通过搭建国内国际文化创意人才、文化成果的大型创意设计展览，打造人才交流、碰撞

---

① 夏斐、刘奕、夏杰长：《大力提升我国文化创意产业自主创新能力》，《中国经济时报》2012 年 10 月 11 日第 005 版。

平台。

八　制定并出台有利于民族地区发展文化服务贸易的税收政策

一是对列入国家文化产品出口扶持计划且具有我国少数民族特色的文化艺术、演出展览、民族音乐舞蹈和杂技等产品和服务以及进入国际市场的动漫游戏、电子出版物等新兴文化产品，可从高设定其退税率。二是积极推进中国文化"加工贸易"的税收政策。可针对国外文化企业对在中国境内从事文化产品生产活动给予一定的税收减免。三是对进口文化产品继续实行减免税优惠政策。通过实施民族地区发展文化服务贸易的税收优惠政策，促进民族地区文化创意企业将以更多机会、更高效率、更低成本建立国际产业链，对民族地区的文化创意产业资源进行深度挖掘和开发，充实民族内涵，凝练民族特色，尽快形成自己的国际竞争优势。

九　专门制定针对民族地区个人文化创意者的税收优惠政策

一是加大民族地区个人文化创意者销售文化艺术品的增值税抵扣力度，或对文化艺术原创品的销售免征增值税。二是对民族地区个人文化创意者的一定年收入给予个人所得税减免，提高民间手工艺者的个人所得税费用扣除额，吸引更多年轻人成为传承者。三是对企业在文化艺术人才教育和培训方面的支出给予税收优惠，政府也可通过财政补贴支持企业开展人员技能培训。

此外，还应注重在民族地区文化创意人才培养上的税收优惠政策，鼓励企业、科研院校开办含金量高的文化创意人才培训中心，对于其取得的学杂费用、培训费用等收入，可以考虑减免征收其营业税。为鼓励文化创意产业人才脱颖而出和已取得的成就，政府出资设立各种文化奖项以激励各种产业形态的快速发展。

在民族文化创意产业发展中，要紧紧结合民族地区的实际情况，力求实现自然的价值转换、文化的价值转换，最后落脚于人的价值的实现。民族文化创意产业理论的建构和民族文化创意产业的发展，应突出传承文化、提升价值、创新发展、促进和谐的宗旨，着力于切实推进少数民族和民族地区经济、文化、社会和生态环境又好又快的可持续协调发展，引领民族地区经济社会跨越式科学发展和民族文化大发展、大繁荣。

要依托优势文化资源，发展有浓郁少数民族文化特色的艺术品类、歌舞类产业和动漫产业，要依托丰富的文物古迹，大力发展民族文化旅游产业。要把发展文化产业与促进文化事业和少数民族文化繁荣发展结合起来，借用市场的力量，发挥税收支持的优势，挖掘和整合少数民族文化资源，打造民族文化品牌，保障群众文化权益，扩大少数民族文化影响，形成促进民族文化发展的不竭动力。国家要将丰富的文化资源有效地转化为产业资本，将民族地区城乡居民的支付能力有效地转化为实际的文化消费支出，顺应新常态，助力新常态，全方位促进我国民族地区文化创意产业的发展。

附 录

调查问卷一

Q1：您的工作（学习）单位属于哪种类型？

☐个体户　　　　☐事业单位　　　　☐国有企业

☐国家机关　　　☐外资企业　　　　☐其他_____

Q2：您的工作（学习）单位所在地？

☐省会城市_____　　　　☐二级及以上城市_____

☐直辖市_____

Q3：您对文化创意产业了解吗？

☐十分了解　　　☐一般了解　　　　☐了解一点

☐完全不了解

Q4：您了解文化创意产业的渠道有哪些？

☐新闻媒体　　　☐网络　　　　　　☐政府宣传

☐书本　　　　　☐其他_____

Q5：您的工作（学习）与文化创意产业相关吗？

☐完全相关　　　☐比较相关　　　　☐不太相关

☐完全不相关　　☐不了解

Q6：您认为您所在地政府对文化创意产业的发展重视吗？

☐十分重视　　　☐一般重视　　　　☐不太重视

☐完全不重视　　☐不了解

Q7：您认为您的所在城市文化创意产业发展程度如何？

□很成熟　　　　□比较成熟　　　　□不太成熟
□不了解

Q8：您对您的所在城市关于文化创意产业的税收优惠政策了解吗？

□十分了解　　　　□一般了解　　　　□了解一点
□完全不了解

Q9：如果您了解您的所在城市关于文化创意产业的税收优惠政策，能否举例说明？

Q10：您认为税务机关哪些举措能更好地营造诚信纳税氛围？

□评定纳税信用等级　　　　□定期曝光涉税案件
□实行欠税公告　　　　□打击涉税违法行为

Q11：您认为哪些方法能更好地打击偷税、欠税等行为？

□加强税法宣传　　　　□加大检查力度
□加重惩罚力度　　　　□媒体公开曝光

Q12：您认为您所在城市的文化创意产业对该地区的经济社会发展作用大吗？

□作用很大　　　　□作用一般　　　　□作用不大
□不太清楚

Q13：您对于文化创意产业的发展还有哪些意见或建议？

文化创意产业绩效评价调查问卷

您好！

这是一份学术性问卷，旨在探讨文化创意产业发展状况。衷心感谢您的无私协助，并祝您工作顺利、万事如意！

填写说明：

1. 每一个问题后面都有详细的提示，请您根据要求填写。

2. 由于数据分析和科学研究的需要，请就您所知，尽量给予最完整和真实的回答。

第一部分　基本情况

1. 贵单位所在地是否属于经济发达地区？

☐　是　　　　　　　　　　　　☐　否

2. 本地区文化创意企业缴纳的所得税是哪种征收方式？

☐据实征收　　　☐查账征收　　　☐按收入核实应税所得率

3. 本地区文化创意企业需要缴纳的税种、税率及金额（以上年度数据为准）：

企业所得税：税率_____；金额_____

营业税：税率_____；金额_____

城建税：税率_____；金额_____

教育附加税：税率_____；金额_____

城镇土地使用税：税率_____；金额_____

契税：税率_____；金额_____

印花税：税率_____；金额_____

耕地占用税：税率_____；金额_____

房产税：税率_____；金额_____

车船使用税：税率_____；金额_____

其他（_____）：税率_____；金额_____

4. 您认为您所在地政府对文化创意产业的发展重视吗？

☐十分重视　　　☐一般重视　　　☐不太重视

☐完全不重视

5. 您认为您所在地的文化创意产业税收优惠政策完善吗？

☐十分完善　　　　　　　　☐一般完善

☐不太完善　　　　　　　　☐没有相关政策

6. 本地区文化创意产业税收占总税收比重为多少？

☐0—20%　　　☐25%—50%　　　☐50%—75%

□75%以上

7. 贵单位的全称：_____

地址：_____

联系电话：_____

第二部分　请根据贵单位实际情况，回答以下问题。请一定给出您评分的依据，在相应的表格下用红字标记

问题1：表1中，文化创意产业绩效指标体系由五大准则层指标构成，根据您的判断，请填写相应的权重。

表1　　　　　　　　　　　准则层指标权重

指标	产业发展规模	产业管理状况	产业内容适应性需要	产业税收执行情况	产业经济效益
权重（100%）					

问题2：如果产业发展规模总权重为100%，那么您认为产业发展规模中的各个子因素分别为多少呢？

表2　　　　　　　　　　指标层权重（产业发展规模）

产业发展规模	权重（100%）	得分（满分100）
产业投入状况		
产业投入增长率		

其中，产业投入状况，指政府对于文化创意产业的重视程度、资金的投入力度等：投入力度大，得分为100分；投入力度较大，得分为50分；投入力度一般，得分为20分。

产业投入增长率，计算公式为：（本年投入资金总额－上年投入资金总额）/上年投入资金总额×100%：80%以上得分100分，60%—80%得分50分，60%以下得分20分。

问题3：根据产业管理状况的完善程度，您认为它们的比重各为多少？

表3　　　　　　　　　　**指标层权重（产业管理状况）**

产业管理状况	权重（100%）	得分（满分100）
产业研发管理		
产业运作管理		

其中，产业研发管理，指产业技术在研发过程中，各项管理制度的制定情况，以及运作措施的实行情况：管理完善，得分为100分；管理基本完善，得分为50分；管理不太完善，得分为20分。

产业运作管理，指产业项目完成后，对外业务的开展和各项管理制度及其运作情况：管理规范，得分为100分；管理基本规范，得分为50分；管理不太规范，得分为20分。

问题4：根据产业内容适应性需要，您认为它们的比重各为多少？

表4　　　　　　　　　　**指标层权重（产业内容适应性需要）**

产业内容适应性需要	权重（100%）	得分（满分100）
适合地方发展的重大技术研究开发和创新性建设需要		
先进性、共享性和完整性功能		

其中，适合地方发展的重大技术研究开发和创新性建设需要，指项目必须切实带动区域文化创意产业发展、产品结构优化以及推动社会经济可持续发展等：适合100分；较适合75分；不太适合20分。

先进性、共享性和完整性功能，先进性是指技术指标达到国内外和行业领先，做到自主创新；共享性是指文化科技的转化扩散、文化科技资源和信息的社会共享程度；完整性是指技术成熟可靠，通过鉴定达到工业化、商品化阶段，已形成一套完备的工艺：完全具备得分100分，比较具备得分50分，不太具备得分20分。

问题5：在表5的税收指标中，根据产业税收执行情况，您认为它们的比重各为多少？

表5　　　　　　　　　指标层权重（产业税收执行情况）

产业税收执行情况	权重（100%）	得分（满分100）
税收征收率		
税务登记率		
欠税增加率		
地税处罚率		

其中，税收征收率，计算公式为：本年实征税收/本年依法应征税收×100%：80%以上得分100分；60%—80%得分为50分；60%以下得分为20分。

税务登记率，计算公式为：实际办理税务登记户数/应办理税务登记户数×100%：80%以上得分100分；60%—80%得分为50分；60%以下得分为20分。

欠税增加率，计算公式为：（本年欠税额－上年欠税额）/上年欠税额×100%：10%以下得分为100分；10%—30%得分为50分；30%以上得分为20分。

地税处罚率，计算公式为：处罚缴纳额/纳税总额×100%：10%以下得分为100分；10%—30%得分为50分；30%以上得分为20分。

问题6：根据产业经济效益的影响程度，您认为它们的比重各为多少？

表6　　　　　　　　　指标层权重（产业经济效益）

产业经济效益	权重（100%）	得分（满分100）
对地区发展技术进步和创新能力建设作用		
直接和间接经济效益		
资金利税率		

其中，对地区发展技术进步和创新能力建设作用，指项目在区域经济科技创新体系建设和科技研发平台建设等方面重要的基础和支撑作用：作用强得分为100分；作用较强得分为50分；作用一般得分

为 20 分。

直接和间接经济效益，直接经济效益指项目对该产业或行业产生的产值增值和带来经济效益情况考核；间接经济效益指项目对相关产业产生的产业增值和带来的经济效益以及潜在经济效益情况的考核：效益高得分为 100 分；效益较高得分为 50 分；效益一般得分为 20 分。

资金利税率，计算公式为：利润、税金总额/资产平均总额 × 100%：15% 以上得分为 100 分；10%—15% 得分为 50 分；10% 以下得分为 20 分。

2012 年文化创意产业上市公司投资价值综合排名（前 50 名）

排名	代码	公司名称	偿债能力	盈利能力	扩张能力	发展能力	营运能力	综合得分
1	C430332	安华智能	− 0.0445	− 0.01789	− 0.14703	0.872576	0.872576	1.535731
2	C430357	行悦信息	− 0.22006	− 0.04319	0.654103	0.545348	0.545348	1.481549
3	C002699	美盛文化	0.26588	0.408743	0.500131	− 0.1266	− 0.1266	0.921554
4	C430754	波智高远	− 0.14498	− 0.00241	0.495489	0.262351	0.262351	0.872805
5	C300291	华录百纳	0.352754	0.139	0.514927	− 0.09514	− 0.09514	0.81641
6	C430472	安泰得	0.702581	− 0.02988	0.213077	− 0.04563	− 0.04563	0.794513
7	C430356	雷腾软件	0.078583	− 0.01988	0.265076	0.231893	0.231893	0.787567
8	C603000	人民网	0.251396	0.146364	0.479963	− 0.06568	− 0.06568	0.746371
9	C430508	中视文化	− 0.56045	− 0.00615	0.062029	0.622728	0.622728	0.740885
10	C430578	差旅天下	0.169097	− 0.0058	0.212266	0.173985	0.173985	0.723535
11	C430629	国科海博	0.070123	− 0.0481	0.489392	0.075751	0.075751	0.662919
12	C430712	索天信息	0.639177	0.135959	− 0.05198	− 0.03427	− 0.03427	0.654613
13	C430036	鼎普科技	0.334772	0.16611	0.154357	− 0.00037	− 0.00037	0.654502
14	C002467	二六三	0.546153	− 0.05744	0.119329	0.008485	0.008485	0.625017
15	C300399	无线天利	0.475057	0.125154	0.04857	− 0.01407	− 0.01407	0.620637
16	C430366	金天地	0.688089	− 0.03529	0.029711	− 0.04416	− 0.04416	0.594185
17	C300386	飞天诚信	0.510673	0.113022	0.00632	− 0.01797	− 0.01797	0.594074

排名	代码	公司名称	偿债能力	盈利能力	扩张能力	发展能力	营运能力	综合得分
18	C430235	典雅天地	-0.08764	0.052928	0.332004	0.133981	0.133981	0.565252
19	C430358	基美影业	0.626096	-0.0076	-0.03143	-0.03681	-0.03681	0.513436
20	C300336	新文化	0.142235	0.061225	0.398465	-0.06653	-0.06653	0.46887
21	C430194	锐风行	-0.04388	0.021395	0.645191	-0.08228	-0.08228	0.458143
22	C430261	易维科技	0.250434	-0.03444	0.214834	0.005684	0.005684	0.4422
23	C430205	亿房信息	0.30669	0.044896	0.113562	-0.03001	-0.03001	0.405125
24	C300251	光线传媒	0.167083	0.141396	0.066124	0.014583	0.014583	0.403769
25	C300113	顺网科技	0.211174	0.105831	-0.03482	0.056836	0.056836	0.395859
26	C430518	嘉达早教	0.271732	0.047209	0.151507	-0.03748	-0.03748	0.395496
27	C300383	光环新网	0.521546	0.047587	-0.10878	-0.03586	-0.03586	0.388622
28	C002148	北纬通信	0.136209	0.33675	-0.08447	-0.00531	-0.00531	0.377862
29	C002344	中国皮革	0.637004	0.005101	-0.20841	-0.03686	-0.03686	0.359982
30	C300359	全通教育	0.294862	0.09856	0.009117	-0.02231	-0.02231	0.357921
31	C300310	宜通世纪	0.026053	0.051854	0.41199	-0.07929	-0.07929	0.331314
32	C300043	星辉互动	0.140155	-0.00179	0.109211	0.038424	0.038424	0.324424
33	C300133	华策影视	0.126193	0.028877	0.082912	0.039968	0.039968	0.317919
34	C430228	天房科技	0.053544	-0.04915	0.233877	0.02435	0.02435	0.286976
35	C430163	合创三众	-0.0556	-0.02631	0.438916	-0.0363	-0.0363	0.284413
36	C430063	工控网	0.160862	0.057531	0.162562	-0.04972	-0.04972	0.281508
37	C002033	丽江玉龙	0.491248	0.02281	-0.14376	-0.04872	-0.04872	0.272856
38	C430230	银都文化	0.131974	-0.0771	0.20257	-0.00242	-0.00242	0.252599
39	C430128	广厦网络	0.076273	-0.04518	0.183349	0.0164	0.0164	0.24724
40	C430455	德联科技	0.112057	-0.02624	0.081467	0.039027	0.039027	0.245338
41	C430223	亿童文教	0.253133	-0.01429	0.046323	-0.02298	-0.02298	0.239192
42	C430333	普康迪	0.164954	0.010918	0.048491	0.005281	0.005281	0.234924
43	C300144	宋城演艺	0.243842	0.041842	-0.06478	0.006438	0.006438	0.233785

续表

排名	代码	公司名称	偿债能力	盈利能力	扩张能力	发展能力	营运能力	综合得分
44	C000062	华强实业	0.116571	−0.0488	−0.03297	0.098343	0.098343	0.231483
45	C300104	乐视网	0.089216	−0.0421	0.131678	0.025991	0.025991	0.230776
46	C430403	英思工程	0.17596	0.023613	0.065327	−0.0184	−0.0184	0.228096
47	C430055	中电达通	0.145953	−0.03162	0.035331	0.035789	0.035789	0.221247
48	C000681	视觉中国	−0.08717	0.008605	0.149103	0.073183	0.073183	0.216907
49	C600637	百视通	0.192967	0.003279	−0.00971	0.012163	0.012163	0.210858
50	C002315	焦点科技	0.324234	0.122628	−0.17542	−0.03494	−0.03494	0.201551

2013 年文化创意产业上市公司财务数据

公司代码	公司全称	每股未分配利润	每股经营活动现金流量	净资产收益率	销售净利率	流动比率	速动比率	营业收入增长率(%)	净利润增长率(%)	总资产增长率(%)	存货周转率(次)	总资产周转率(次)	资产负债率(%)
C000058	深圳赛格股份有限公司	-0.05	-0.16	4.44	12.19	1.70	1.56	28.79	31.73	22.65	9.66	0.33	32.75
C000061	深圳市农产品股份有限公司	0.28	0.11	2.76	9.95	0.68	0.68	28.93	105.6	15.1	25.67	0.19	50.15
C000062	深圳华强实业股份有限公司	1.61	1.57	23.44	19.56	1.27	0.37	33.15	43.53	-2.49	0.51	0.42	58.90
C000069	深圳华侨城股份有限公司	1.93	0.99	20.14	17.60	1.34	0.29	26.35	22.17	20.38	0.33	0.35	68.53
C000156	华数传媒股份有限公司	0.48	0.76	18.76	14.18	0.58	0.56	16.13	44.91	46.44	22.55	0.42	64.33
C000430	张家界旅游集团股份有限公司	-0.03	0.27	12.77	10.48	1.13	1.08	-26.69	-48.26	17.50	91.27	0.90	28.07
C000503	海虹企业（整股）股份有限公司	0.58	0.18	1.03	5.99	7.38	7.37	6.72	-44.94	-3.41	117.89	0.14	10.90
C000610	西安旅游股份有限公司	0.69	-0.06	1.87	1.27	1.22	1.20	-21.17	-45.92	2.59	133.37	1.06	27.88

续表

公司代码	公司全称	每股未分配利润	每股经营活动现金流量	净资产收益率	销售净利率	流动比率	速动比率	营业收入增长率(%)	净利润增长率(%)	总资产增长率(%)	存货周转率(次)	总资产周转率(次)	资产负债率(%)
C000665	湖北省广播电视信息网络股份有限公司	1.66	1.60	8.25	15.94	0.68	0.54	8.69	2.19	2.23	4.99	0.35	29.96
C000681	视觉（中国）文化发展股份有限公司	-0.85	-0.03	3.03	12.42	6.45	6.09	192.34	4.73	7.11	5.69	0.52	18.90
C000719	中原大地传媒股份有限公司	1.68	0.33	15.26	9.76	2.43	1.84	27.02	49.48	12.99	4.59	1.04	30.28
C000793	华闻传媒投资集团股份有限公司	0.64	0.50	14.09	24.08	1.61	1.47	-11.80	55.34	15.14	7.33	0.56	35.00
C000802	北京京西风光旅游开发股份有限公司	0.07	0.05	3.89	19.76	2.88	2.83	-1.96	17.68	15.24	9.09	0.16	22.27
C000839	中信国安信息产业股份有限公司	1.22	-0.23	2.25	6.33	1.25	1.01	6.02	-23.61	1.77	2.19	0.18	50.57
C000861	广东海印集团股份有限公司	2.62	0.27	23.00	19.03	1.18	0.40	-0.78	-6.74	21.73	1.01	0.47	62.00
C000888	峨眉山旅游股份有限公司	2.01	0.93	8.62	13.68	2.23	2.12	-13.16	-40.12	48.38	14.64	0.51	16.93

续表

公司代码	公司全称	每股未分配利润	每股经营活动现金流量	净资产收益率	销售净利率	流动比率	速动比率	营业收入增长率(%)	净利润增长率(%)	总资产增长率(%)	存货周转率(次)	总资产周转率(次)	资产负债率(%)
C000917	湖南电广传媒股份有限公司	1.21	1.37	7.14	11.30	2.26	1.79	25.57	-11.15	26.83	2.04	0.34	41.96
C000978	桂林旅游股份有限公司	0.08	0.08	0.75	0.19	0.91	0.57	-11.52	-98.49	22.23	1.09	0.18	44.28
C000997	福建新大陆电脑股份有限公司	1.02	0.91	14.34	13.05	1.82	0.88	38.21	169.08	23.81	0.73	0.56	53.95
C002033	丽江玉龙旅游股份有限公司	2.26	1.34	15.75	29.56	2.55	2.47	13.16	0.62	6.24	11.53	0.39	36.02
C002059	云南旅游股份有限公司	0.51	0.27	6.94	10.17	2.47	1.32	-1.18	10.96	27.05	0.84	0.37	36.34
C002071	长城影视股份有限公司	0.15	0.30	2.08	-0.05	0.50	0.34	0.69	99.81	0.13	3.23	0.42	59.02
C002103	广博集团股份有限公司	1.15	0.31	2.27	1.99	2.97	2.14	-18.52	-52.63	-0.12	3.77	0.72	35.77
C002148	北京北纬通信科技股份有限公司	2.05	0.56	10.84	19.99	7.35	7.35	24.92	22.68	12.55	523.61	0.52	6.06

续表

公司代码	公司全称	每股未分配利润	每股经营活动现金流量	净资产收益率	销售净利率	流动比率	速动比率	营业收入增长率(%)	净利润增长率(%)	总资产增长率(%)	存货周转率(次)	总资产周转率(次)	资产负债率(%)
C002159	武汉三特索道集团股份有限公司	1.82	0.33	5.64	12.29	0.71	0.59	-7.31	-28.71	17.76	1.85	0.22	48.87
C002181	广东广州日报传媒股份有限公司	2.31	0.34	8.28	18.50	5.91	5.57	-11.15	12.28	5.01	6.85	0.40	10.32
C002183	深圳市怡亚通供应链股份有限公司	0.53	-2.76	9.64	1.80	1.10	0.91	53.86	59.87	38.76	7.20	0.93	79.57
C002210	深圳市飞马国际供应链股份有限公司	0.51	0.50	17.19	0.37	1.04	1.04	103.72	34.74	26.55	450.09	2.64	94.44
C002238	深圳市天威视讯股份有限公司	2.39	1.09	9.47	16.30	2.01	2.01	3.34	13.07	4.90	329.70	0.46	20.18
C002261	拓维信息系统股份有限公司	1.56	0.20	4.75	8.98	5.64	5.12	29.27	27.59	7.36	4.00	0.56	13.23
C002268	成都卫士通信息产业股份有限公司	1.38	0.24	7.16	7.77	3.70	3.46	44.13	266.43	7.70	3.43	0.53	29.10
C002279	北京久其软件股份有限公司	1.24	0.41	8.64	20.42	7.91	7.89	17.07	208.13	8.08	9.05	0.39	6.88

续表

公司代码	公司全称	每股未分配利润	每股经营活动现金流量	净资产收益率	销售净利率	流动比率	速动比率	营业收入增长率(%)	净利润增长率(%)	总资产增长率(%)	存货周转率(次)	总资产周转率(次)	资产负债率(%)
C002280	杭州新世纪信息技术股份有限公司	0.53	-0.14	-9.15	-19.19	4.77	4.32	-15.31	-1034.40	-10.99	6.00	0.41	14.62
C002292	广东奥飞动漫文化股份有限公司	1.01	0.24	14.55	15.03	2.48	1.99	20.28	24.69	68.46	2.29	0.60	44.62
C002301	深圳齐心集团股份有限公司	0.82	-0.14	2.45	1.66	1.61	1.26	14.63	-60.20	12.46	6.59	1.00	36.25
C002315	焦点科技股份有限公司	3.11	1.55	7.95	26.68	6.38	6.37	13.62	10.23	5.96	171.85	0.25	14.48
C002344	海宁中国皮革城股份有限公司	1.83	1.21	30.94	35.93	1.14	0.64	29.40	45.26	21.03	0.66	0.43	47.66
C002348	广东高乐玩具股份有限公司	0.44	0.09	5.72	15.32	104.67	90.51	8.55	1.14	-1.80	3.23	0.36	0.80
C002400	广东省广告股份有限公司	1.54	0.31	20.91	6.20	2.08	2.08	20.84	62.20	17.01	2846.32	1.95	45.28
C002439	北京启明星辰信息技术股份有限公司	2.15	1.21	9.56	12.91	2.70	2.52	30.31	66.24	15.86	4.30	0.56	27.19

续表

公司代码	公司全称	每股未分配利润	每股经营活动现金流量	净资产收益率	销售净利率	流动比率	速动比率	营业收入增长率(%)	净利润增长率(%)	总资产增长率(%)	存货周转率(次)	总资产周转率(次)	资产负债率(%)
C002467	二六三网络通信股份有限公司	1.85	0.74	10.54	19.30	2.19	2.15	87.32	-48.26	1.80	20.86	0.45	17.17
C002502	骅威科技股份有限公司	1.35	0.05	3.60	7.14	23.31	21.20	0.25	-23.95	-0.72	5.30	0.48	3.32
C002558	重庆新世纪游轮股份有限公司	1.95	0.01	0.83	1.27	2.26	1.22	13.36	-87.44	13.61	6.09	0.60	14.28
C002575	广东群兴玩具股份有限公司	0.51	0.27	2.74	4.89	14.00	10.95	-0.77	-43.85	-6.26	3.60	0.52	3.63
C002605	上海姚记扑克股份有限公司	1.46	0.91	14.29	16.70	2.85	1.70	10.09	23.13	14.72	2.04	0.68	22.54
C002678	广州珠江钢琴集团股份有限公司	0.47	0.05	11.38	13.87	5.38	2.62	7.47	7.71	13.38	1.49	0.67	20.34
C002699	美盛文化创意股份有限公司	1.28	0.53	6.44	17.91	10.12	8.87	12.72	-15.54	18.41	3.57	0.31	18.03
C300017	网宿科技股份有限公司	2.40	1.76	23.61	19.68	4.72	4.55	47.89	128.55	41.63	27.96	1.02	18.19

续表

公司代码	公司全称	每股未分配利润	每股经营活动现金流量	净资产收益率	销售净利率	流动比率	速动比率	营业收入增长率（%）	净利润增长率（%）	总资产增长率（%）	存货周转率（次）	总资产周转率（次）	资产负债率（%）
C300025	杭州华星创业通信技术股份有限公司	0.82	0.05	12.56	9.13	1.85	1.77	14.28	38.96	39.42	7.94	0.66	45.64
C300027	华谊兄弟传媒股份有限公司	0.80	0.42	21.95	33.42	1.51	1.26	45.27	179.65	74.30	1.43	0.35	45.12
C300043	星辉互动娱乐股份有限公司	1.37	0.24	14.30	6.52	0.93	0.51	98.42	25.57	18.54	9.12	1.32	39.07
C300050	珠海世纪鼎利通信科技股份有限公司	0.97	0.07	-4.68	-21.06	11.28	10.84	-4.79	-624.18	-7.10	4.05	0.22	8.21
C300051	厦门三五互联科技股份有限公司	0.13	0.15	2.77	3.83	3.44	3.42	8.84	202.26	7.42	30.76	0.47	20.16
C300052	深圳中青宝互动网络股份有限公司	0.36	0.42	5.55	18.35	2.27	2.27	75.40	269.61	43.49	244.43	0.27	28.58
C300071	北京华谊嘉信整合营销顾问集团股份有限公司	0.99	-0.42	11.86	4.23	2.14	2.14	41.80	59.14	51.76	6937.56	2.11	41.43

续表

公司代码	公司全称	每股未分配利润	每股经营活动现金流量	净资产收益率	销售净利率	流动比率	速动比率	营业收入增长率(%)	净利润增长率(%)	总资产增长率(%)	存货周转率(次)	总资产周转率(次)	资产负债率(%)
C300104	乐视网信息技术(北京)股份有限公司	0.70	0.22	17.93	9.84	0.83	0.77	102.28	22.33	73.05	19.26	0.60	58.58
C300113	杭州顺网科技股份有限公司	1.56	1.09	12.16	29.54	2.61	2.60	26.71	11.24	40.37	45.80	0.32	30.34
C300133	浙江华策影视股份有限公司	1.03	-0.10	15.93	29.75	6.46	4.63	27.68	23.05	19.13	1.27	0.48	13.55
C300144	宋城演艺发展股份有限公司	1.32	0.77	10.24	45.49	4.62	4.62	15.79	20.42	8.03	156.90	0.20	7.91
C300148	天舟文化股份有限公司	0.55	0.31	3.82	6.22	5.39	4.72	17.16	0.67	6.30	4.15	0.53	14.54
C300188	厦门市美亚柏科信息股份有限公司	0.90	0.22	7.01	16.11	3.80	3.13	11.55	-19.96	12.76	1.48	0.40	18.61
C300209	天泽信息产业股份有限公司	0.69	0.02	0.82	5.27	13.75	13.38	20.49	58.60	-4.23	3.52	0.17	6.15

续表

公司代码	公司全称	每股未分配利润	每股经营活动现金流量	净资产收益率	销售净利率	流动比率	速动比率	营业收入增长率（%）	净利润增长率（%）	总资产增长率（%）	存货周转率（次）	总资产周转率（次）	资产负债率（%）
C300212	北京易华录信息技术股份有限公司	1.01	-0.66	11.68	11.98	1.48	0.52	49.51	9.54	48.12	0.67	0.45	58.10
C300226	上海钢联电子商务股份有限公司	0.82	0.03	5.83	1.53	1.59	1.36	62.73	-37.90	27.84	20.58	2.12	47.07
C300248	新开普电子股份有限公司	1.58	0.31	4.95	11.06	8.17	6.99	5.60	-41.94	6.31	1.76	0.39	12.29
C300251	北京光线传媒股份有限公司	1.29	1.49	15.59	36.27	3.62	3.12	-12.54	5.71	20.11	3.05	0.38	14.33
C300291	北京华录百纳影视股份有限公司	2.50	-0.55	12.42	32.99	11.93	8.85	-3.95	6.55	5.11	0.79	0.34	8.60
C300310	广东宜通世纪科技股份有限公司	1.03	-0.40	6.24	5.46	3.87	3.15	14.78	-45.15	10.10	4.39	0.90	22.43
C300329	海伦钢琴股份有限公司	0.82	0.21	6.28	9.68	3.07	2.08	11.66	4.96	4.04	1.86	0.51	21.55
C300336	上海新文化传媒集团股份有限公司	2.34	-0.73	12.88	23.78	4.86	2.91	24.78	26.58	13.62	0.84	0.44	19.84

续表

公司代码	公司全称	每股未分配利润	每股经营活动现金流量	净资产收益率	销售净利率	流动比率	速动比率	营业收入增长率(%)	净利润增长率(%)	总资产增长率(%)	存货周转率(次)	总资产周转率(次)	资产负债率(%)
C300359	广东全通教育股份有限公司	1.62	0.74	21.02	24.38	7.80	7.71	10.00	-3.92	18.12	64.60	0.78	10.01
C300383	北京光环新网科技股份有限公司	3.89	2.21	24.07	21.83	0.92	0.91	27.21	21.45	45.82	311.57	0.81	31.73
C300386	飞天诚信科技股份有限公司	4.12	2.13	49.50	23.78	5.19	3.50	39.79	94.67	76.79	3.32	1.69	20.55
C300399	北京无线天利移动信息技术股份有限公司	2.28	0.22	18.86	23.11	8.93	8.86	-10.91	-30.22	17.43	30.38	0.74	9.52
C430016	北京胜龙科技股份有限公司	-1.24	-0.08	-106.25	-148.19	0.74	0.60	-27.79	-15.89	-12.10	2.98	0.29	79.59
C430035	北京中兴通科技股份有限公司	0.50	-0.02	-8.48	-70.40	18.30	18.29	-78.34	-180.22	-5.77	9.24	0.11	6.28
C430036	北京鼎普科技股份有限公司	1.28	0.44	19.45	19.82	2.14	2.06	35.39	-8.44	95.77	4.13	0.64	45.85

续表

公司代码	公司全称	每股未分配利润	每股经营活动现金流量	净资产收益率	销售净利率	流动比率	速动比率	营业收入增长率(%)	净利润增长率(%)	总资产增长率(%)	存货周转率(次)	总资产周转率(次)	资产负债率(%)
C430055	北京中电电话通信技术股份有限公司	0.91	0.09	15.44	34.07	2.33	2.30	9.41	16.87	19.94	14.93	0.34	24.92
C430063	工控网（北京）信息技术股份有限公司	0.94	1.43	16.15	12.55	0.60	0.59	1.93	−17.31	73.42	63.51	0.77	50.21
C430106	北京爱特泰克技术股份公司	0.07	−0.18	5.85	1.21	1.36	0.88	34.16	147.29	30.70	2.90	1.43	73.26
C430110	百拓商旅（北京）网络科技股份有限公司	−0.15	−0.28	−13.36	−3.63	1.39	1.38	0.42	−31.48	39.09	223.27	2.36	48.53
C430128	北京广厦网络技术股份公司	1.00	0.27	20.04	8.54	1.56	1.55	−3.79	−27.24	39.26	727.18	1.00	59.70
C430131	北京伟利信讯信息技术股份有限公司	0.29	0.04	14.61	19.15	18.36	12.92	−1.52	94.79	8.13	1.18	0.70	5.37
C430137	北京金信润天信息技术股份有限公司	0.36	0.29	18.80	3.34	1.38	0.83	43.16	15.69	20.96	3.56	1.86	67.98

公司代码	公司全称	每股未分配利润	每股经营活动现金流量	净资产收益率	销售净利率	流动比率	速动比率	营业收入增长率(%)	净利润增长率(%)	总资产增长率(%)	存货周转率(次)	总资产周转率(次)	资产负债率(%)
C430148	北京科能腾达信息技术股份有限公司	0.41	-0.09	32.32	10.68	2.10	1.14	48.59	395.39	97.26	2.34	1.56	47.44
C430160	天津三泰晟驰科技股份有限公司	2.29	0.56	8.43	27.08	3.91	3.51	4.21	179.32	1.79	2.79	0.26	14.37
C430163	北京合创三众能源科技股份有限公司	0.44	0.07	21.09	7.69	1.65	0.99	26.47	41.24	41.54	2.77	1.39	52.31
C430164	北京思倍驰科技股份有限公司	0.47	0.59	21.50	18.95	2.97	1.98	-43.40	-20.66	31.03	1.12	0.48	58.84
C430171	北京电信易通信息技术股份有限公司	0.48	0.07	24.49	4.30	1.34	0.77	60.02	64.44	31.14	4.03	1.57	72.71
C430194	北京锐风行艺术交流股份有限公司	0.27	-0.81	14.43	10.89	2.84	2.80	33.89	64.71	134.76	32.71	0.90	33.99
C430205	武汉亿房信息股份有限公司	2.90	1.11	11.24	16.98	5.72	5.70	-12.36	-54.21	12.41	39.38	0.56	14.90
C430223	武汉亿童文教股份有限公司	1.06	0.85	45.81	17.59	2.74	1.90	39.37	70.99	55.76	1.78	1.64	38.10

续表

公司代码	公司全称	每股未分配利润	每股经营活动现金流量	净资产收益率	销售净利率	流动比率	速动比率	营业收入增长率(%)	净利润增长率(%)	总资产增长率(%)	存货周转率(次)	总资产周转率(次)	资产负债率(%)
C430228	天津市天房科技发展股份有限公司	0.22	0.01	17.74	9.09	1.06	1.02	-25.68	-25.57	101.65	7.90	0.33	86.33
C430230	武汉银都文化传媒股份有限公司	0.67	0.14	18.46	33.19	1.56	1.46	14.82	12.01	49.48	2.48	0.24	61.24
C430232	天津烨清信息技术股份有限公司	-0.41	0.05	-51.65	-14.83	0.48	0.37	-14.19	32.35	-19.50	6.36	1.35	67.52
C430235	北京典雅天地文化传播股份有限公司	0.01	-0.34	-12.35	-24.35	5.98	4.52	-25.72	-238.49	21.69	1.53	0.43	13.00
C430243	北京铜牛信息科技股份有限公司	0.40	0.46	24.51	10.50	1.33	1.31	38.71	10.72	24.59	71.77	1.57	31.65
C430247	北京金日创科技股份有限公司	0.04	-0.62	12.39	4.41	1.79	1.28	25.24	266.82	12.47	3.56	1.26	54.86
C430248	北京奥尔斯科技股份有限公司	-0.21	-0.06	-21.49	-14.73	2.50	1.80	-10.81	-346.89	12.73	2.09	0.94	45.64
C430253	北京兴竹同智信息技术股份有限公司	0.67	0.04	28.86	18.51	2.79	1.96	20.22	40.09	10.59	3.97	1.02	29.74

续表

公司代码	公司全称	每股未分配利润	每股经营活动现金流量	净资产收益率	销售净利率	流动比率	速动比率	营业收入增长率（%）	净利润增长率（%）	总资产增长率（%）	存货周转率（次）	总资产周转率（次）	资产负债率（%）
C430258	上海易同科技股份有限公司	-0.20	0.43	-7.81	-10.73	4.48	2.73	16.32	-881.03	-5.88	1.57	0.59	20.09
C430261	武汉易维科技股份有限公司	0.37	-0.16	33.71	22.14	3.06	2.85	44.40	31.85	72.60	6.54	1.09	26.62
C430267	北京盛世光明软件股份有限公司	0.03	-0.43	1.29	0.85	1.45	1.43	134.91	-78.74	78.08	7.34	0.90	53.40
C430281	北京能为科技股份有限公司	0.06	0.12	3.56	4.14	5.26	4.45	-13.97	-69.71	9.29	2.80	0.73	17.81
C430298	北京淘礼网科技股份有限公司	0.17	-0.17	5.93	1.53	1.63	0.98	11.61	-82.22	17.38	2.59	1.63	59.73
C430304	北京每日视界影视动画股份有限公司	-0.18	-1.32	-10.17	-4.33	1.34	0.87	-34.32	-129.88	-3.20	4.73	1.29	47.09
C430309	上海易所试网络信息技术股份有限公司	0.15	-1.40	7.04	2.22	1.78	1.70	103.47	-25.27	62.14	21.43	1.66	56.14

公司代码	公司全称	每股末分配利润	每股经营活动现金流量	净资产收益率	销售净利率	流动比率	速动比率	营业收入增长率(%)	净利润增长率(%)	总资产增长率(%)	存货周转率(次)	总资产周转率(次)	资产负债率(%)
C430313	北京国富盛通通信股份有限公司	0.45	0.65	2.26	1.88	2.18	2.08	12.10	-85.40	24.64	20.30	0.96	30.49
C430316	上海巨灵信息技术股份有限公司	0.10	-0.12	8.38	13.18	6.59	6.34	-51.26	-81.10	3.86	11.04	0.58	6.40
C430317	北京日升天信科技股份有限公司	-0.01	0.80	-1.76	-0.19	0.91	0.90	36.16	-104.60	50.67	204.37	2.23	80.37
C430318	上海四维文化传媒股份有限公司	1.81	0.50	14.32	9.97	1.58	1.52	18.17	-20.65	28.99	9.98	0.63	53.48
C430332	安华智能股份公司	0.07	-0.05	14.12	6.28	5.03	3.10	37.88	122.36	-1.44	3.14	1.47	20.10
C430333	普康迪(北京)数码科技股份有限公司	0.71	-0.40	14.02	6.96	2.10	1.67	27.76	-37.80	52.95	2.86	1.27	44.38
C430341	北京呈创科技股份有限公司	0.00	-0.31	19.90	9.00	1.43	1.28	45.18	237.62	53.34	5.98	0.97	60.06
C430345	上海天呈医流科技股份有限公司	-0.27	-0.08	-23.80	-7.08	1.53	0.78	-8.69	-509.13	1.91	6.03	1.70	55.32

续表

公司代码	公司全称	每股未分配利润	每股经营活动现金流量	净资产收益率	销售净利率	流动比率	速动比率	营业收入增长率(%)	净利润增长率(%)	总资产增长率(%)	存货周转率(次)	总资产周转率(次)	资产负债率(%)
C430356	上海雷腾软件股份有限公司	0.24	0.42	29.22	9.82	1.35	1.34	82.27	96.86	43.59	97.30	1.24	59.61
C430357	上海行悦信息科技股份有限公司	0.06	0.05	5.88	8.37	0.91	0.69	21.13	127.64	4.84	2.70	0.41	40.92
C430358	上海基美影业股份有限公司	0.10	-1.31	9.23	16.70	8.08	7.38	22.76	-30.66	171.68	1.86	0.43	11.93
C430362	东电创新（北京）科技发展股份有限公司	0.29	-0.48	19.51	16.35	6.74	6.03	46.90	1424.39	161.79	5.61	0.98	14.58
C430366	北京金天地影视文化股份有限公司	1.22	-0.71	33.90	29.44	2.24	1.85	52.71	-2.61	49.97	1.59	0.65	44.35
C430384	上海宜达胜科贸股份有限公司	0.05	-0.93	12.42	1.60	1.35	0.83	90.88	-1.04	51.59	5.53	2.49	64.67
C430403	武汉英思工程科技股份有限公司	0.06	0.45	19.38	12.31	5.15	5.12	55.00	18.33	66.16	89.51	1.16	23.28

续表

公司代码	公司全称	每股未分配利润	每股经营活动现金流量	净资产收益率	销售净利率	流动比率	速动比率	营业收入增长率(%)	净利润增长率(%)	总资产增长率(%)	存货周转率(次)	总资产周转率(次)	资产负债率(%)
C430411	北京中电方大科技股份有限公司	0.11	-0.02	8.76	6.00	2.87	2.81	88.16	1238.69	42.83	63.16	1.19	27.74
C430448	重庆和航科技股份有限公司	0.35	0.17	-1.98	-3.04	4.22	3.72	-23.14	-113.15	4.76	1.94	0.44	21.43
C430451	深圳市万人市场调查股份有限公司	0.29	0.32	8.24	5.41	2.43	2.15	16.24	33.36	46.28	3.55	0.96	37.66
C430452	西安汇龙科技股份有限公司	0.92	-0.38	3.87	2.20	1.83	1.82	29.21	1.47	18.97	89.31	0.82	50.73
C430455	杭州德联科技股份有限公司	0.72	1.35	44.96	21.31	1.61	1.25	48.46	108.69	16.55	2.81	0.97	58.74
C430456	苏州和氏设计营造股份有限公司	1.05	0.04	16.97	6.99	1.27	0.65	-26.99	3.62	41.46	2.03	0.98	62.77
C430457	浙江三网科技股份有限公司	0.01	0.02	9.67	7.98	2.11	2.00	-39.45	10.24	-2.24	2.83	0.49	42.53
C430464	深圳市方迪科技股份有限公司	0.34	-0.02	0.64	0.20	1.10	0.86	-16.25	-95.90	8.51	6.15	1.07	67.72

公司代码	公司全称	每股未分配利润	每股经营活动现金流量	净资产收益率	销售净利率	流动比率	速动比率	营业收入增长率(%)	净利润增长率(%)	总资产增长率(%)	存货周转率(次)	总资产周转率(次)	资产负债率(%)
C430472	昆明安泰得软件股份有限公司	3.83	1.85	34.44	39.67	2.45	2.41	32.25	6.43	30.72	5.68	0.61	26.99
C430486	广州普金计算机科技股份有限公司	0.07	0.13	1.18	1.17	0.62	0.62	42.76	130.02	10.88	277.47	0.44	34.08
C430488	杭州东创科技股份有限公司	0.96	-0.11	13.34	10.70	2.70	2.01	45.30	-3.12	32.53	2.61	0.88	34.09
C430494	安徽华博胜讯信息科技股份有限公司	0.08	0.40	14.13	5.22	1.84	1.64	41.51	213.61	34.90	7.29	1.42	52.72
C430495	大连奥远电子股份有限公司	0.20	-0.41	11.05	2.79	1.76	1.56	-8.69	899.62	12.13	11.79	1.83	53.42
C430498	青岛嘉华网络股份有限公司	0.01	0.51	11.76	3.60	2.69	2.44	34.82	192.87	28.87	18.03	2.29	34.23
C430506	郑州云飞扬信息技术股份有限公司	0.17	0.16	-18.83	-15.17	2.27	1.76	-1.47	-266.88	16.89	1.25	0.84	43.29
C430508	海南中视文化传播股份有限公司	0.20	0.55	8.94	4.56	5.10	5.09	13.62	453.50	14.15	854.05	1.22	39.00

续表

公司代码	公司全称	每股未分配利润	每股经营活动现金流量	净资产收益率	销售净利率	流动比率	速动比率	营业收入增长率(%)	净利润增长率(%)	总资产增长率(%)	存货周转率(次)	总资产周转率(次)	资产负债率(%)
C430518	广东嘉达早教科技股份有限公司	1.62	0.55	16.48	12.30	6.02	3.58	17.54	-3.99	6.41	5.96	1.19	6.32
C430522	湖南超弦科技股份有限公司	0.45	-0.11	33.35	22.82	3.10	2.53	316.58	102.73	108.82	5.99	1.23	23.88
C430575	苏州迈科网络安全技术股份有限公司	0.25	-0.24	-10.54	-44.26	6.56	6.19	-50.01	-228.16	-1.94	1.68	0.21	15.50
C430576	山东泰信电子股份有限公司	0.39	0.10	-2.25	-4.72	2.63	1.42	6.26	-157.44	-0.91	0.87	0.44	7.72
C430578	吉林省差旅天下网络技术股份有限公司	0.69	-0.91	32.02	26.29	1.93	1.91	100.15	93.97	89.72	47.91	0.78	43.57
C430583	江苏国贸酝领智能科技股份有限公司	0.03	-0.21	10.98	2.45	1.43	1.41	37.13	675.53	18.30	78.75	1.20	68.17
C430629	成都国科海博信息技术股份有限公司	0.39	-0.43	30.15	14.96	1.79	1.42	133.96	107.85	64.17	1.92	0.78	57.25

续表

公司代码	公司全称	每股未分配利润	每股经营活动现金流量	净资产收益率	销售净利率	流动比率	速动比率	营业收入增长率(%)	净利润增长率(%)	总资产增长率(%)	存货周转率(次)	总资产周转率(次)	资产负债率(%)
C430643	北京蓝科泰达科技股份有限公司	-0.06	-0.04	-5.54	-8.76	4.19	3.00	-20.37	-182.98	12.89	0.85	0.54	19.14
C430657	大连楼兰科技股份有限公司	0.14	-0.23	4.44	1.89	2.01	1.72	41.78	-45.56	25.55	2.26	1.60	37.19
C430664	北京联合永道软件股份有限公司	0.02	0.14	23.90	4.76	2.00	1.97	21.93	178.05	-24.05	137.34	3.09	47.76
C430667	北京三多堂传媒股份有限公司	0.15	-0.59	15.64	20.05	1.85	1.17	-12.96	-9.67	0.24	1.20	0.43	44.49
C430681	南京芒冠光电科技股份有限公司	0.29	0.07	16.52	10.67	6.85	4.67	17.62	1640.17	9.93	1.56	1.24	16.53
C430690	酷买网（北京）科技股份有限公司	-0.18	-0.64	-53.48	-8.31	5.53	4.14	-42.05	-498.56	-28.92	15.60	2.52	17.61
C430702	北京昊福文化传播股份有限公司	0.02	-0.17	2.29	2.42	3.40	1.78	53.70	1030.37	25.34	0.75	0.74	28.73
C430708	广东铂亚信息技术股份有限公司	1.03	-0.40	17.90	20.26	2.49	2.11	32.18	52.09	22.55	3.63	0.58	35.17

续表

公司代码	公司全称	每股未分配利润	每股经营活动现金流量	净资产收益率	销售净利率	流动比率	速动比率	营业收入增长率(%)	净利润增长率(%)	总资产增长率(%)	存货周转率(次)	总资产周转率(次)	资产负债率(%)
C430712	福建素天信息科技股份有限公司	0.31	1.56	15.38	21.04	1.62	1.25	-5.65	-45.22	34.86	1.47	0.55	35.61
C430750	北京欣易科技发展股份有限公司	0.05	-0.30	-3.25	-4.72	1.33	0.44	-41.18	-169.51	219.84	0.21	0.24	74.76
C430754	北京波智高远信息技术股份有限公司	-0.20	-0.05	-20.88	-21.63	1.29	0.62	-56.34	-361.33	-11.46	3.86	0.60	41.08
C600037	北京歌华有线电视网络股份有限公司	2.02	0.97	6.68	16.81	3.51	3.40	2.16	27.00	-1.06	18.50	0.22	43.94
C600050	中国联合网络通信股份有限公司	1.23	3.93	4.68	3.39	0.18	0.16	18.52	46.50	2.51	37.33	0.58	58.29
C600054	黄山旅游发展股份有限公司	2.50	0.51	7.32	12.48	1.03	0.32	-12.36	-38.04	-0.73	0.80	0.38	38.69
C600057	厦门象屿股份有限公司	0.85	-5.44	14.43	0.76	1.02	0.75	20.60	113.00	95.63	15.05	3.55	84.35

续表

公司代码	公司全称	每股未分配利润	每股经营活动现金流量	净资产收益率	销售净利率	流动比率	速动比率	营业收入增长率(%)	净利润增长率(%)	总资产增长率(%)	存货周转率(次)	总资产周转率(次)	资产负债率(%)
C600088	中视传媒股份有限公司	1.01	-0.44	6.27	5.87	2.75	2.47	0.95	49.99	-17.38	9.63	0.73	25.40
C600138	中青旅控股股份有限公司	3.76	1.19	11.07	5.14	0.93	0.73	-9.38	-9.34	6.19	8.96	1.16	50.99
C600258	北京首旅酒店(集团)股份有限公司	2.16	1.03	11.36	4.61	0.95	0.92	-2.51	-1.25	-3.72	101.07	1.34	40.44
C600289	亿阳信通股份有限公司	1.20	0.37	4.45	6.52	2.10	1.96	-0.35	-29.88	1.09	3.18	0.39	33.74
C600358	国旅联合股份有限公司	-0.09	0.01	2.31	8.98	0.80	0.79	-21.16	118.99	-9.14	4.41	0.11	56.20
C600373	中文天地出版传媒股份有限公司	2.07	2.21	13.22	6.03	1.83	1.70	13.83	32.35	42.07	14.91	1.12	48.52
C600415	浙江中国小商品城集团股份有限公司	1.42	-0.12	8.36	19.37	0.87	0.13	1.19	-0.09	31.67	0.25	0.17	62.21
C600551	时代出版传媒股份有限公司	2.79	0.63	10.65	8.10	2.09	1.64	37.72	11.21	16.41	4.60	0.85	36.08

续表

公司代码	公司全称	每股未分配利润	每股经营活动现金流量	净资产收益率	销售净利率	流动比率	速动比率	营业收入增长率(%)	净利润增长率（%）	总资产增长率（%）	存货周转率(次)	总资产周转率（次）	资产负债率（%）
C600593	大连圣亚旅游控股股份有限公司	0.17	1.58	10.71	16.91	0.86	0.86	20.71	425.60	4.16	20.07	0.35	52.79
C600633	浙报传媒集团股份有限公司	1.32	1.34	17.98	20.93	1.68	1.64	59.67	74.70	145.35	27.37	0.51	36.07
C600637	百视通新媒体股份有限公司	1.35	0.67	19.91	25.08	2.48	2.36	30.06	32.88	32.61	10.50	0.58	24.67
C600640	号百控股股份有限公司	0.65	0.37	3.35	4.84	3.59	3.56	-3.79	-41.94	1.92	75.02	0.52	17.93
C600661	上海新南洋股份有限公司	-0.09	0.34	4.14	3.69	0.66	0.47	13.27	140.73	-2.25	4.37	0.57	56.36
C600706	西安曲江文化旅游股份有限公司	0.71	0.12	11.88	6.44	0.66	0.61	13.83	18.47	11.55	16.91	0.70	61.19
C600749	西藏旅游股份有限公司	0.17	0.36	1.19	4.51	0.90	0.79	9.73	-32.82	3.68	5.55	0.16	42.11

续表

公司代码	公司全称	每股未分配利润	每股经营活动现金流量	净资产收益率	销售净利率	流动比率	速动比率	营业收入增长率（%）	净利润增长率（%）	总资产增长率（%）	存货周转率（次）	总资产周转率（次）	资产负债率（%）
C600756	浪潮软件股份有限公司	1.20	0.25	0.54	0.41	1.55	1.19	22.27	-90.94	3.36	2.95	0.63	45.23
C600757	长江出版传媒股份有限公司	1.16	0.22	10.23	8.83	2.34	1.80	20.72	14.01	41.18	3.12	0.77	28.64
C600770	江苏综艺股份有限公司	0.03	0.52	-24.19	-233.02	1.87	1.27	-26.11	-658.08	-20.39	0.36	0.06	35.36
C600804	鹏博士电信传媒集团股份有限公司	0.84	2.20	10.04	7.01	0.38	0.37	127.26	96.16	42.06	31.63	0.55	64.73
C600825	上海新华传媒股份有限公司	0.72	0.11	2.37	3.24	0.92	0.81	2.90	-45.64	3.54	4.61	0.30	59.65
C600831	陕西广电网络传媒（集团）股份有限公司	1.09	1.47	8.45	6.98	0.22	0.18	17.85	-1.14	12.50	15.85	0.48	62.11
C600832	上海东方明珠（集团）股份有限公司	0.50	0.59	9.00	20.15	0.85	0.51	16.06	19.64	17.58	1.63	0.28	40.20

续表

公司代码	公司全称	每股未分配利润	每股经营活动现金流量	净资产收益率	销售净利率	流动比率	速动比率	营业收入增长率(%)	净利润增长率(%)	总资产增长率(%)	存货周转率(次)	总资产周转率(次)	资产负债率(%)
C600880	成都博瑞传播股份有限公司	1.91	0.46	11.79	25.53	2.39	2.34	12.47	29.62	54.27	18.99	0.40	18.74
C601098	中南出版传媒集团股份有限公司	1.45	0.71	12.56	14.09	3.14	2.81	15.91	22.90	9.82	4.50	0.65	27.15
C601519	上海大智慧股份有限公司	-0.07	-0.04	0.40	2.71	4.87	4.87	90.21	109.10	11.43	367.10	0.27	13.54
C601801	安徽新华传媒股份有限公司	2.03	0.35	13.83	13.29	2.97	2.52	26.15	21.52	16.64	6.27	0.79	25.27
C601888	中国国旅股份有限公司	3.29	1.51	17.65	8.51	3.07	2.67	8.15	25.78	45.14	11.62	1.59	25.12
C601928	江苏凤凰出版传媒股份有限公司	0.97	0.41	10.10	12.84	2.58	2.10	9.10	0.81	9.15	2.81	0.53	30.59
C601929	吉视传媒股份有限公司	0.69	0.74	9.70	20.93	0.80	0.71	8.94	0.15	14.05	7.27	0.32	32.23

续表

公司代码	公司全称	每股未分配利润	每股经营活动现金流量	净资产收益率	销售净利率	流动比率	速动比率	营业收入增长率(%)	净利润增长率(%)	总资产增长率(%)	存货周转率(次)	总资产周转率(次)	资产负债率(%)
C601999	北方联合出版传媒（集团）股份有限公司	0.99	-0.05	4.05	5.30	2.43	1.73	4.72	3.37	5.82	1.70	0.52	32.86
C603000	人民网股份有限公司	1.49	0.93	12.29	28.29	6.44	6.44	45.18	33.50	14.04	231.42	0.39	12.66
C603099	长白山旅游股份有限公司	0.66	0.45	15.16	26.70	4.90	4.73	-6.75	-15.75	10.92	19.87	0.51	8.59
C830769	北京华财会计股份有限公司	0.25	-0.01	18.58	4.60	2.31	2.31	37.23	27.40	-14.49	761.45	2.03	36.76
C830780	重庆永鹏网络科技股份有限公司	0.14	0.40	-7.97	-3.57	1.32	1.09	19.40	-345.42	4.25	4.48	0.98	81.77
C830836	湖北荆楚网络科技股份有限公司	-0.04	-2.76	-4.38	-5.80	1.86	1.86	37.59	-133.70	81.02	366.53	0.37	53.76
C830845	深圳芯邦科技股份有限公司	0.20	0.12	1.15	1.53	8.23	5.31	34.58	207.22	4.50	2.09	0.70	9.12

续表

公司代码	公司全称	每股未分配利润	每股经营活动现金流量	净资产收益率	销售净利率	流动比率	速动比率	营业收入增长率(%)	净利润增长率(%)	总资产增长率(%)	存货周转率(次)	总资产周转率(次)	资产负债率(%)
C830860	银川奥特信息技术股份公司	0.62	-0.10	12.19	15.66	2.95	2.22	75.15	123.53	10.24	1.24	0.52	32.43
C830861	合肥金诺数码科技股份有限公司	0.34	-0.27	19.60	11.77	2.66	2.25	12.55	6.69	65.25	4.82	1.12	35.70
C830877	浙江康莱宝体育用品股份有限公司	0.02	1.36	11.36	2.86	0.68	0.53	30.63	166.99	4.36	5.25	0.78	80.92
C830888	北京环球世纪工场文化传媒股份有限公司	0.58	0.16	81.56	15.92	3.97	3.45	5.28	491.83	-19.52	14.34	2.11	22.90
C830898	北京华人天地影视策划股份有限公司	0.49	-0.83	47.74	38.08	7.65	6.71	322.89	7455.17	256.75	1.96	0.99	12.40
C830927	浙江兆久成信息技术股份有限公司	0.00	-0.05	30.12	7.63	2.40	1.29	910.60	270.50	180.44	5.28	2.45	39.54
C830943	济南科明数码技术股份有限公司	0.02	-0.32	10.24	6.88	7.82	7.05	107.71	19.47	14.94	6.58	1.06	11.75

续表

公司代码	公司全称	每股未分配利润	每股经营活动现金流量	净资产收益率	销售净利率	流动比率	速动比率	营业收入增长率(%)	净利润增长率(%)	总资产增长率(%)	存货周转率(次)	总资产周转率(次)	资产负债率(%)
C830953	江西惠当家信息技术股份有限公司	0.08	0.15	15.10	18.78	12.93	11.53	656.98	373.21	24.82	8.16	0.74	10.71
C830969	广东智通人才连锁股份有限公司	0.95	0.59	12.05	2.34	1.94	1.93	82.06	39.70	18.86	1332.48	3.52	30.97
C830997	上海领意信息系统集成股份有限公司	0.07	-0.66	16.67	3.15	3.65	2.87	11.34	144.41	32.70	6.16	2.66	26.90
C831021	四川华雁信息产业股份有限公司	1.30	0.17	5.52	5.22	4.05	2.58	7.36	-76.32	6.70	1.21	0.75	29.61
C831051	北京春秋鸿文化投资股份有限公司	0.76	-1.97	67.22	8.84	1.29	1.15	199.53	8419.05	97.89	4.94	0.78	89.59
C831062	西安远古信息科技股份有限公司	0.08	0.32	64.99	46.93	3.26	3.12	59.78	118.18	124.22	7.18	1.01	30.14
C831063	安徽省安泰科技股份有限公司	0.58	-0.16	16.32	11.27	2.11	1.13	65.93	146.21	48.32	1.71	0.88	44.89
C831065	鑫干线(北京)科技股份有限公司	0.65	0.30	16.10	15.20	3.53	3.32	-4.78	30.22	-23.19	10.93	0.79	25.13

续表

公司代码	公司全称	每股未分配利润	每股经营活动现金流量	净资产收益率	销售净利率	流动比率	速动比率	营业收入增长率（%）	净利润增长率（%）	总资产增长率（%）	存货周转率（次）	总资产周转率（次）	资产负债率（%）
C831072	福建瑞聚信息技术股份有限公司	0.04	0.50	22.72	12.86	1.76	1.76	47.95	1111.37	27.52	357.90	0.80	55.26
C831077	合肥中鼎信息科技股份有限公司	0.09	0.28	4.11	2.39	2.01	1.49	46.52	133.18	-18.76	2.55	0.80	33.78
C831083	北京东润环能科技股份有限公司	0.63	0.35	9.03	5.04	1.48	1.15	-13.00	-80.82	16.47	1.20	0.59	69.70
C831084	绿网天下（福建）网络科技股份有限公司	0.09	-0.06	22.24	21.04	3.75	3.75	177.69	846.91	29.61	381.64	0.81	24.79
C831101	北京奥维市场咨询股份有限公司	0.09	2.16	27.29	7.51	2.30	2.17	334.18	525.49	1289.55	16.71	2.07	41.30
C831114	上海易销科技股份有限公司	-0.23	-0.78	-11.37	-8.39	2.71	2.19	33.58	-194.78	40.13	2.14	0.82	35.99
C831126	北京元鼎时代科技股份有限公司	0.18	-0.17	16.17	3.04	1.97	1.19	74.21	930.61	-17.98	4.71	2.04	50.67
C900929	上海锦江国际旅游股份有限公司	1.10	0.13	6.49	2.73	1.52	1.52	1.43	37.95	-1.71	6089.91	1.55	33.33

续表

公司代码	公司全称	每股未分配利润	每股经营活动现金流量	净资产收益率	销售净利率	流动比率	速动比率	营业收入增长率	净利润增长率（%）	总资产增长率（%）	存货周转率（次）	总资产周转率（次）	资产负债率（%）
C000058	深圳赛格股份有限公司	-0.12	-0.06	3.88	11.91	2.51	2.50	6.17	-19.67	4.01	212.53	0.28	21.16
C000061	深圳市农产品股份有限公司	0.32	0.21	1.49	6.24	0.50	0.48	-6.33	-59.85	11.90	11.08	0.17	59.30
C000062	深圳华强实业股份有限公司	1.16	0.20	17.14	18.15	1.39	0.57	128.14	470.89	7.16	0.44	0.32	67.99
C000069	深圳华侨城股份有限公司	1.42	0.98	21.26	18.20	1.44	0.35	28.63	23.44	16.31	0.32	0.33	69.95
C000156	华数传媒控股股份有限公司	0.27	0.62	22.78	11.52	0.46	0.43	16.61	45.92	9.65	20.48	0.47	74.87
C000430	张家界旅游集团股份有限公司	-0.19	0.39	30.50	14.84	0.65	0.63	22.52	13.10	14.52	131.76	1.42	25.51
C000503	海虹企业（控股）股份有限公司	0.57	0.07	1.92	11.61	5.72	5.72	18.47	17.84	4.14	109.81	0.13	12.82
C000610	西安旅游股份有限公司	0.67	0.37	4.73	2.48	0.85	0.83	9.94	-23.19	-5.60	17.53	1.32	26.97

续表

公司代码	公司全称	每股未分配利润	每股经营活动现金流量	净资产收益率	销售净利率	流动比率	速动比率	营业收入增长率	净利润增长率（%）	总资产增长率（%）	存货周转率（次）	总资产周转率（次）	资产负债率（%）
C000665	湖北省广播电视网络信息股份有限公司	1.23	1.39	8.69	16.96	0.60	0.47	12.97	8.13	8.86	4.64	0.34	34.07
C000681	视觉（中国）文化发展股份有限公司	-0.88	0.10	4.58	34.67	7.09	6.43	91.43	115.06	37.61	0.85	0.21	19.86
C000719	中原大地传媒股份有限公司	1.06	0.72	12.12	8.30	2.19	1.62	26.77	32.34	15.22	3.68	0.94	32.45
C000793	华闻传媒投资集团股份有限公司	0.90	0.14	9.43	13.03	1.16	0.97	7.95	5.11	16.18	7.68	0.73	35.82
C000802	北京京西风光旅游开发股份有限公司	0.01	0.22	3.33	16.47	4.93	4.83	-5.78	195.06	0.65	9.71	0.17	13.21
C000839	中信国安信息产业股份有限公司	1.25	-0.18	2.93	8.78	0.89	0.73	13.41	8.59	7.14	2.18	0.18	49.51
C000861	广东海印集团股份有限公司	2.17	0.48	29.07	20.81	0.94	0.42	14.09	11.56	17.13	1.51	0.57	57.21
C000888	峨眉山旅游股份有限公司	2.00	1.05	19.29	19.85	1.53	1.37	4.79	30.39	7.09	18.11	0.76	18.40

续表

公司代码	公司全称	每股未分配利润	每股经营活动现金流量	净资产收益率	销售净利率	流动比率	速动比率	营业收入增长率	净利润增长率(%)	总资产增长率(%)	存货周转率(次)	总资产周转率(次)	资产负债率(%)
C000917	湖南电广传媒股份有限公司	1.21	0.53	17.29	15.98	1.27	0.85	42.81	1.95	18.97	1.35	0.33	67.94
C000978	桂林旅游股份有限公司	0.24	0.32	4.15	11.69	1.18	0.82	-2.03	-9.42	-7.58	1.75	0.21	32.23
C000997	福建新大陆电脑股份有限公司	0.69	0.32	5.70	6.70	2.57	1.19	38.04	2.96	21.78	0.69	0.50	49.40
C002033	丽江玉龙旅游股份有限公司	2.28	1.67	16.71	33.24	2.06	2.02	6.18	11.54	31.89	17.77	0.40	39.18
C002059	云南旅游股份有限公司	0.42	0.44	4.20	8.01	2.69	1.10	35.36	14.49	8.22	0.66	0.41	27.44
C002071	长城影视股份有限公司	0.12	0.32	-16.61	-25.98	0.50	0.31	-9.42	-994.09	1.03	2.98	0.41	59.73
C002103	广博集团股份有限公司	1.13	0.28	5.03	3.43	1.52	1.09	-1.15	-19.72	-2.85	4.79	0.87	36.13
C002148	北京北纬通信科技股份有限公司	1.70	0.37	9.63	20.36	19.24	19.22	-5.57	293.11	10.38	411.82	0.46	3.14

续表

公司代码	公司全称	每股未分配利润	每股经营现金流量	净资产收益率	销售净利率	流动比率	速动比率	营业收入增长率	净利润增长率（%）	总资产增长率（%）	存货周转率（次）	总资产周转率（次）	资产负债率（%）
C002159	武汉三特索道集团股份有限公司	1.66	0.60	11.05	15.98	0.76	0.46	-1.49	35.94	17.53	1.14	0.28	57.88
C002181	广东广州日报传媒股份有限公司	1.98	0.44	7.95	14.64	4.62	4.31	0.15	-26.13	6.28	8.62	0.47	11.69
C002183	深圳市怡亚通供应链股份有限公司	0.46	0.32	8.87	1.74	1.08	0.96	7.30	13.09	-18.62	6.65	0.65	85.40
C002210	深圳市飞马国际供应链股份有限公司	0.29	3.85	14.49	0.56	1.04	1.03	145.85	7.44	33.30	56.65	1.68	94.03
C002238	深圳市天威视讯股份有限公司	2.08	1.13	9.07	14.90	1.59	1.58	5.93	12.22	0.73	132.59	0.46	22.93
C002261	拓维信息系统股份有限公司	1.45	0.20	4.53	9.10	6.71	5.96	16.45	-48.81	3.93	2.70	0.45	10.74
C002268	成都卫士通信息产业股份有限公司	1.17	0.39	3.44	3.06	3.87	3.45	-37.56	-89.19	6.56	1.70	0.39	27.71
C002279	北京久其软件股份有限公司	1.04	0.24	2.95	7.76	10.68	10.67	2.51	-68.80	1.98	23.66	0.35	5.25

续表

公司代码	公司全称	每股未分配利润	每股经营活动现金流量	净资产收益率	销售净利率	流动比率	速动比率	营业收入增长率	净利润增长率（%）	总资产增长率（%）	存货周转率（次）	总资产周转率（次）	资产负债率（%）
C002280	杭州新世纪信息技术股份有限公司	1.04	0.15	0.91	1.74	5.43	5.03	-30.99	-89.67	-1.56	7.69	0.45	14.31
C002292	广东奥飞动漫文化股份有限公司	1.04	0.60	12.69	14.50	4.28	3.33	22.18	43.13	20.33	2.58	0.73	17.92
C002301	深圳齐心集团股份有限公司	0.78	0.15	6.40	4.78	2.21	1.80	29.65	9.02	12.03	6.00	0.98	29.06
C002315	焦点科技股份有限公司	2.73	0.87	7.56	27.50	7.04	7.04	5.37	-24.19	6.32	170.53	0.23	13.43
C002344	海宁中国皮革城股份有限公司	2.17	2.41	26.83	32.00	0.85	0.58	21.82	28.20	26.94	0.79	0.41	51.34
C002348	广东高乐玩具股份有限公司	0.73	0.04	5.74	16.44	11.43	10.17	11.24	-27.43	-1.40	3.92	0.33	5.93
C002400	广东省广告股份有限公司	1.93	0.24	15.34	4.62	2.04	2.04	24.47	79.32	29.00	3726.18	1.97	47.02
C002439	北京启明星辰信息技术股份有限公司	1.67	0.54	6.50	10.12	3.12	2.90	70.69	22.10	27.94	5.47	0.52	22.36

续表

公司代码	公司全称	每股未分配利润	每股经营活动现金流量	净资产收益率	销售净利率	流动比率	速动比率	营业收入增长率	净利润增长率（%）	总资产增长率（%）	存货周转率（次）	总资产周转率（次）	资产负债率（%）
C002467	二六三网络通信股份有限公司	1.60	0.30	22.50	69.89	2.48	2.42	28.89	274.91	32.22	23.86	0.28	17.80
C002502	骅威科技股份有限公司	1.26	0.09	4.99	9.41	13.59	12.49	-6.77	-12.22	9.18	5.37	0.50	5.94
C002558	重庆新世纪游轮股份有限公司	1.97	0.18	6.72	11.44	13.41	12.69	9.06	-7.49	2.40	26.44	0.57	2.49
C002575	广东群兴玩具股份有限公司	0.91	0.17	5.02	8.63	4.92	3.85	2.45	-16.78	14.36	3.07	0.54	11.43
C002605	上海姚记扑克股份有限公司	2.43	1.39	12.38	14.93	3.53	2.11	-1.45	32.88	8.98	2.22	0.70	17.02
C002678	广州珠江钢琴集团股份有限公司	0.69	0.30	14.16	13.84	5.43	3.13	12.80	25.76	45.43	1.65	0.78	16.91
C002699	美盛文化创意股份有限公司	1.39	0.69	11.89	23.90	21.48	20.38	-5.71	1.49	215.69	5.27	0.46	4.59
C300017	网宿科技股份有限公司	1.25	1.20	12.58	12.73	7.14	7.04	50.29	89.59	16.94	52.34	0.89	11.39

公司代码	公司全称	每股未分配利润	每股经营活动现金流量	净资产收益率	销售净利率	流动比率	速动比率	营业收入增长率	净利润增长率(%)	总资产增长率(%)	存货周转率(次)	总资产周转率(次)	资产负债率(%)
C300025	杭州华星创业通信技术股份有限公司	0.75	-0.03	8.51	7.50	1.72	1.56	22.40	-7.23	21.91	5.30	0.75	49.81
C300027	华谊兄弟传媒股份有限公司	0.76	-0.41	12.84	17.36	1.72	1.29	55.36	17.18	67.95	1.10	0.42	48.65
C300043	星辉互动娱乐股份有限公司	1.44	0.77	13.22	10.31	0.82	0.59	151.72	42.11	63.20	8.29	0.90	39.59
C300050	珠海世纪鼎利通信科技股份有限公司	1.31	0.05	0.81	3.83	21.04	20.03	-1.94	-84.71	-2.36	3.22	0.22	4.60
C300051	厦门三五互联科技股份有限公司	0.19	-0.15	0.66	-4.08	3.44	3.39	-2.17	-150.19	-12.10	10.98	0.42	17.01
C300052	深圳中青宝互动网络股份有限公司	0.41	0.12	1.88	8.71	16.02	16.02	40.13	31.92	1.75	1899.42	0.19	6.10
C300071	北京华谊嘉信整合营销顾问集团股份有限公司	0.77	0.03	8.10	3.77	3.32	3.31	22.38	11.67	17.19	7194.33	2.02	24.09

续表

公司代码	公司全称	每股未分配利润	每股经营活动现金流量	净资产收益率	销售净利率	流动比率	速动比率	营业收入增长率	净利润增长率（%）	总资产增长率（%）	存货周转率（次）	总资产周转率（次）	资产负债率（%）
C300104	乐视网信息技术（北京）股份有限公司	0.85	0.25	16.88	16.27	0.80	0.78	95.02	45.15	63.50	42.83	0.50	56.11
C300113	杭州顺网科技股份有限公司	1.11	0.77	11.88	33.65	8.63	8.63	58.55	44.67	14.50	2399.39	0.33	9.97
C300133	浙江华策影视股份有限公司	0.98	-0.09	15.60	30.87	6.23	5.06	78.86	42.67	19.98	1.59	0.45	13.69
C300144	宋城演艺发展股份有限公司	0.96	0.71	9.18	43.74	6.37	6.37	16.18	15.39	5.17	200.99	0.19	8.33
C300148	天舟文化股份有限公司	0.59	0.02	3.62	7.24	7.64	6.86	0.83	-38.95	4.03	4.71	0.48	11.18
C300188	厦门市美亚柏科信息股份有限公司	1.48	0.24	10.80	22.45	5.07	4.40	30.35	27.73	12.95	1.70	0.40	15.74
C300209	天泽信息产业股份有限公司	0.66	-0.13	0.58	4.00	7.27	7.11	-18.13	-90.56	3.07	3.28	0.14	11.56
C300212	北京易华录信息技术股份有限公司	1.41	-0.98	12.23	16.35	2.23	0.95	35.92	33.32	26.22	0.65	0.42	44.30

续表

公司代码	公司全称	每股未分配利润	每股经营活动现金流量	净资产收益率	销售净利率	流动比率	速动比率	营业收入增长率	净利润增长率(%)	总资产增长率(%)	存货周转率(次)	总资产周转率(次)	资产负债率(%)
C300226	上海钢联电子商务股份有限公司	1.22	-0.25	10.19	4.01	2.55	2.21	172.66	-4.60	11.42	20.27	1.57	33.52
C300248	新开普电子股份有限公司	1.43	0.18	8.87	20.12	9.88	8.81	13.66	0.66	9.32	1.82	0.40	10.39
C300251	北京光线传媒股份有限公司	1.82	-0.45	16.43	30.01	11.07	10.27	48.13	76.47	13.93	4.49	0.51	7.79
C300291	北京华录百纳影视股份有限公司	4.24	-1.66	20.12	29.74	8.06	6.40	36.94	40.45	156.60	1.18	0.52	12.78
C300310	广东宜通世纪科技股份有限公司	0.83	-0.20	17.34	11.43	4.80	4.06	17.70	9.36	144.72	5.40	1.17	19.75
C300329	海伦钢琴股份有限公司	1.50	0.10	9.10	10.30	3.52	2.67	0.06	-14.26	91.56	2.03	0.62	20.16
C300336	上海新文化传媒集团股份有限公司	1.78	-0.69	16.93	23.45	5.93	4.58	19.90	45.08	135.11	0.93	0.53	16.72
C300359	广东全通教育股份有限公司	1.19	0.68	26.37	27.91	7.94	7.90	9.87	17.56	22.50	45.40	0.85	8.55

续表

公司代码	公司全称	每股未分配利润	每股经营活动现金流量	净资产收益率	销售净利率	流动比率	速动比率	营业收入增长率	净利润增长率（%）	总资产增长率（%）	存货周转率（次）	总资产周转率（次）	资产负债率（%）
C300383	北京光环新网科技股份有限公司	2.78	1.64	24.39	22.86	1.78	1.77	40.67	31.64	31.52	469.76	0.89	19.00
C300386	飞天诚信科技股份有限公司	1.69	1.81	39.88	17.08	6.82	4.89	78.18	75.43	32.16	3.11	1.91	15.28
C300399	北京无线天利移动信息技术股份有限公司	1.70	1.10	34.52	29.50	8.21	8.02	52.62	21.85	36.62	42.70	1.04	9.84
C430016	北京胜龙科技股份有限公司	-0.27	0.03	-14.96	-34.39	1.63	1.27	-48.64	-451.88	-4.81	0.94	0.30	33.88
C430035	北京中兴通科技股份有限公司	0.65	0.30	10.12	19.20	13.83	13.56	-15.64	5.33	-15.09	7.89	0.47	3.44
C430036	北京鼎普科技股份有限公司	1.02	0.49	30.54	32.56	12.36	11.23	45.43	139.97	51.21	2.55	0.84	7.93
C430055	北京中电达通通信技术股份有限公司	1.08	-0.03	15.42	31.89	2.62	2.59	67.30	52.73	12.45	2.71	0.36	23.49
C430063	工控网（北京）信息技术股份有限公司	0.95	0.47	23.89	15.47	4.92	4.90	16.26	0.33	70.30	89.99	1.30	14.10

续表

公司代码	公司全称	每股未分配利润	每股经营活动现金流量	净资产收益率	销售净利率	流动比率	速动比率	营业收入增长率	净利润增长率(%)	总资产增长率(%)	存货周转率(次)	总资产周转率(次)	资产负债率(%)
C430106	北京爱特泰克技术股份公司	0.01	-0.76	-11.99	-3.42	1.49	0.77	-23.91	-175.30	23.59	2.55	1.36	67.03
C430110	百拓商旅(北京)网络科技股份有限公司	-0.01	-0.08	-9.09	-2.77	5.08	5.05	12.13	-157.64	-10.07	218.90	2.66	18.17
C430128	北京广夏网络技术股份公司	0.51	-0.33	36.14	11.30	1.70	1.70	53.41	31.77	40.71	980.98	1.45	54.10
C430131	北京伟利讯信息技术股份有限公司	0.14	-0.96	10.80	9.68	9.28	6.96	-19.79	33.11	-13.30	1.49	0.69	10.53
C430137	北京金信润天信息技术股份有限公司	0.19	0.36	19.68	4.14	1.44	0.66	55.84	47.31	61.90	2.96	1.77	65.63
C430148	北京科能腾达信息技术股份有限公司	0.10	-0.51	10.55	3.20	1.95	0.77	1.87	4221.58	-15.63	2.21	1.43	49.98
C430160	天津三泰晟驰科技股份有限公司	2.02	-0.42	3.20	10.10	2.84	2.66	-41.58	-79.69	6.32	4.67	0.26	19.88
C430163	北京合创三众能源科技股份有限公司	0.17	-0.50	25.09	6.89	2.16	1.24	57.02	129.19	121.95	3.99	1.82	45.38

续表

公司代码	公司全称	每股未分配利润	每股经营活动现金流量	净资产收益率	销售净利率	流动比率	速动比率	营业收入增长率	净利润增长率（%）	总资产增长率（%）	存货周转率（次）	总资产周转率（次）	资产负债率（%）
C430164	北京思倍驰科技股份有限公司	0.20	0.27	30.86	13.52	1.41	0.97	70.81	28.96	-17.97	1.69	0.88	56.54
C430171	北京电信易通信息技术股份有限公司	0.18	-0.19	18.55	4.18	1.35	1.12	2.36	41.05	12.18	9.17	1.20	72.02
C430194	北京锐风行艺术交流股份有限公司	0.13	-0.67	24.98	8.85	3.64	3.59	35.83	44.89	188.72	30.09	1.68	26.57
C430205	武汉亿房信息股份有限公司	2.20	-0.59	29.93	32.51	5.68	5.66	3.63	28.42	25.83	64.70	0.76	14.51
C430223	武汉亿童文教股份有限公司	0.37	0.90	40.27	14.33	2.72	1.93	16.06	89.75	26.91	1.38	1.68	35.82
C430228	天津市天房科技发展股份有限公司	0.04	0.13	29.92	9.01	1.27	1.25	92.39	48.53	82.42	58.61	0.86	76.95
C430230	武汉银都文化传媒股份有限公司	0.41	-0.50	25.11	34.41	1.87	1.83	17.27	22.22	57.00	10.77	0.31	50.45
C430232	天津桦清信息技术股份有限公司	1.19	0.72	8.13	4.86	1.83	1.56	-25.46	-76.98	-0.74	4.48	0.98	38.44

续表

公司代码	公司全称	每股未分配利润	每股经营活动现金流量	净资产收益率	销售净利率	流动比率	速动比率	营业收入增长率	净利润增长率（%）	总资产增长率（%）	存货周转率（次）	总资产周转率（次）	资产负债率（%）
C430235	北京典雅天地文化传播股份有限公司	0.16	-0.26	13.05	13.06	7.71	4.67	251.52	41.66	66.05	2.00	0.81	15.77
C430243	北京铜牛信息科技股份有限公司	0.11	0.44	26.04	13.16	1.37	1.29	83.85	88.18	9.03	30.83	1.33	33.61
C430247	北京金日创科技股份有限公司	-0.13	0.09	-11.59	-3.31	1.75	1.27	-21.44	-273.71	49.81	3.55	1.28	55.80
C430248	北京奥尔斯科技股份有限公司	-0.18	-0.15	9.36	5.32	6.11	4.76	105.43	159.62	62.74	3.18	1.39	23.96
C430258	上海易同科技股份有限公司	-0.13	-0.17	1.13	1.60	5.02	3.99	81.60	234.95	43.60	3.50	0.58	18.68
C430261	武汉易维科技股份有限公司	-0.01	0.25	44.32	24.25	3.06	2.82	37.35	179.77	52.81	6.59	1.25	31.09
C430267	北京盛世光明软件股份有限公司	0.02	0.15	11.68	9.38	4.68	4.66	100.96	66.10	12.18	14.09	0.56	18.08
C430281	北京能为科技股份有限公司	1.80	-0.22	11.86	11.75	6.78	6.09	7.46	63.79	-21.01	3.92	0.78	13.32

续表

公司代码	公司全称	每股未分配利润	每股经营活动现金流量	净资产收益率	销售净利率	流动比率	速动比率	营业收入增长率	净利润增长率（%）	总资产增长率（%）	存货周转率（次）	总资产周转率（次）	资产负债率（%）
C430298	北京淘礼网网络科技股份有限公司	0.11	-0.08	41.51	9.63	1.76	0.78	-5.55	14.56	6.11	2.20	1.64	55.45
C430304	北京每日视界影视动画股份有限公司	0.60	1.05	54.30	9.52	1.10	1.10	70.36	630.32	111.75		2.63	43.12
C430309	上海易所试网络信息技术股份有限公司	0.02	-1.32	18.56	6.06	2.36	2.36	25.37	20.05	97.71		1.42	33.72
C430313	北京国创富盛通信股份有限公司	0.40	0.41	18.14	14.45	3.46	3.17	18.48	-10.92	19.46	15.50	1.04	16.23
C430316	上海巨灵信息技术股份有限公司	3.66	1.11	65.75	33.98	8.80	8.80	49.63	-13.26	117.09		1.67	10.60
C430317	北京日升天信科技股份有限公司	0.01	0.75	46.82	5.56	1.02	1.01	41.47	19.79	20.32	325.23	2.24	69.89
C430318	上海四维文化传媒股份有限公司	1.27	0.51	25.49	14.85	1.40	1.25	16.34	12.83	33.28	6.50	0.69	60.15
C430332	安华智能股份有限公司	0.13	-0.09	8.30	3.89	2.04	1.26	264.80	13133.32	-7.07	1.71	1.02	48.23

续表

公司代码	公司全称	每股未分配利润	每股经营活动现金流量	净资产收益率	销售净利率	流动比率	速动比率	营业收入增长率	净利润增长率（%）	总资产增长率（%）	存货周转率（次）	总资产周转率（次）	资产负债率（%）
C430333	普康迪（北京）码科技股份有限公司	0.49	0.84	27.07	14.29	3.57	2.72	43.93	332.99	33.52	1.85	1.43	26.07
C430341	北京呈创科技股份有限公司	-0.17	0.02	6.78	3.87	1.52	1.32	84.18	185.94	83.10	6.82	1.10	49.81
C430345	上海天呈医流科技股份有限公司	0.01	0.19	5.20	1.58	3.29	2.25	-1.54	222.20	-7.09	7.15	1.81	42.28
C430356	上海雷腾软件股份有限公司	0.01	1.03	19.04	9.09	1.17	1.16	395.50	261.29	60.33	70.36	1.02	56.79
C430357	上海行悦信息科技股份有限公司	-0.30	-0.25	3.65	4.45	0.67	0.41	861.65	120.52	73.33	2.38	0.44	41.60
C430358	上海基美影业股份有限公司	1.63	1.45	49.37	29.57	1.90	1.83	5.04	25.08	35.14	5.25	0.75	49.01
C430362	东电创新（北京）科技发展股份有限公司	-0.03	0.12	2.62	1.58	3.70	3.06	32.13	179.84	4.30	3.11	1.23	26.40
C430366	北京金天地影视文化股份有限公司	2.94	-0.17	52.35	46.16	2.44	1.46	-23.23	9.13	8.39	0.79	0.56	40.84

续表

公司代码	公司全称	每股未分配利润	每股经营活动现金流量	净资产收益率	销售净利率	流动比率	速动比率	营业收入增长率	净利润增长率(%)	总资产增长率(%)	存货周转率(次)	总资产周转率(次)	资产负债率(%)
C430384	上海宜达科胜科贸股份有限公司	0.20	0.20	25.15	3.09	1.24	0.58	9.90	598.19	10.14	3.35	1.72	72.90
C430403	武汉英思工程科技股份有限公司	1.19	0.27	26.40	16.12	3.77	3.75	22.75	140.62	36.03	109.10	1.15	31.00
C430411	北京中电力大科技股份有限公司	-0.01	0.04	0.90	0.84	12.53	12.52	3.50	164.01	75.95	6.93	0.98	5.45
C430448	重庆利和航科技股份有限公司	0.46	0.18	17.45	17.76	8.45	7.43	3.15	-16.74	49.02	4.34	0.71	12.00
C430451	深圳市万人市场调查股份有限公司	0.20	-0.01	6.61	4.72	5.50	5.50	8.62	-3.79	15.20		1.09	16.74
C430452	西安汇龙科技股份有限公司	0.88	-0.44	4.48	2.80	2.11	2.09	-10.56	-64.85	11.92	66.62	0.73	43.36
C430455	杭州德联科技股份有限公司	1.16	-0.12	23.20	15.16	1.89	1.56	49.67	766.33	39.50	3.82	0.83	48.27
C430456	苏州和氏设计营造股份有限公司	0.74	0.54	19.65	4.93	1.70	1.20	36.13	-41.01	46.20	4.78	1.92	55.57

续表

公司代码	公司全称	每股未分配利润	每股经营活动现金流量	净资产收益率	销售净利率	流动比率	速动比率	营业收入增长率	净利润增长率 (%)	总资产增长率 (%)	存货周转率 (次)	总资产周转率 (次)	资产负债率 (%)
C430457	浙江三网科技股份有限公司	-0.69	0.15	19.61	4.38	1.30	1.18	103.72	38.67	104.21	3.51	1.08	75.56
C430464	深圳市方迪科技股份有限公司	0.33	0.30	17.01	4.10	1.16	0.99	32.48	3174.14	-3.88	5.46	1.31	65.20
C430472	昆明安泰得软件股份有限公司	2.40	0.29	48.59	49.29	1.75	1.55	19.42	11.66	69.12	2.41	0.67	32.61
C430486	广州普金计算机科技股份有限公司	0.06	-0.01	-2.19	-5.55	1.71	1.71	15.51	-136.69	23.50	157.81	0.36	27.45
C430488	杭州东创科技股份有限公司	0.63	0.10	15.93	16.04	4.09	3.36	17.36	6.75	14.28	2.79	0.75	23.57
C430494	安徽华博胜讯信息科技股份有限公司	0.06	-0.54	7.04	2.52	2.28	1.82	-9.30	454.84	62.82	6.22	1.52	42.49
C430495	大连奥远电子股份有限公司	0.07	-0.17	-0.76	-0.32	1.70	1.40	-39.57	-172.85	-22.02	8.06	1.86	54.20
C430498	青岛嘉华网络股份有限公司	-0.11	-0.37	-12.60	-5.22	4.08	3.54	-21.18	-173.92	-4.89	15.69	1.89	24.65

续表

公司代码	公司全称	每股未分配利润	每股经营活动现金流量	净资产收益率	销售净利率	流动比率	速动比率	营业收入增长率	净利润增长率（%）	总资产增长率（%）	存货周转率（次）	总资产周转率（次）	资产负债率（%）
C430506	郑州云飞扬信息技术股份有限公司	0.44	0.22	10.87	8.96	4.89	3.90	42.28	-14.36	11.93	1.34	0.97	19.93
C430508	海南中视文化传播股份有限公司	0.10	-0.17	1.71	0.94	3.10	3.10	150.79	-45.63	17.09	39267.10	1.24	36.33
C430518	广东嘉达早教科技股份有限公司	1.07	1.21	24.82	15.06	3.61	2.79	54.51	83.06	84.04	4.51	1.35	15.40
C430522	湖南超弦科技股份有限公司	0.25	0.07	23.75	46.90	-171.30	-150.44	6.97	114.45	20.89	1.88	0.50	-0.55
C430575	苏州迈科网络安全技术股份有限公司	0.47	0.10	10.11	17.26	9.98	9.58	-31.07	-53.06	0.96	6.07	0.42	7.93
C430576	山东泰信电子股份有限公司	0.46	-0.12	4.00	8.73	3.74	1.72	-54.38	-92.77	2.96	0.89	0.42	8.32
C430578	吉林省差旅天下网络技术股份有限公司	0.25	0.47	21.80	27.13	3.46	3.44	222.68	993.78	48.77	26.81	0.67	22.49
C430583	江苏国贸酝领智能科技股份有限公司	0.25	-1.33	2.02	0.43	1.23	1.21	83.76	113.63	42.59	40.79	1.12	79.23

续表

公司代码	公司全称	每股未分配利润	每股经营活动现金流量	净资产收益率	销售净利率	流动比率	速动比率	营业收入增长率	净利润增长率（%）	总资产增长率（%）	存货周转率（次）	总资产周转率（次）	资产负债率（%）
C430629	成都国科海博信息技术股份有限公司	-0.21	0.02	26.17	16.84	1.57	1.09	194.28	175.31	143.32	0.82	0.62	67.96
C430643	北京蓝科泰达科技股份有限公司	0.11	-0.42	4.42	8.40	9.83	8.27	18.91	89.39	-50.67	2.71	0.48	5.92
C430657	大连楼兰科技股份有限公司	0.09	-0.30	9.30	4.93	3.36	2.79	46.34	110.78	20.33	2.99	1.39	24.57
C430664	北京联合永道软件股份有限公司	-0.03	-0.37	7.30	2.09	1.65	1.62	15.05	321.47	-5.19	112.25	2.17	31.25
C430667	北京三多堂传媒股份有限公司	0.19	0.67	18.91	19.32	1.93	1.50	58.07	80.15	31.69	1.93	0.57	44.15
C430681	南京芒冠光电科技股份有限公司	0.10	0.23	1.05	0.72	3.33	1.74	62.80	-62.31	-3.92	1.38	1.08	23.87
C430690	酷买网（北京）科技股份有限公司	-0.41	0.26	-46.71	-0.80	1.07	0.99	143.88	-36.89	218.61	50.68	5.67	91.51
C430702	北京昊福文化传播股份有限公司	0.00	-0.18	-0.26	-0.40	7.54	3.89	55.89	-102.38	7.77	0.46	0.56	12.70

续表

公司代码	公司全称	每股未分配利润	每股经营现活动现金流量	净资产收益率	销售净利率	流动比率	速动比率	营业收入增长率	净利润增长率（%）	总资产增长率（%）	存货周转率（次）	总资产周转率（次）	资产负债率（%）
C430708	广东铂亚信息技术股份有限公司	0.41	-0.20	15.11	17.61	2.57	2.38	31.08	10.81	62.22	3.63	0.60	33.60
C430712	福建素天信息科技股份有限公司	2.89	1.27	32.16	36.25	8.24	6.92	31.53	72.70	25.71	1.91	0.76	10.80
C430750	北京欣易晨科技发展股份有限公司	0.11	0.18	-1.66	-1.11	2.81	1.91	-48.32	-2706.06	10.38	2.92	0.91	34.64
C430754	北京波智高远信息技术股份有限公司	-0.01	0.13	8.12	3.61	1.76	1.71	494.00	57.92	83.22	33.05	1.67	35.66
C600037	北京歌华有线电视网络股份有限公司	1.80	0.84	5.50	13.52	3.09	3.00	16.03	6.60	-6.20	15.96	0.20	47.15
C600050	中国联合网络通信股份有限公司	1.11	3.53	3.30	2.74	0.16	0.14	18.91	67.75	13.05	34.26	0.52	59.06
C600054	黄山旅游发展股份有限公司	2.26	0.77	13.23	14.15	0.89	0.29	15.00	-3.75	12.89	1.32	0.58	43.08
C600057	厦门象屿股份有限公司	0.61	0.55	7.77	0.43	1.05	0.68	-13.49	-29.35	-1.48	17.32	4.32	74.89

续表

公司代码	公司全称	每股未分配利润	每股经营活动现金流量	净资产收益率	销售净利率	流动比率	速动比率	营业收入增长率	净利润增长率(%)	总资产增长率(%)	存货周转率(次)	总资产周转率(次)	资产负债率(%)
C600088	中视传媒股份有限公司	0.86	-1.74	4.33	4.11	1.81	1.66	-8.49	-35.85	-19.84	5.79	0.56	41.55
C600138	中青旅控股股份有限公司	3.19	0.60	10.90	5.13	1.14	0.87	22.07	4.53	-8.85	6.71	1.26	43.90
C600258	北京首旅酒店（集团）股份有限公司	1.95	1.46	10.59	4.55	1.06	1.03	12.72	7.71	-4.32	87.45	1.32	45.21
C600289	亿阳信通股份有限公司	1.14	0.49	5.92	9.26	2.22	2.05	-8.07	-45.16	4.41	3.18	0.40	33.10
C600358	国旅联合股份有限公司	-0.12	-0.08	-11.78	-37.29	1.41	1.39	-15.49	9.21	5.01	3.69	0.13	61.12
C600373	中文天地出版传媒股份有限公司	1.41	2.12	13.13	5.19	1.71	1.52	43.29	7.50	10.79	13.44	1.25	52.19
C600415	浙江中国小商品城集团股份有限公司	1.29	0.71	8.81	19.61	0.88	0.23	6.34	9.74	0.89	0.36	0.20	54.80
C600551	时代出版传媒股份有限公司	2.33	0.71	10.36	10.13	2.43	1.87	28.76	15.52	14.46	3.33	0.71	30.73

续表

公司代码	公司全称	每股末分配利润	每股经营活动现金流量	净资产收益率	销售净利率	流动比率	速动比率	营业收入增长率	净利润增长率（%）	总资产增长率（%）	存货周转率（次）	总资产周转率（次）	资产负债率（%）
C600593	大连圣亚旅游控股股份有限公司	-0.18	0.83	4.44	3.88	0.67	0.63	29.64	353.05	13.96	10.26	0.31	56.85
C600633	浙报传媒集团股份有限公司	1.27	0.79	20.21	19.50	1.27	1.23	6.95	5.86	19.89	16.90	0.60	39.89
C600637	百视通新媒体股份有限公司	0.79	0.83	18.21	24.55	3.27	3.09	51.84	39.97	24.60	9.30	0.58	19.10
C600640	号百控股股份有限公司	0.43	0.22	5.62	8.03	3.37	3.34	4.49	16.45	1.69	49.01	0.55	18.49
C600661	上海新南洋股份有限公司	-0.18	0.13	-12.77	-10.25	0.64	0.47	-5.75	-534.29	-1.01	4.34	0.49	53.96
C600706	西安曲江文化旅游股份有限公司	0.24	0.51	10.43	6.19	0.49	0.43	31.87	7.33	35.42	16.72	0.75	61.17
C600749	西藏旅游股份有限公司	0.16	0.43	1.72	7.37	1.74	1.67	-19.59	11.46	16.45	6.97	0.16	40.52
C600756	浪潮软件股份有限公司	1.23	0.11	5.06	5.47	1.61	1.27	27.74	248.34	15.57	3.18	0.56	42.86

续表

公司代码	公司全称	每股未分配利润	每股经营活动现金流量	净资产收益率	销售净利率	流动比率	速动比率	营业收入增长率	净利润增长率(%)	总资产增长率(%)	存货周转率(次)	总资产周转率(次)	资产负债率(%)
C600757	长江出版传媒股份有限公司	0.98	0.26	11.76	9.35	1.78	1.16	33.49	14.44	13.49	2.69	0.82	32.81
C600770	江苏综艺股份有限公司	0.69	0.05	0.98	30.85	3.22	1.84	-57.44	-69.94	-6.59	0.39	0.08	29.49
C600804	鹏博士电信传媒集团股份有限公司	0.65	0.77	5.69	8.12	0.94	0.91	16.11	17.52	29.99	13.31	0.33	56.44
C600825	上海新华传媒股份有限公司	0.70	0.03	4.35	6.13	0.87	0.79	-14.95	-40.59	11.71	5.32	0.32	57.34
C600831	陕西广电网络传媒(集团)股份有限公司	0.90	1.38	9.32	8.32	0.26	0.23	21.48	2.54	20.18	14.04	0.47	59.93
C600832	上海东方明珠(集团)股份有限公司	0.47	0.21	7.40	19.55	3.06	2.11	21.60	20.38	2.53	2.00	0.26	29.80
C600880	成都博瑞传播股份有限公司	1.81	-0.13	13.23	22.15	1.52	1.42	3.36	-28.90	13.45	12.32	0.46	17.77
C601098	中南出版传媒集团股份有限公司	1.07	0.61	11.62	13.29	3.10	2.77	18.33	14.23	8.78	4.24	0.61	27.13

续表

公司代码	公司全称	每股未分配利润	每股经营活动现金流量	净资产收益率	销售净利率	流动比率	速动比率	营业收入增长率	净利润增长率(%)	总资产增长率(%)	存货周转率(次)	总资产周转率(次)	资产负债率(%)
C601519	上海大智慧股份有限公司	-0.10	-0.18	-8.68	-56.52	13.60	13.60	-17.64	-350.90	-9.50	379.92	0.14	5.50
C601801	安徽新华传媒股份有限公司	1.60	0.56	12.64	13.79	3.62	3.32	17.63	25.87	10.95	6.99	0.72	21.95
C601888	中国国旅股份有限公司	2.52	1.45	19.56	7.32	2.45	2.09	27.09	41.33	16.03	13.44	1.94	30.64
C601928	江苏凤凰出版传媒股份有限公司	0.83	0.43	10.43	13.90	3.31	2.78	11.27	26.27	7.41	2.65	0.52	28.44
C601929	吉视传媒股份有限公司	0.58	0.50	13.22	22.77	0.82	0.71	16.42	4.29	39.90	8.63	0.37	25.69
C601999	北方联合出版传媒(集团)股份有限公司	0.92	0.20	4.06	5.37	2.57	1.75	-8.97	0.07	1.51	1.54	0.52	30.97
C603000	人民网股份有限公司	1.15	0.34	15.03	30.77	9.07	9.06	42.38	56.99	181.52	291.26	0.43	10.55
C603099	长白山旅游股份有限公司	0.43	0.52	21.41	29.56	3.19	3.08	16.27	13.73	14.24	23.88	0.62	11.25
C830769	北京华财会计股份有限公司	0.03	0.28	17.30	4.96	1.52	1.52				515.66	1.38	60.61

续表

公司代码	公司全称	每股未分配利润	每股经营活动现金流量	净资产收益率	销售净利率	流动比率	速动比率	营业收入增长率	净利润增长率 (%)	总资产增长率 (%)	存货周转率 (次)	总资产周转率 (次)	资产负债率 (%)
C830780	重庆永鹏网络科技股份有限公司	0.28	-1.06	9.38	1.74	1.42	1.11	51.90	-57.81	82.25	4.65	1.08	77.54
C830836	湖北荆楚网络科技股份有限公司	0.15	0.57	18.13	23.69	2.53	2.53					0.37	51.10
C830845	深圳芯邦科技股份有限公司	0.19	0.06	-1.08	-1.92	11.33	7.61				1.64	0.53	5.85
C830860	银川奥特信息技术股份公司	0.45	0.12	5.81	12.27	3.05	1.93				0.86	0.31	34.07
C830861	合肥金诺数码科技股份有限公司	0.80	0.00	22.85	12.41	3.34	2.95				6.44	1.32	27.66
C830877	浙江康莱宝体育用品股份有限公司	0.02	-0.71	4.18	1.40	0.92	0.79				4.63	0.61	79.45
C830888	北京环球世纪工场文化传媒股份有限公司	-0.45	0.50	41.39	2.83	1.03	0.98				27.29	1.81	87.61
C830898	北京华人天地影视策划股份有限公司	-0.07	0.14	2.35	2.13	1.49	0.97	53.91	150.67	28.91	1.97	0.60	50.81

续表

公司代码	公司全称	每股未分配利润	每股经营活动现金流量	净资产收益率	销售净利率	流动比率	速动比率	营业收入增长率	净利润增长率（%）	总资产增长率（%）	存货周转率（次）	总资产周转率（次）	资产负债率（%）
C830927	浙江兆久成信息技术股份有限公司	-0.35	-0.32	-31.40	-45.20	2.14	1.74				3.28	0.46	33.62
C830943	济南科明数码技术股份有限公司	0.13	0.13	12.59	11.97	1.94	1.69				2.44	0.55	47.65
C830953	江西惠当家信息技术股份有限公司	-0.06	0.09	-5.98	-52.04	19.14	19.14					0.11	4.20
C830969	广东智通人才连锁股份有限公司	0.83	0.36	9.26	3.05	2.37	2.36				614.93	2.12	23.82
C830997	上海领意信息系统集成股份有限公司	0.11	0.14	20.10	1.44	1.21	0.97				7.85	2.77	80.19
C831021	四川华雁信息产业股份有限公司	1.18	-0.24	23.98	23.68	5.77	3.59				0.71	0.72	28.93
C831051	北京春秋鸿文化投资股份有限公司	-0.11	-2.75	1.19	0.31	1.07	0.91				2.08	0.39	89.88
C831062	西安远古信息科技股份有限公司	-0.45	-0.29	44.13	34.37	4.83	4.71				12.74	1.02	20.19
C831063	安徽省安泰科技股份有限公司	0.25	-0.25	7.61	7.59	3.13	2.28				1.90	0.66	30.61

续表

公司代码	公司全称	每股末分配利润	每股经营活动现金流量	净资产收益率	销售净利率	流动比率	速动比率	营业收入增长率	净利润增长率（%）	总资产增长率（%）	存货周转率（次）	总资产周转率（次）	资产负债率（%）
C831065	鑫干线（北京）科技股份公司	0.20	0.02	10.92	11.12	2.78	2.76				48.83	0.74	24.92
C831072	福建瑞聚信息技术股份有限公司	-0.17	-0.39	2.12	1.57	1.76	1.75				145.54	0.61	54.58
C831077	合肥中鼎信息科技股份有限公司	0.04	0.01	-8.37	-10.55	1.57	1.06					0.49	48.19
C831083	北京东润环能科技股份有限公司	6.02	-1.10	45.87	22.86	1.52	1.16				1.39	0.73	63.61
C831084	绿网天下（福建）网络科技股份有限公司	-0.12	-0.32	-3.35	-7.82	3.67	3.67				1.43	0.33	22.03
C831101	北京奥维市场咨询股份有限公司	-0.55	0.34	-57.74	-7.66	1.33	1.25			30.23	85.26	4.02	66.45
C831114	上海易销科技股份有限公司	0.40	-1.01	15.92	11.83	2.14	1.68				30.35	0.74	45.41
C831126	北京元鼎时代科技股份有限公司	0.05	-0.01	1.87	0.51	1.41	1.41				1.14	1.07	70.72
C900929	上海锦江国际旅游股份有限公司	0.87	-0.17	4.75	2.01	1.54	1.54	7.89	76.92	1.41	5374.33	1.53	34.31

民族地区鼓励文化创意产业发展政策概述

时间	地区	政策	来源
2006年4月6日	民族地区	民族文化产业：在保护中提升 要切实鼓励本土原创作品的创作，精心打造高水准的经典作品，提高文化影响力，提高文化企业的竞争力，不断扩大优秀民族文化产品的市场占有率和影响力；创新机制，重点扶持本土文化院团，要着力培养文化人才；媒体和评论要大力推介，在舆论上大力扶持民族文化产业	http://news.xinhuanet.com/comments/2006-04/06/content-4390314.htm
2009年4月22日	宁夏回族自治区	关于印发《关于加快文化产业发展若干政策意见的实施细则》的通知 第三章　税收方面 第十条　各类税收优惠政策的减免税执行期限为2009年1月1日至2013年12月31日。 第十一条　列入国家《产业结构调整目录》的鼓励类文化艺术、新闻出版、广播电视、大众文化、科普、体育设施建设及产业化经营项目，在2010年以前可享受西部大开发优惠政策，减按15%的税率征收企业所得税。 第十二条　投资额在300万元以上的新办文化企业，自获利年度起，其应缴纳的企业所得税地方留成部分，经主管税务机关依照规定程序批准予以免征，减免的税金必须用于企业扩大再生产，不得挪作他用	http://govinfo.nlc.gov.cn/nxfx/xxgk/wht/201112/t20111122_2_12 32652.html? classid=428&new=1

续表

时间	地区	政策	来源
2009年10月30日	贵州	深挖民族文化元素推进创意产业发展 要正确认识和分析自身的文化资源优势和不足，扬长避短，抓住机遇，乘势而上，找准定位，实施品牌战略对民族文化创意叙述中发生"主体倒置"，神圣性被消费，传统审美主体与客体发生根本改变，审美快感在内观与外观两个视角审美历史内涵和本土风格，不能随意篡改、包装，使之失去其原生态的艺术魅力	http://gzrb.gog.cn/system/2009/10/30/010673296.shtml
2010年7月12日	贵州	探索贵州少数民族文化产业的开发与保护 当前贵州少数民族文化产业开发与保护面临的挑战。首先是少数民族有形文化的流失与衰退。其次是行为文化和精神文化的流失与衰退，民族传统美德的流失，也是精神退化的表现。最后是民族文化组成部分的民族歌舞也出现了流失衰退的现象，民族语言文化的萎缩。 民族文化是一定要开发的，文化开发就会带动经济发展，带动一个民族飞跃，但是要做到保护开发并行，两者得兼顾	http://news.163.com/10/0712/11/6BCVQ79R00146BC.html
2010年11月5日	民族地区	民族地区发展文化产业，必须按照中央关于深化文化体制改革和发展文化产业的战略要求，紧紧围绕培育市场主体，进行重点突破，培育文化企业，推动民族地区文化企业做大做强，改善宏观管理等关键环节，整合文化资源，打造文化品牌，完善市场体系，改善民族地区文化产业的振兴和发展。 （一）在培育市场主体上求突破。培育文化企业做大做强，是民族地区文化产业发展的当务之急。	

续表

时间	地区	政策	来源
2010 年 11 月 5 日	民族地区	（二）在推进产业集聚上求突破。推进文化资源有效整合，使分散的资源集约化，是民族地区发展文化产业的重要途径。 （三）在打造文化品牌上求突破。 （四）在培育文化市场上求突破。 （五）在优化发展环境上求突破。要加快文化人才的培养与引进，建立与文化发展要求相适应的人才培养和引进机制，为文化产业人才创业提供必要的条件。	http://theory. people. com. cn/ GB/13141235. html
2011 年 2 月 24 日	内蒙古	第一，有必要进一步加强对民族文化产业资源及其保护与开发研究。 第二，民族文化产业相关政策与法规不健全。 第三，需要进一步科学合理地深化文化体制改革。 第四，应该采实实施更加有利于保护和开发民族文化资源的科学合理的有力措施。 第五，拓宽融资渠道，扩大生产规模，提高产品质量，完善经营管理，争取尽早将内蒙古打造成全国民族文化产业中心。 第六，突出民族特色，注重产品的文化内涵，把握好传统工艺与现代技术的有机结合，加大创新研发力度。 第七，打造民族文化产品展示平台，促宣传交流和市场营销，积极培育好民族文化市场。 第八，抓好民族文化产业人才培养，鼓励和扶持民族文化产业研究工作。 第九，重点扶持民族文化和高科技产业和高科技开发行业。自治区应该有必要建立民族文化创意产业园区和高科技开发中心，资金和相关政策上给予倾斜，有力地推进民族文化的同步繁荣发展。 第十，摆脱思想包袱，拓宽视野，加强国际交流，使民族文化面向世界。	http://blog. sina. com. cn/s/blog_ 7653030100ch1. html

续表

时间	地区	政策	来源
2011年8月18日	湖南省凤凰县	大力发展少数民族地区文化旅游产业 一是以加快基础设施建设为基点，着力构建民族文化旅游平台，增强旅游发展后劲。 二是以优化旅游发展环境为目的，倾力建设文化旅游发展软环境，塑造凤凰古城形象。该县集中开展旅游市场秩序、社会治安突出问题、县城环境卫生、古城消防安全等系列专项整治行动。 三是以实施"一申报两创建"为抓手，大力实现旅游产业拓展升级，提升旅游产业效益。 四是以举办民族文化活动为载体，创新保护开发民族文化举措，提升凤凰古城内涵	http://www.seac.gov.cn/art/2011/8/18/art_36_134488.html
2011年12月2日	少数民族地区	民族特色文化产业大有可为 当前民族特色文化产业发展面临重大机遇： 一是中央和国务院高度重视文化产业发展，对加快民族特色文化产业发展提出明确要求。 二是我国历史文化、民族文化与生态文化资源的相对集聚为民族特色文化产业发展提供了空间与文化资源支撑。 三是"十一五"期间，各地特色文化产业发展已经初具规模，为民族特色文化产业进一步发展提供了条件。 四是各地高度重视结合自身文化资源优势，积极推进民族特色文化产业发展	http://www.chinanews.com/cul/2011/12-02/3502853.shtml

续表

时间	地区	政策	来源
2011 年 12 月 23 日	民族地区	文化旅游产业发展的关键 民族地区发展文化旅游产业，关键要把握六个方面： 第一，要充分认识到推动文化与旅游的深度融合，是民族地区做大做强文化产业、旅游产业的最佳途径。 第二，要制定出高起点、有创新、可持续发展的文化旅游产业发展规划，科学合理地对文化旅游资源进行整合和开发。 第三，要多方融资，实现文化旅游产业投资的多元化格局，积极培育龙头企业。民族地区要充分发挥政府的主导作用，通过出台有利于文化旅游产业发展的融资政策，逐步形成以政府投入为引导，以企业投入为主体，以外来资金为补充的多元化融资格局……	http://www.tibet.cn/news/index/toutxinw/201112/t20111223_1393614.htm
2011 年 12 月 29 日	铜仁地区	加快铜仁地区民族文化大发展大繁荣的对策建议： 一、按世界旅游目的地的目标高起点编制和完善全区文化工作的总体规划。 二、以"五个加强"为载体，推动优秀民族民间文化的传承、保护和挖掘。 三、包装推出一批文化方面的招商引资项目。 四、进一步加强民族文化的宣传报道。 五、巩固和发展一地民族文化艺术团体。 总之，要把民族文化渗透到我区各个领域，各项工作中去，城乡规划要植入民族文化理念，城乡建设要体现民族风格，村寨建筑要有民族特点，对外宣传要突出民族文化，群众文娱活动要体现民族内涵	http://news.gog.cn/system/2011/12/29/011300044.shtml

续表

时间	地区	政策	来源
2012年 3月17日	少数民族地区	民族文化产业发展尚需深挖特色资源，搭建多元融资平台。少数民族文化产业的推动要依托少数民族地区特色文化资源优势，按照"选择典范、以点带面、逐步拓展"的原则，大力支持文化项目建设。各少数民族可以配合政府有关部门通过搭建多元化的文化产业融资平台，作为政府合作的桥梁和支持文化企业融资的主要抓手。不断建立和完善少数民族地区文化产业的相关政策和措施，尤其是建立对公益性文化产业项目的贷款风险补偿政策，增强银行业投放贷款的积极性	http://www.ewise.com.cn/Industry/201203/wenhua171656.htm
2012年 7月8日	田东县（广西）	民族文化创意产业发展座谈会 田东作为少数民族地区、革命老区，具有丰富的文化旅游资源。应该在专家的指点和帮助下，通过民族文化创意，精心挖掘，突出亮点，选择符合市场经济发展规律的文化产业链，在保护和传承田东多彩文化基础上，发展壮大田东文化产业，实现文化发展带来的经济、社会价值	http://blog.sina.com.cn/s/blog_4bb2af55010l015s.html

续表

时间	地区	政策	来源
2012 年 7 月 20 日	内蒙古	探索发展民族地区文化产业之路 一、尽快研究制定全区文化产业发展的中长期规划。以"草原文化产业规划"和"文化创意产业发展行动计划"为切入点，把草原文化产业培育发展成为内蒙古文化产业的优势特色产业。 二、完善文化产业投融资体制机制。推动文化与市场对接，文化与资本融合，着力建设全区文化产业发展的金融平台，构建文化产业"绿色贷款通道"；建立多层次文化企业投融资风险分担和补偿机制。 三、提高文化产业规模化、集约化、专业化水平。推动文化产业从数量速度型向质量效益型转变。培育一批民族演艺、文化旅游、工艺美术等文化产业集群，增强产业发展的聚集力、辐射力和竞争力。 四、强化文化人才队伍建设。积极探索政府、高校、院所、企业合作培养机制，健全人才使用、流动、激励、保障机制，采取签约、项目合作、知识产权入股等多种方式集聚文化人才。 五、实施差别化的扶持政策。内蒙古应充分利用丰富的煤炭等资源优势，以资源扶持政策作为重要措施，推动文化产业大发展大繁荣。建议将文化纳入非资源型产业目录中，享受相应优惠政策	http://finance.sina.com.cn/china/dfjy/20120720/161512628607.shtml

续表

时间	地区	政策	来源
2012年9月21日	少数民族地区	做大做强民族文化产业 一、必须从发展文化产业入手来调整经济发展结构和方式。 二、立足战略高度，加大宏观统筹力度。 三、改革旧体制，培养市场主体，鼓励多渠道资金进入。 四、挖掘文化内涵，打造文化品牌，树立精品文化意识。 五、抓好相关人才培养工作。 六、加强对民族文化资源的保护与开发研究，走可持续发展道路	http://theory.people.com.cn/n/2012/0921/c49157-19069369.html
2013年8月6日	黔东南州	国家民委调研组到贵州调研民族文化产业工作 黔东南州发展民族文化产业还存在很多问题需要解决。发展民族文化产业要考虑技术与产出的问题，质量；要注重群体，关注文化共有群体，要遵照民族文化为依托，要规范地理产品标准，促进民族文化产业发展。	http://news.hexun.com/2013-08-06/156832244.html
2014年1月16日	江西	文化创意产业发展，江西出台政策支持文化创意产业发展。文化创意企业可减免税费可减免。针对按规定纳税有困难的小微企业，依法减免房产税、城镇土地使用税，经省优惠税率，实行优惠税率，经省认定为高新技术企业的文化创意企业，减按15%的税率征收企业所得税。对小规模纳税人中从事文化创意服务、广播影视等的企业和非企业性单位，月销售额不超过2万元的，暂免征收增值税；对经认定的省级文化产业园区（基地），在园区（基地）建成起3年内，按规定给予行政规费减免	http://jiangxi.jxnews.com.cn/system/2014/01/16/012907853.shtml

续表

时间	地区	政策	来源
2014年2月25日	隆林（广西）	各族自治县民族文化产业发展情况汇报 积极开展少数民族民族节庆活动，促进各民族团结和旅游开发，深入挖掘原生态非物质文化，加强非物质文化遗产的保护和传承，建立和完善民间艺人档案，扎实开展文化进校园工作。加大民族文化事业的投入力度，不断完善民族文化基础设施。我县着力把发展各民族文化发展与旅游产业相结合，加快推进民族文化旅游景点的基础设施建设，积极打造一批富有民族特色的旅游景点，民族文化艺术精品层出不穷，隆林民族文化风貌在全国各地展演，并屡获殊荣	http://www.wml14.cn/wen/164/32629.html
2014年5月19日	贵州凯里	将民族文化产业打造成经济重要增长点 由凯里市打造的重点文化项目，贵州省十大文化产业之一的"贵州凯里民族民间工艺品交易基地"已建成房屋310栋共602户，建筑面积15.4万平方米，这有效推动了当地民族文化产业的发展。而凯里市另一个立足地方特色民族文化的重点文化项目——中国凯里民族文化产业园暨下司文化综合体项目也正在进一步打造中，这个项目将民族民间服饰、工艺、生产交易，旅游休闲度假等多种有机业态融为一体。凯里市还立足浓郁的民族文化资源，打造民族特色古镇，下司特色古镇、舟溪云谷田园生态农庄、梦幻巴拉河民族游等等精品旅游新品牌，以旅游聚集人气，开拓市场带动民族文化产业的不断发展	http://news.163.com/14/0519/15/9SKAO85N00014JB5.html

续表

时间	地区	政策	来源
2015年1月5日	四川	藏羌彝文化产业走廊之四川篇 四川将在2014年至2020年逐步实现以下三个目标： 实施"1+5+5"发展战略，即发展1个主导产业——文化旅游业，发展5个优势产业——工艺美术业、服饰设计业、演艺娱乐业、户外运动业、藏药加工业，发展5个相关产业——新闻出版业、广告会展业、网络动漫业、影视制作业、文化中介业。 通过文化资源的优化配置构建"3+2"空间布局，即3个保护性生产示范基地——海螺沟生产性保护基地、西昌彝族文化产业体验区、茂县羌族文化产业体验区，2个文化产业带——以藏羌彝文化产业走廊为核心区域的民族文化产业带、以汶川地震恢复重建区为依托的重建文化产业带。 最终目标——把藏羌彝文化产业走廊（四川区域）建设成为世界级文化旅游目的地、国家级文化与旅游融合发展实验区和中国文化产业新的增长点，实现文化产业占四川国民经济生产总值5%以上	http://www.ce.cn/culture/zt/zangyilangyi/dttu/201501/05/t20150105_4263027.shtml
2015年1月16日	临夏积石山县	创新思路 大力挖掘民族文化产业 一是健全完善公共文化服务体系，先后实施了投资1500多万元的县级民族民俗博物馆，投资3500多万元的县体育场和投资830万元的广场公园建设项目；建成村文化室16个，建成"乡村舞台"10个；实现了乡镇文化站和农家书屋全覆盖。 二是文化产业蓬勃发展，去年实施的重大文化产业项目有大山庄峡原生态民俗文化传承览苑、大墩峡保安族民俗文化旅游园，计划总投资3.2亿元。 三是保护传承民族文化，经过挖掘整理，被列为历史遗迹近400年的"麻布戏"重登舞台，保安腰刀折花刀锻造技艺得到延续和传承	http://www.gscn.com.cn/tourism/system/2015/01/16/010905090.shtml

续表

时间	地区	政策	来源
2015 年 4 月 22 日	临夏	全力推进民族地区文化产业大发展：州委、州政府统筹做好顶层设计，围绕华夏文明传承创新区建设，确定 "一园、三区、八基地" 的建设布局，围绕国家 "一带一路" 战略和甘肃丝绸之路黄金段建设，制定《丝绸之路经济带黄金段盛世伊园（临夏）建设方案》，围绕推进文化与旅游融合发展，出台《加快旅游业发展的意见》，编制《黄河三峡大旅游区总体规划》和《太子山·莲花山大旅游产业发展总体规划》，初步形成衔接配套、科学合理的文化产业发展规划体系。临夏州把项目建设作为助推文化产业发展的强大引擎，以项目建设为带动，积极引导民营企业、民营资本多元化投资文化产业，提升文化市场竞争力，临夏州还围绕打造民族民俗文化、宗教历史文化、生态文化、史前文化，物种演进文化 5 张文化名片	http://gansu.gansudaily.com.cn/system/2015/04/22/015490382.shtml
2015 年 11 月 6 日	福建省	发展福建省少数民族文化创意产业的对策建议： 一、政策支持，政府推进。要创新政府支持方式，制定出台文化创产业的财政投入政策、税收政策、投融资政策及人才开发专项政策等，为产业发展提供有力保证。 二、整合资源，培育龙头。要整合文化资源，培育少数民族文化创意产业优势企业，以资本为纽带，加强创意产业与其他产业行业的关联度，拓展文化之间、行业与区域间的合作与联动，提高文化创意产业的关联度，充分发挥文化创意产业集群的溢出效应。 三、建立基地，培养人才。人才是制约我省少数民族文化创意产业发展的最大 "瓶颈"	http://www.mzb.com.cn/html/report/160319270-1.htm

续表

时间	地区	政策	来源
2015年4月22日	临夏	四、加大投入，扩大融资。要建立文化创意产业发展资金，创造多元化、高效率、低成本的投融资环境和良性循环的资金，以解决企业面临的资金困难。要积极探索文化创意企业的融资渠道。要进一步通过文化创意企业并购贷款、文化创意产业集合信贷产品等金融创新手段，不断拓宽文化创意企业的融资渠道。五、引进企业，加强合作。要发挥闽台文化交流的优势，努力推进少数民族文化创意产业的对台对外合作。要注重重点培育建地方民族文化特色元素，将传统产业注入文化特色与创意设计，提高产品附加值	http://www.mzb.com.cn/html/report/1603219270-1.htm
2016年3月17日	贵州省	贵州省将着力打造"黔系列"民族文化产业品牌《省人民政府办公厅关于打造"黔系列"民族文化产业品牌工作方案》出台，积极构建具有贵州特色的民族文化产业品牌体系，切实推进把贵州文化从"非遗"资源大省变为民族文化强省。《方案》提出，要大力推进民族文化产业品牌化，进一步提升贵州民族文化及其产品的知名度、美誉度和影响力，积极培育贵州发展的新名片和新增长点，推动资源优势转化为经济优势，实现民族文化传承与贵州经济发展双促进、双提升，并针对性地提出系列保障措施	http://news.xinhuanet.com/local/2016-03/17/c_128808743.htm

续表

时间	地区	政策	来源
2016年5月9日	巴马瑶族自治县	民族文化产品产业化步伐加快 "十二五"期间，巴马瑶族自治县依托长寿文化资源优势，注重挖掘整理民族民间文化，大力发展长寿文化产业，成功打造出布努瑶"祝著节"民俗风情文化等的文化产业，民族文化产品产业化路子已迈至坚实的步伐。 《祝著节》《朴粿》《卜伙故事》三个非物质文化遗产项目已被列入广西非物质文化遗产保护名录。在民族歌舞方面，该县整理、创作出的布努瑶的创世歌、历史歌、立房歌、祝寿歌、情歌、盘歌等。长寿文化成为巴马知名品牌，名扬国内外，部分民族文化融入到民族民居及饮食文化，发展了一批衣家乐，依托民族长寿文化品牌，现已有"巴马丽琅""巴马香猪""巴马神酒""火麻""山茶油""玉米锅巴"等以长寿文化冠名的多种产品同世，深入国内外游客青睐。	http://www.gx.xinhuanet.com/wq/20160509/3115810_c.html
2016年6月28日	重庆市	全市设立渝东南民族地区民族文化旅游业贷款贴息资金，对在渝东南民族地区注册从事民族文化旅游业的企业，在本区区县金融机构取得的，利率在贷款基准利率上浮50%以内的民族文化旅游经营贷款给予贴息支持，具体贴息贷款以符合规定内的实际执行利率为基础计算，贴息不超过实际执行利率的50%，逾期贷款从逾期贷款贴息日起不再贴息。同一企业享受贴息扶持不超过3年，同时符合国家民贸民品贷款贴息和民族文化旅游业贷款贴息条件的企业不叠加享受贴息，支持民族文化旅游小微企业不得低于50%	http://news.xinhuanet.com/politics/2016-06/28/c_12909582.htm

国家及地区鼓励文化创意产业发展政策概述

时间	国家及地区	政策	来源
2009 年 7 月 31 日	财政部 国家税务总局	关于扶持动漫产业发展有关税收政策问题的通知（财税〔2009〕65 号） 一、关于增值税 在2010年12月31日前，对属于增值税一般纳税人的动漫企业销售其自主开发生产的动漫软件，对其增值税实际税负超过3%的部分，实行即征即退政策。退税款用于企业研究开发动漫软件和扩大再生产。退税数额的计算公式为：应退税额＝享受税收优惠的动漫软件当期已征税款－享受税收优惠的动漫软件当期销售额×3%。动漫软件出口免征增值税。上述动漫软件的认定范围，按照《文化部财政部 国家税务总局关于印发〈动漫企业认定管理办法（试行）〉的通知》（文市发〔2008〕51 号）的规定执行。 二、关于企业所得税经认定的动漫企业自主开发、生产动漫产品，可申请享受国家现行鼓励软件产业发展的所得税优惠政策 三、关于营业税 对动漫企业为开发动漫产品提供的动漫脚本编撰、形象设计、背景设计、动画设计、分镜、动画制作、摄制、描线、上色、画面合成、配音、音效合成、剪辑、字幕制作、压缩转码（面向网络动漫、手机动漫格式适配）劳务，在 2010 年 12 月 31 日前暂减按3%税率征收营业税。 四、关于进口关税节省增值税 经国务院有关部门认定的动漫企业自主开发、生产动漫直接产品，确需进口的商品可享受免税征进口关税和进口环节增值税的优惠政策。具体免税商品范围及管理办法由财政部会同有关部门另行制定。 五、本通知所涉及的动漫企业和自主开发、生产动漫产品关于印发《动漫企业认定管理办法（试行）》的通知》，按照《文化部财政部国家税务总局关于印发〈动漫企业认定管理办法（试行）〉的通知》（文市发〔2008〕51 号）的规定执行	http：//www.gov.cn/zwgk/2009/07/31/content_1380599.htm

续表

时间	国家及地区	政策	来源
2011年4月11日	温州	在文化创意园区内新办文化创意企业，被认定为高新技术企业的，减按15%的税率征收企业所得税。经认定，对不改变土地用途、利用原建筑物临时从事文化创意经营活动的，暂免土地收益金；对不改变土地用途、拆建原建筑物临时从事文化创意经营活动的，减半征收土地收益金	王丹青：《六大政策扶持文化产业发展》，《温州日报》2011年4月9日第001版
2011年10月14日	深圳市	《深圳文化创意产业振兴发展政策》…… （七）扶持原创影视动漫产品。我市原创影视动画片在中央台主要频道、省级上星频道、省级上星频道黄金时段播出的，专项资金给予一次性奖励，国际A类电影节主要奖项、国家级政府类重大奖项最高不超过200万元。获得国际知名动漫节奖项的，专项资金给予一次性奖励。 （八）鼓励原创影视产品。我市原创影视产品在中央台主要频道、省级上星频道黄金时段首轮播出的，专项资金给予一次性奖励，奖励金额最高不超过100万元。获得国际A类电影节主要奖项、国家级政府类重大奖项的，专项资金给予一次性奖励。奖励金额最高不超过50万元。 （九）培育原创舞台演出剧。我市原创舞台演出剧进行符合规定条件的商业演出的，演出场次超过50场的，专项资金给予一次性奖励，奖励金额最高不超过100万元。进行境外商业演出的，按20000元/场的标准给予奖励。 （十）鼓励原创出版精品。对我市数字出版、图书报刊出版、音像出版等企业出版的产品获得"中国出版政府奖"等国家级政府类重大奖项的，专项资金给予一次性奖励，奖励金额最高不超过50万元。 （十一）支持非物质文化遗产合理开发。支持全国各地国家级、省级和我市级以上非物质文化遗产项目在深圳进行产业化开发，按项目的社会和经济效益等评审条件，专项资金给予最高不超过200万元的研发资助	http://www.szsti.gov.cn/info/policy/sz/19

续表

时间	国家及地区	政策	来源
2012年3月8日	福建厦门、莆田	各设区市的地税部门在服务文化企业用足用好税收优惠政策中，也呈现出不同的特色。随着厦门市文化市场日益繁荣，厦门市地税局特别为文化企业开设文化产业税收政策辅导课程，让纳税人及时享受税收优惠。针对莆田文化创意服务绿色通道，对文化创意产业集中区提供上门服务。并调整文化企业的参保比例，减轻企业社保负担，引导文化艺术大师、文化产业集聚，形成规模效应。	巫望群：《税收优惠为福建文化产业送春风》,《福建日报》2012年3月8日第010版
2012年6月7日	武汉市武昌区	武昌国税一直将"落实税收优惠政策，及时足额办理减免退税"作为促进在辖区文化创意产业发展的重要推手。 2011年，该局为国家需要重点扶持的高新技术企业减按15%的税率征收企业所得税；加计扣除企业开发新技术、新产品、新工艺发生的研究开发费用12409.4万元；为技术先进服务企业减免税121万元；新办软件生产企业、集成电路设计企业减免企业所得税224万元。2011年，该局还对经营性文化事业单位转制免征所得税249万元，《湖北日报》《党员生活》等党报党刊发行收入和印刷收入免征增值税。	朱彦、黄凌、林霞：《退免税增援文化创意产业》,《湖北日报》2012年6月7日第005版
2014年9月2日	上海市	动漫企业税收优惠 增值税：对其增值税实际税负超过3%的部分，实行即征即退政策；营业税：暂减按3%税率征收营业税；企业所得税：享受国家现行鼓励软件产业发展的所得税优惠政策；进口关税和进口环节增值税：确需进口的商品可享受免征进口关税和进口环节增值税的优惠政策。 进口生产动漫商品免税	http://www.bma.net.cn/zhuce-daili/133.html

续表

时间	国家及地区	政策	来源
2014年12月21日	云南省	完善财税价格优惠政策鼓励各级文化产业发展专项资金加强对创意设计产业发展的支持。在文化创意和设计服务领域开展高新技术支撑技术等领域，对认定为高新技术企业的文化创意和设计服务内容纳入文化产业支撑技术等领域，对认定为高新技术企业的文化创意和设计企业，减按15%的税率征收企业所得税。文化创意和设计企业发生的职工教育经费支出，不超过工资薪金总额8%的部分，准予在计算企业所得税应纳税所得额时扣除。企业发生的符合条件的创意和设计费用，执行税前加计扣除政策。对符合小型微利企业规定条件的文化创意和设计服务企业按照规定享受小型微利企业所得税优惠政策。对国家重点鼓励的文化产业出口实行营业税免税。落实营业税改增值税试点有关政策，对纳入增值税征收范围的文化创意和设计服务出口实行增值税零税率。推进创意广告营业税征收范围内严格限定在广告媒介和户外广告经营单位，清理广告领域文化事业建设费征收范围其他不合理收费。继续推动落实文化创意和设计服务企业用水、用电、用气、用热实行与工业同价的政策（省财政厅、国税局、地税局、物价局各自职责分工负责）。	《云南省人民政府关于推进文化创意和设计服务与相关产业融合发展的实施意见》（云政发〔2014〕67号）http://www.ynci.cn/html/2015/2013index_tzgg_0119/12750.html
2015年2月11日	黑龙江	加大对省级重点文化企业、文化创意和设计产业企业、重点文化产业项目专项资金支持力度，在体现绿色节能环保导向、增强可操作性的基础上，落实相关税收扶持政策。在文化创意和设计服务领域开展高新技术支撑技术等领域，对认定为高新技术企业的文化创意和设计服务内容纳入文化产业支撑技术等领域，对认定为高新技术企业的文化创意和设计企业，减按15%的税率征收企业所得税。文化创意和设计企业发生的职工教育经费支出，不超过工资薪金总额8%的部分，准予在计算企业所得税应纳税所得额时扣除。企业发生的符合条件的创意和设计费用，执行税前加计扣除政策。对国家重点鼓励的文化创意和设计服务出口免征营业税。落实营业税改增值税试点有关政策，对纳入增值税征收范围的文化创意和设计服务出口实行增值税零税率或免税，对国家重点鼓励的创意和设计产品出口实行增值税"零税率"	http://news.hexun.com/2015-02-11/173274514.html

续表

时间	国家及地区	政策	来源
2015年9月10日	北京市	《北京市促进文化创意产业发展的若干政策》 第五条 在中关村科技园区内新办文化创意企业，被认定为高新技术企业的，企业所得税自获利年度起两年内免征，两年后减按15%税率征收。 第六条 对单位和个人在本市从事文化创意产业技术转让、技术开发业务和与之相关的技术咨询、技术服务取得的收入，免征营业税。高等学校、科研机构所取得的技术性服务收入，暂免征收所得税。 第七条 加大对企业自主创新投入的所得税前抵扣力度。允许企业按当年实际发生的技术开发费用的150%抵扣当年应纳税所得额，当年抵扣不足部分，可按税法规定在企业5年内结转税前扣除。企业提取的职工教育经费在计税工资总额2.5%以内的，可在企业所得税前扣除。 第八条 允许企业加速研究开发仪器设备的折旧。单位价值在30万元以下的该类仪器和设备，可一次或分次摊入管理费用，其中达到固定资产标准的应单独管理，不再提取折旧；单位价值在30万元以上的，可采取适当缩短固定资产折旧年限或加速折旧的政策。 北京市地税系统积极做好相关税收配套政策的落实。据不完全统计，自2006年以来，市地税局为符合文化创意体制改革试点要求的北京文化创意企业办理各项减免税近4亿元，惠及4个文化创意行业的20余家企业；北京市地税系统为社会新办文化创意企业减免税收近1亿元，惠及6个文化创意行业的100余家企业。	http://fagaiwei.bjchy.gov.cn/2014/0717/1293.html 和 万一：《北京：税收政策推动文化创意产业》，《中国税务报》2007年10月17日第011版
2016年2月26日	国务院	文化创意产业发展迎来新机遇 一方面要坚持科技创新的引领作用，充分利用互联网等新一代信息技术，降低创新创业成本，加强创新链与产业链、资金链的对接，培育更多富有活力的中小微企业；另一方面要鼓励龙头企业围绕主营业务向建设众创空间，在建设一批国家级创新创业众创空间的同时加强国家级基地的同时加强基地的建设。长期以来，一批困难性的中小文化企业发展实体经济转型升级的最大难题。而《关于加快众创空间发展服务实体经济转型升级的指导意见》提出实行奖励和补助政策，落实促进创新创业的税收政策，引导金融资本支持等一系列举措，为切实解决这一问题提供了新机遇。	http://www.bh.gov.cn/html/WGJ/GNCY22630/2016-02-26/Detail_894902.htm

参考文献

［1］上海文化发展基金办公室：《C 产业：创意型经济的引擎：上海创意产业的业态观察》，上海三联书店 2008 年版。

［2］韩顺法：《文化创意产业对国民经济发展的影响及实证研究》，博士学位论文，南京航空航天大学，2010 年。

［3］孙春祥：《广州市文化产业的财税政策研究》，硕士学位论文，暨南大学，2013 年。

［4］赵丽：《我国动漫产业税收法律制度研究》，硕士学位论文，华东政法大学，2013 年。

［5］方忠：《中韩文化创意产业经济效应比较研究》，博士学位论文，福建师范大学，2010 年。

［6］冯琪：《城市创意产业发展影响因素研究》，硕士学位论文，西北大学，2010 年。

［7］高凌霁：《文化产业投融资模式研究》，硕士学位论文，中南大学，2010 年。

［8］陈清华：《中国文化产业投资机制创新研究》，博士学位论文，南京航空航天大学，2009 年。

［9］何娟：《文化创意产业竞争力评价体系研究》，硕士学位论文，吉林大学，2011 年。

［10］金巍：《中国文化创意产业发展及政府规制问题研究》，硕士学位论文，吉林大学，2011 年。

［11］孙春祥：《广州市文化产业的财税政策研究》，硕士学位论文，暨南大学，2013 年。

［12］郭卫华：《北京市文化创意产业的财税支持研究研究》，硕

士学位论文，北京工商大学，2009 年。

[13] 张丽娜：《AHP—模糊综合评价法在生态工业园区评价中的应用》，硕士学位论文，大连理工大学，2006 年。

[14] 鲍枫：《中国文化创意产业集群发展研究》，博士学位论文，吉林大学，2013 年。

[15] 李诗洋：《基于国际经验完善我国文化创意产业税收政策的对策研究》，硕士学位论文，上海海关学院，2016 年。

[16] 旦措：《完善民族地区文化产业政策研究》，硕士学位论文，中央民族大学，2016 年。

[17] 王柯驭：《文化创意产业税收政策研究》，博士学位论文，财政部财政科学研究所，2016 年。

[18] 石丽媛：《"营改增"对国有文化产业的影响及对策研究》，硕士学位论文，重庆理工大学，2014 年。

[19] 李季：《我国文化产业财税政策研究》，博士学位论文，东北财经大学，2013 年。

[20] 朱秒秒：《我国文化产业的税收优惠法律制度研究》，硕士学位论文，安徽大学，2014 年。

[21] 张中华：《促进我国文化产业发展的财税政策思考》，硕士学位论文，东北财经大学，2013 年。

[22] 曹芳：《我国文化产业税收政策探析》，硕士学位论文，西南财经大学，2014 年。

[23] 刘元发：《促进我国文化产业发展的财税政策研究》，博士学位论文，财政部财政科学研究所，2014 年。

[24] 王伟伟：《加快中国文化创意产业发展研究》，博士学位论文，辽宁大学，2012 年。

[25] 刘利成：《支持文化创意产业发展的财政政策研究》，博士学位论文，财政部财政科学研究院，2011 年。

[26] 荔小珂：《促进北京市文化创意产业发展的财税政策研究》，硕士学位论文，首都经济贸易大学，2012 年。

[27] 陈汉欣：《中国文化创意产业的发展现状与前瞻》，《经济

地理》2008 年第 9 期。

［28］董晓岩：《税收征管效率研究综述与内涵辨析》，《税务与经济》2010 年第 6 期。

［29］高红岩：《文化创意产业的政策创新内涵研究》，《中国软科学》2010 年第 6 期。

［30］郭玉军、李华成：《欧美文化产业税收优惠法律制度及其对我国的启示》，《武汉大学学报》2012 年第 1 期。

［31］李本贵：《促进文化产业发展的税收政策研究》，《税务研究》2010 年第 7 期。

［32］李秀金、吴学丽：《文化产业发展与税收政策选择》，《税务研究》2010 年第 7 期。

［33］厉无畏：《文化创意产业的投融资与风险控制》，《毛泽东邓小平理论研究》2011 年第 2 期。

［34］申国军：《发达国家促进文化产业发展税收政策及其借鉴》，《涉外税务》2010 年第 4 期。

［35］徐丹丹、孟潇、卫倩倩：《文化创意产业发展的文献综述》，《云南财经大学学报》2011 年第 2 期。

［36］邢华：《文化创意产业价值链整合及其发展路径探析》，《经济管理》2009 年第 2 期。

［37］肖建华：《发展我国文化产业的税收》，《税务研究》2010 年第 7 期。

［38］张蔷：《中国城市文化创意产业现状、布局及发展对策》，《地理科学进展》2013 年第 8 期。

［39］张养志：《发达国家文化创意产业发展模式研究》，《国外社会科学》2009 年第 5 期。

［40］林火平：《促进江西文化创意产业发展的财税机制思考》，《中国财政》2013 年第 7 期。

［41］聂翠云、田猛、任毅臻：《国外文化创意产业财税支持模式及经验借鉴》，《中国市场》2013 年第 44 期。

［42］李慧：《论促进我国文化创意产业发展的税收政策》，《税

务研究》2013 年第 12 期。

　　［43］杨聪杰：《助推首都文化创意产业发展的地方财政政策浅析》，《新视野》2013 年第 1 期。

　　［44］李荣菊、池志勇：《传统产业和文化创意产业融合发展的实证研究》，《大舞台》2014 年第 1 期。

　　［45］王倩、李响：《北京市文化创意产业的品牌化发展研究》，《现代商业》2014 年第 1 期。

　　［46］王彦林、姚和霞：《河北区域特色文化产业打造探析》，《大舞台》2014 年第 1 期。

　　［47］田新玲：《我国文化创意产业面临重大发展契机》，《新闻爱好者》2014 年第 1 期。

　　［48］邵凌云：《完善我国文化产业税收政策的思考》，《国际税收》2014 年第 6 期。

　　［49］丛海彬：《文化创意企业核心竞争力评价指标体系构建研究》，《企业活力》2011 年第 1 期。

　　［50］陈要立：《文化创意产业促进区域产业结构高级化的机理研究》，《湖北社会科学》2011 年第 7 期。

　　［51］丛海彬、高长春：《创意产业与区域产业结构转型升级的关系研究》，《当代财经》2010 年第 7 期。

　　［52］胡晓鹏：《文化创意产业的地区发展模式研究》，《中国地质大学学报》2010 年第 1 期。

　　［53］李京文、黄润中：《"十一五"时期促进我国企业技术进步的税收支持政策建议》，《中南财经政法大学学报》2006 年第 2 期。

　　［54］张文春：《税收政策在促进高新技术产业发展中的作用及其机理分析》，《中国人民大学学报》2006 年第 1 期。

　　［55］王会强、于飞、李林：《政府财政对新兴产业支持的运行机制分析》，《河北经贸大学学报》（综合版）2013 年第 2 期。

　　［56］李秀金、吴学丽：《文化产业发展与税收政策选择》，《税务研究》2010 年第 7 期。

　　［57］石峡：《发展文化创意产业打造广西和谐社会》，《特区经

济》2007 年第 3 期。

［58］肖丹桂：《文化创意产业评价统计指标体系的构建》，《统计与决策》2011 年第 20 期。

［59］曹魁：《我国地方税收成本与效率评价指标体系》，《系统工程》2007 年第 11 期。

［60］马蔡琛：《公共财政人才投入资金的预算管理问题研究》，《财政研究》2009 年第 9 期。

［61］丛树海、周讳：《中国公共教育支出绩效评价研究》，《财贸经济》2007 年第 3 期。

［62］祝云：《地方财政科技支出项目绩效评价研究》，《软科学》2008 年第 2 期。

［63］姜嵌彤、武德昆：《基于因子分析的高校绩效评价方法及实证研究》，《黑龙江高教研究》2011 年第 3 期。

［64］王丽萍、郭葳：《高校新绩效预算管理的组合评价方法研究研究》，《会计研究》2008 年第 2 期。

［65］王美强：《基于超效率 DEA 模型的高校内院系效率评价》，《贵州大学学报》（自然科学版）2010 年第 6 期。

［66］郑美群、杨盛莉：《数据包络分析法在高校学院绩效评价中的运用》，《东北师大学报》（哲学社会科学版）2008 年第 5 期。

［67］韩海彬、李全生：《基于 AHP/DEA 的高校投入产出效率评价研究研究》，《复旦教育论坛》2009 年第 7 期。

［68］潘玉香、强殿英、魏亚平：《基于数据包络分析的文化创意产业融资模式及其效率研究》，《中国软科学》2014 年第 3 期。

［69］蔡荣生、王勇：《国内外发展文化创意产业的政策研究》，《中国软科学》2012 年第 3 期。

［70］夏恩君、桑珊飞：《我国文化创意产业竞争力水平分析》，《中国统计》2015 年第 6 期。

［71］彭燕丽、陈娅：《支持我国文化产业发展的税收政策选择》，《税务研究》2015 年第 3 期。

［72］李炎、林艺：《差异性竞争：西部地区文化产业发展的模式

研究》，《民族艺术研究》2004 年第 5 期。

［73］袁明旭：《民族地区文化产业政策选择的理论分析》，《经济问题探索》2008 年第 2 期。

［74］马翀炜、马骏：《文化品牌与民族地区文化产业发展》，《广西民族研究》2010 年第 1 期。

［75］孟航：《当代中国边疆民族地区发展文化产业问题探索》，《学术论坛》2012 年第 9 期。

［76］赵周华、张璞：《少数民族特色产业创新与发展模式选择研究》，《生产力研究》2012 年第 3 期。

［77］周倩：《"营改增"对文化创意服务企业的税负影响及应对策略》，《商场现代化》2014 年第 18 期。

［78］姚建华、陈莉銮：《产业生命周期理论的发展评述》，《广东农工商职业技术学院学报》2009 年第 2 期

［79］任高飞、陈瑶瑶：《我国文化创意产业发展的税收政策研究》，《财政监督》2015 年第 15 期。

［80］张世君、王燕燕《韩国文化创意产业的税收制度》，《税务研究》2015 年第 8 期。

［81］马军伟：《金融支持战略性新兴产业发展的内在机理研究》，《科技管理研究》2013 年第 17 期。

［82］郝雨峰：《对民族地区税收优惠政策的思考》，《法制博览》2016 年第 10 期。

［83］郭明明：《关于经济新常态下我国文化创意产业的税收政策的探讨》，《农村经济与科技》2016 年第 4 期。

［84］吴海伦：《基于实践视角的民族文化旅游创意产业发展研究——以湖北省武陵山少数民族经济社会发展试验区为例》，《中南民族大学学报》2016 年第 1 期。

［85］林春树、段钢、缪晓斌：《岚台文化创意产业深度合作的税收政策体系研究——打造平潭综合实验区成为文化创意产业的"桥头堡"》，《宁德师范学院学报》2016 年第 1 期。

［86］李淑瑞：《民族地区地方税收优惠政策问题及对策研究》，

《贵州民族研究》2016 年第 7 期。

[87] 丁芳：《内蒙古区域税收优惠政策的思考与建议》，《北方经济》2016 年第 4 期。

[88] 徐志奋：《世界先进文化创意产业发展对我国文化创意产业链形成的启示》，《经济论坛》2016 年第 3 期。

[89] 张凌、倪国爱、徐晓东：《我国少数民族地区税收现状及税收优惠政策研究》，《贵州民族研究》2016 年第 8 期。

[90] 祖令：《我国文化创意产业发展的政策反思》，《中小企业管理与科技》2016 年第 2 期。

[91] 李丽萍、杨京钟：《英国文化创意产业税收激励政策对中国的启示》，《山东财经大学学报》2016 年第 2 期。

[92] 张芬、田发：《再就业税收优惠绩效指标体系的构建》，《经济研究导刊》2010 年第 4 期。

[93] 万莹：《我国区域税收优惠政策绩效的实证分析》，《中央财经大学学报》2006 年第 8 期。

[94] 刘军、邱长溶：《西部大开发税收优惠政策实施效果评估》，《当代经济科学》2006 年第 4 期。

[95] 朱华勇：《我国民族地区税收政策与经济增长的理论研究与实证分析》，《四川大学学报》（哲学社会科学版）2005 年第 6 期。

[96] 马拴友、于红霞：《地方税与区域经济增长的实证分析——论西部大开发的税收政策取向》，《管理世界》2003 年第 5 期。

[97] 曾志勇、李俊杰：《西部大开发以来民族地区税收优惠政策实施绩效评价——以湖北省恩施土家族苗族自治州为例》，《湖北社会科学》2011 年第 1 期。

[98] 孙磊、唐滔：《高新技术企业税收优惠政策绩效评价方法研究》，《区域金融研究》2011 年第 8 期。

[99] 魏后凯、袁晓勐：《我国西部大开发税收政策评价及调整方向》，《税务研究》2010 年第 2 期。

[100] 李俊杰、陈莉：《民族地区税收优惠政策调整方向和建议》，《中南民族大学学报》（人文社会科学版）2009 年第 1 期。

［101］刘璇、张向前：《我国文化产业国际竞争力理论分析》，《经济问题探索》2013 年第 1 期。

［102］孙彤、侯璐、齐庆祝：《国内文化产业融资环境的评价》，《统计与决策》2012 年第 12 期。

［103］史征：《文化创意产业发展指数的框架设计》，《统计与决策》2010 年第 7 期。

［104］毕小青、王代丽：《文化产业竞争力研究的进展、问题与展望》，《技术经济与管理研究》2009 年第 5 期。

［105］叶丽君、李琳：《我国区域文化产业竞争力评价与差异分析》，《科技管理研究》2009 年第 3 期。

［106］王岚、赵国杰：《中国地区文化产业竞争力评价模型的构建》，《天津大学学报》（社会科学版）2009 年第 1 期。

［107］朱自强、张树武：《文化创意产业概念及形态辨析》，《东北师大学报》（哲学社会科学版）2012 年第 1 期。

［108］徐丹丹、孟潇、卫倩倩：《文化创意产业发展的文献综述》，《云南财经大学学报》2011 年第 2 期。

［109］张振鹏：《文化创意产业的中国特性和中国道路》，《经济问题探索》2011 年第 11 期。

［110］李思屈：《论中国文化产业发展的"3P"战略》，《西南民族大学学报》（人文社会科学版）2009 年第 3 期。

［111］丁智才：《民族地区少数民族特色文化产业发展研究》，《广西民族研究》2014 年第 6 期。

［112］王兆峰：《民族文化产业与旅游业耦合发展研究——以湖南湘西为例》，《中央民族大学学报》（哲学社会科学版）2012 年第 6 期。

［113］王家庭、季凯文：《中国城市创意产业的投入产出效率评价》，《西安交通大学学报》（社会科学版）2009 年第 3 期。

［114］宋泓明：《文化创意产业集群发展研究——以北京市朝阳区为例的分析》，《上海经济研究》2007 年第 12 期。

［115］王志成、谢佩洪、陈继祥：《城市发展创意产业的影响因

素分析及实证研究》,《中国工业经济》2007 年第 8 期。

［116］赵友宝:《创意产业:发达国家发展政策的国际比较及其启示》,《科学学与科学技术管理》2007 年第 2 期。

［117］张海涛、苏同华、钱春海:《创意产业兴起的背景分析及其启示》,《中国软科学》2006 年第 12 期。

［118］胡晓鹏:《基于资本属性的文化创意产业研究》,《中国工业经济》2006 年第 12 期。

［119］吴俐萍:《创意产业发展的政策支撑体系研究》,《科技进步与对策》2006 年第 11 期。

［120］厉无畏、王慧敏:《创意产业促进经济增长方式转变——机理·模式·路径》,《中国工业经济》2006 年第 11 期。

［121］荣鹏飞、苏勇、张岚:《基于资源禀赋的文化创意产业发展策略研究》,《广西社会科学》2015 年第 12 期。

［122］王世崇:《北京发展文化创意产业的 SWOT 分析》,《理论月刊》2012 年第 3 期。

［123］周乾松:《"十二五"时期加快发展我国文化创意产业的思考》,《河南科技学院学报》2011 年第 5 期。

［124］王杰群:《提升文化创意产业人才的开发》,《光明日报》2014 年 1 月 16 日第 014 版。

［125］高培勇:《"营改增"的故事:一个梗概》,《中国财经报》2013 年 8 月 6 日第 006 版。

［126］马国强:《营改增的重大意义与相关问题》,《海南日报》2013 年 6 月 12 日第 B02 版。

［127］闵伟轩:《深刻认识保护和发展少数民族文化的重要性紧迫性》,《中国民族报》2012 年 6 月 19 日第 001 版。

［128］乔申颖:《推动文化产业成为国民经济支柱性产业》,《经济日报》2011 年 2 月 23 日第 006 版。

［129］白玛:《重视发展少数民族文化》,《人民政协报》2012 年 3 月 21 日第 C04 版。

［130］关礼:《以"五个坚持"加快推进税收现代化》,《广西日

报》2016 年 4 月 28 日第 007 版。

［131］贾康：《以税收积极促进和引导文化消费》，《中国财经报》2013 年 8 月 13 日第 006 版。

［132］徐科：《财税政策精准发力，增强中国经济内生动力》，《证券日报》2013 年 12 月 30 日第 A02 版。

［133］杜丽娟、贾康：《税收制度改革的要点和难点》，《中国经营报》2014 年 3 月 8 日第 T04 版。

［134］郝正非：《文化产业需要怎样的税收政策》，《中国税务报》（财税理论专刊）2015 年 12 月 23 日第 B01 版。

［135］丁慧冉：《文化产业可享系列税收优惠》，《深圳晚报》2012 年 1 月 10 日第 A22 版。

［136］刘斯会：《文化创意产业获政策支持行业发展壁垒仍待解》，《证券日报》2014 年 3 月 20 日第 C02 版。

［137］夏斐、刘奕、夏杰长：《大力提升我国文化创意产业自主创新能力》，《中国经济时报》2012 年 10 月 11 日第 005 版。

［138］万一：《北京：税收政策推动文化创意产业》，《中国税务报》2007 年 10 月 17 日第 011 版。

［139］郑志：《关于促进文化产业发展的税收国际借鉴》，《中国贸易报》2013 年 12 月 17 日第 010 版。

［140］刘洁、何振华：《加拿大打起影视制作税收优惠牌》，《中国税务报》2009 年 3 月 11 日第 007 版。

［141］王丹容：《六大政策扶持文化产业发展》，《温州日报》2011 年 4 月 9 日第 001 版。

［142］巫望群：《税收优惠为福建文化产业送春风》，《福建日报》2012 年 3 月 8 日第 010 版。

［143］沈衍琪：《税收优惠政策助力文化创意产业腾飞》，《北京日报》2007 年 10 月 12 日第 001 版。

［144］朱彦、黄凌、林霞：《退免税增援文化创意产业》，《湖北日报》2012 年 6 月 7 日第 005 版。

［145］金元浦：《文化创意产业：面向未来的重大战略转移》，

《光明日报》2006 年 1 月 20 日第 006 版。

［146］朱剑波：《文化创意产业"营改增"还有完善空间》，《中国税务报》2014 年 5 月 5 日第 B01 版。

［147］周文：《文化创意产业推动英国成功转型》，《中国信息报》2009 年 9 月 2 日第 008 版。

［148］杜静：《用税收优惠政策促文化产业发展》，《福建日报》2014 年 7 月 21 日第 005 版。

［149］王沛霖：《网游企业凭什么享受税收优惠》，《中国计算机报》2010 年 3 月 22 日第 004 版。

［150］沈衍琪：《税收优惠政策助力文化创意产业腾飞》，《北京日报》2007 年 10 月 12 日第 001 版。

［151］叶明：《加快发展文创产业促进经济转型升级》，《杭州日报》2010 年 6 月 10 日第 A01 版。

［152］武永清：《大力发展文化创意产业》，《太原日报》2011 年 8 月 19 日第 001 版。

［153］贾康、梁季：《营改增的全方位效能》，《上海证券报》（上证观察家）2016 年 5 月 10 日第 012 版。

［154］Michael Keane, Mark David Ryan, Stuart Cunningham, "Worlds Apart？Finance and Investment in Creative Industries in the People's Republic of China and Latin America", *Telematics and Informatics*, Vol. 22, No. 4, 2005, pp. 309－331.

［155］Marco Bontje, Sako Musterd, "Creative Industries, Creative Class and Competitiveness：Expert Opinions Critically Appraised", *The Netherlands Geoforum*, Vol. 40, No. 5, 2009, pp. 843－852.

［156］Lluís Bonet, Fransois Colbert, André Courchesne, "From Creative Nations to Creative Cities：An Example of Center－periphery Dynamic in Cultural Policies", *City Culture and Society*, Vol. 2, No. 1, 2011, pp. 3－8.

［157］Q. Dong, C. Gao, "Knowledge Engineering, Intellectual Capital of Creative Industry Park Based on Multi－objective Decision－Making and Entropy Methods", *Systems Engineering Procedia*, Vol. 3, 2012, pp. 326 – 332.

[158] Domingo Ribeiro Soriano, Kun – Huang Huarng, "Innovation and Entrepreneurship in Knowledge Industries", *Journal of Business Research*, Vol. 66, No. 10, 2013, pp. 1964 – 1969.

[159] Michael Indergaard, "Beyond the Bubbles: Creative New York in Boom, Bust and the Long Run", *United States Cities*, Vol. 33, No. 2, 2013, pp. 123 – 129.

[160] Ahmet Incelara, Sefer Sener, Elif Haykir Hobikpglu, "Economic Evaluation of the Film Industry in Terms of Strategic Management Within the Scope of the Creative Innovative Industries: The Case of Turkey", *Procedia – Social and Behavioral Sciences*, Vol. 99, 2013, pp. 636 – 647.

[161] Kalanit Efrat, "The Direct and Indirect Impact of Culture on Innovation", *Technovation*, Vol. 34, No. 1, 2014, pp. 12 – 20.

[162] Lu Shen, Zao Li, Jun Zeng, Jin Li, "Study on Semantic Structure of Cultural and Creative Industry Park Based on Internet Literature", *Frontiers of Architectural Research*, Vol. 1, No. 3, 2012, pp. 295 – 304.

[163] Jinliao He, *Impacts of Creative Industry Districts in Shanghai*, Asian Human – Environmental Research, 2013, pp. 145 – 166.

[164] Enkhbold Chuluunbaatar, Ottavia, Ding – Bang Luh, Shiann – Far Kung, "The Role of Cluster and Social Capital in Cultural and Creative Industries Development", *Procedia – Social and Behavioral Sciences*, Vol. 109, No. 2, 2014, pp. 552 – 557.

[165] Margarida Azevedo, álvaro Barbosa, "The Creative Industries As an Integrated Factor in a Sustainable Model for Macao's Economic Development", *Creative Industries Journal*, Vol. 7, No. 2, 2014, pp. 121 – 133.

[166] Justin O'Connor, Xin Gu, "Creative Industry Clusters in Shanghai: A Success Story?", *International Journal of Cultural Policy*,

Vol. 20, No. 1, 2014, pp. 1 – 20.

　　[167] Jianping Wang, "Empirical Research on the Influence of FDI on China's Cultural Industry: Analysis Based on VAR Model", *Springer Berlin Heidelberg*, Vol. 41, No. 6, 2015, pp. 1045 – 1058.

　　[168] Guanglin Feng, "Status and Strategies of Chinese Cultural Industry Organization Development", *Proceedings of* 2014 1*st International Conference on Industrial Economics and Industrial Security*, Vol. 4, No. 1, 2015, pp. 331 – 336.

　　[169] Raúl Rodríguez – Ferrándiz, "Culture Industries in a Postindustrial Age: Entertainment, Leisure, Creativity, Design", *Critical Studies in Media Communication*, Vol. 31, No. 4, 2014, pp. 327 – 341.

　　[170] Adam Behr, Matt Brennan, "The Place of Popular Music in Scotland's Cultural Policy", *Cultural Trends*, Vol. 23, No. 3, 2014, pp. 169 – 177.

　　[171] (UNCTAD) United Nation, Creative Economy, *Report* 2010, 2010, 11.

　　[172] Adrian Gregory, Anne – Mare Botha. Tax Incentives a Way to Stimulate R&D and Innovation, Price Water House Cooper, London, 2007 (4).

　　[173] Hall, B. H. R&D Tax Policy During the Eighties, Tax Policy and the Economy, 2012 (4).

　　[174] Santos F., Eisenhardt K., "Constructing Markets and Shaping Boundaries: Entrepreneurial Power in Nascent Fields", *Academy of Management Journal*, Vol. 52, No. 4, 2013, pp. 643 – 671.

　　[175] R. E. Caves, *Creative Industries: Contacts between Art and Commerce*, Cambridge: Harvard University Press, 2004, pp. 1 – 7.

　　[176] S. Allen, "The Cultural Economy of Cities", *International Journal of Urban and Regional Research*, Vol. 24, 1997, pp. 323 – 339.

　　[177] Attkinson, R. D. and R. H. Court, *The New Economy Index*, Washington Progressive Policy Institute D. C., 1998.

[178] A. C. Pratt, DAC Pratt, "Creative Clusters: Towards the Governance of the Creative Industries Production System?", *Media International Australia*, Vol. 112, No. 112, 2004, pp. 50 – 66.

[179] P. Jeffcutt and A. C. Pratt, "Managing Creativity in the Cultural Industries", *Creativity and Innovation Management*, Vol. 11, No. 4, 2002, pp. 87 – 93.

[180] AkifumiKuchiki, Masatsugu Tsuj, *From Agglom Eration to Innovation: Upgrading Industrial Clusters in Emerging Economies*, New York: Palgrave Machmillan, 2010.

后　记

    本书是国家民委民族问题研究项目成果的延伸和深化，历时三年。其间，笔者带领研究生深入到湖北省民族地区和广西壮族自治区频繁调研，取得了大量的第一手数据和资料。

    在此感谢为本书出版付出辛劳的老师和研究生，他们是董银红副教授、黄曼光、柯鞭、陈琛、夏丹丹、李江梅、姜诚、秦嘉昱。他们或提出中肯的修改意见，或参与了编辑、格式调整、核对等工作。

    因学识和能力有限，本书存在的不当之处，恳请专家学者和读者批评指正。

苏亚民

2016 年 12 月